双碳目标下广东经济高质量发展之道

王文军 等 著

科 学 出 版 社
北 京

内 容 简 介

本书从全球和中国两个层面分析应对气候变化形势和新一轮格局演变特征，研判以"绿色、低碳、数字化"为特征的新经济发展趋势、以欧盟碳边境调节机制为代表的国际低碳绿色壁垒对广东经济发展的影响、迈向碳中和的关键技术、"双碳"目标对广东经济高质量发展提出的重大需求等，深入分析广东在新经济赛道中所处的坐标位置、潜力和发展需求，提出"双碳"目标下广东经济动能转换、产业空间布局、产业结构调整、需求动力转换的方向与路径。本书主要回答三个问题：第一，在纷繁复杂的国际局势中，哪些国际规则和最新举措对广东有重要影响？第二，新形势下广东的优势与机遇是什么？第三，"双碳"背景下广东如何实现经济高质量发展？

本书可为政府相关部门决策者提供参考，也可供绿色低碳领域相关的科研人员、管理者、大专院校师生阅读。

审图号：GS京（2025）0288号

图书在版编目（CIP）数据

双碳目标下广东经济高质量发展之道 / 王文军等著. —北京：科学出版社，2025.3
ISBN 978-7-03-076289-4

Ⅰ.①双… Ⅱ.①王… Ⅲ.①绿色经济—经济发展—研究—广东 Ⅳ.①F127.65

中国国家版本馆CIP数据核字(2023)第169466号

责任编辑：杨逢渤 / 责任校对：樊雅琼
责任印制：徐晓晨 / 封面设计：无极书装

科学出版社出版
北京东黄城根北街16号
邮政编码：100717
http://www.sciencep.com
北京建宏印刷有限公司印刷
科学出版社发行 各地新华书店经销

*

2025年3月第 一 版 开本：787×1092 1/16
2025年3月第一次印刷 印张：10
字数：250 000
定价：130.00元
（如有印装质量问题，我社负责调换）

撰写组成员

王文军　中国科学院广州能源研究所 研究员
赵黛青　中国科学院广州能源研究所 研究员
张恰恰　中国科学院广州能源研究所 工程师
陈　磊　中国科学院广州能源研究所 特别研究助理
赵栩婕　中国科学院广州能源研究所 助理研究员
薄雅婕　中国科学院广州能源研究所 助理研究员
傅崇辉　广东医科大学 / 深圳市云天统计科学研究所 教授
潘　峰　广东电网有限责任公司计量中心 教授级高级工程师
杨雨瑶　广东电网有限责任公司计量中心 工程师
张先得　中国科学技术大学能源科学与技术学院 硕士研究生
杨　旭　沈阳化工大学机械与动力工程学院 硕士研究生
黄辉泉　中国科学技术大学能源科学与技术学院 硕士研究生
李帅威　沈阳化工大学经济与管理学院 硕士研究生

前　言

改革开放以来，中国经济经过多年持续高速增长，经济总量已跃居世界第二，人均国民收入也步入了世界中等偏高收入经济体行列。当今世界正面临百年所未有之大变局，应对气候变化、新冠疫情、俄乌冲突等交织共振，世界进入动荡变革期，"能源安全""粮食安全""稳增长""稳就业"等保障民生的行动成为各国政府重点关注的问题，单一行动目标正在被多目标协同取代，应对气候变化行动与经济动能转换，污染防治与减碳行动协同，能源转型与先进装备制造业、基础设施规划紧密衔接，绿色产业与区域平衡发展相互促进等议题受到各国政府和学界广泛关注。自《巴黎协定》生效以来，全球低碳经济转型步伐不断加快，许多国家制定了碳达峰碳中和（简称"双碳"）行动计划。2021年10月，国务院提出要坚持"全国统筹、节约优先、双轮驱动、内外畅通、防范风险"的总方针，有力有序有效做好碳达峰工作，明确各地区、各领域、各行业目标任务，加快实现生产生活方式绿色变革，推动经济社会发展建立在资源高效利用和绿色低碳发展的基础之上，确保实现碳达峰目标。从国内外整体发展形势看，"双碳"目标下经济动能正在由"灰色"生产要素（化石能源、大规模土地开发、廉价劳动力、物质资本积累）向"绿色"生产要素（清洁低碳能源、土地合理开发、技术人才、自然资本积累）转变，过去主要依靠物质资本驱动的发展阶段已告一段落，取而代之的是通过基于自然的解决方案保障可持续发展和稳定增长的新时代。在这个变革中蕴藏着巨大的科技与经济发展机遇。

广东作为中国改革开放的前沿阵地，抓住了20世纪80年代中国市场经济改革契机，从中国边陲地区发展成为"经济之王"，经济总量连续33年稳居全国第一，是我国外向型经济大省、能源消费大省。但也面临区域发展不平衡，珠江三角洲（简称珠三角）和粤东西北的经济水平、产业结构、资源利用效率差距较大等典型问题，以及在能耗强度和碳排放强度下降的约束目标下如何激发新动能、保持竞争力的挑战。如何在"双碳"行动与经济高质量发展、区域均衡协调等方面进行协同行动，产生倍增效应，不仅是广东面临的特殊问题，还是全国各地需要解决的现实问题。在新的经济赛道中，广东能否抓住"双碳"行动带来的巨大的绿色低碳投资和市场机遇，在全面建设社会主义现代化国家新征程中走在全国前列、创造新的辉煌，将决定未来广东在中国经济格局中的位置。

习近平总书记指出，减排不是减生产力，而是要走生态优先、绿色低碳发展道路，在经济发展中促进绿色转型、在绿色转型中实现更大发展。广东省委省政府高度重视经济绿色高质量发展，提出了相关研究需求。为了充分发挥中国科学院的专业智库作用，中国科学院广州能源研究所就"双碳"目标下广东经济高质量发展成立了"广东经济高质量绿色发展"研究小组，联合国内相关研究机构共同开展研究工作。研究小组通过世界银行经济与碳排放数据库、欧盟议会网站、中国城市碳排放数据库等渠道搜集整理数据与信息；与英国气候变化委员会（UKCCC）开展线上交流、国内利益相关方调研、组织专家研讨；采用非竞争型投入产出表，改进Tapio脱钩模型工具等方式，立足广东经济社会实际情况进行研究，进而形成了本书主要内容。本书共有6章：第一章主要对全球应对气候变化形势和格局演变趋势、已实现碳达峰的国家在减碳与经济增长之间的关系、低碳转型主要经验和措施进行梳理、分析和总结，包括欧盟绿色新政、欧盟碳边境调节机制、英国碳预算管理制度等。第二章聚焦国内应对气候变化行动战略部署、与广东相邻地区（香港特别行政区、澳门特别行政区）开展的应对气候变化行动和绿色发展举措进行梳理。第三章从历史纵向和现状横向两个维度研究广东经济发展现状、碳生产力变化、人口发展与消费模式变化趋势、经济与碳排放脱钩的区域差异，研判"双碳"目标对广东经济高质量发展的需求。第四章主要分析全球气候治理格局变化对广东产业发展、产品价格、贸易平衡和贸易条件的影响，重点开展欧盟碳边境调节机制对广东外贸经济的影响分析。在以上分析基础上，第五章提出广东经济高质量绿色发展在经济动能转换、产业空间布局、产业结构调整、需求动能转换等方面的调整思路。第六章为结论与展望。

本书由中国科学院广州能源研究所能源战略与碳资产研究中心负责完成。各章作者如下。第一章：王文军、赵枏婕、杨旭、张先得。第二章：张恰恰、王文军、赵枏婕。第三章：傅崇辉、王文军、赵枏婕。第四章：陈磊、薄雅婕、张恰恰、黄辉泉、李帅威。第五章，王文军、赵黛青、潘峰、杨雨瑶。第六章：张恰恰、王文军、陈磊、傅崇辉。赵黛青是本书的总指导，张恰恰负责本书的统稿和校对，薄雅婕协助。本书在撰写过程中得到了中国社会科学院生态文明研究所庄贵阳研究员、中山大学法学院陈惠珍副教授、国家发展和改革委员会能源研究所白泉研究员、国家应对气候变化战略研究和国际合作中心张昕总经济师等专家的智力支持，在与他们的交流讨论中，我们进行了更加深入的思考，经迂思回虑后，遂采摭群言，篾缕百家，完成此稿。

由于作者水平有限，加之时间仓促，本书难免有不妥之处，恳请读者批评指正。

作　者

2023 年 6 月 12 日

目录
CONTENTS

前言

第一章　全球碳达峰碳中和目标、进程与发展趋势分析

第一节	全球气候治理新目标和重要举措	1
第二节	主要发达国家减碳与经济增长之间的关系研究	14
第三节	欧盟经济低碳转型的主要经验和措施梳理	35

第二章　广东经济结构调整面临的国内应对气候变化形势和格局

第一节	国家层面的应对气候变化政策与行动	41
第二节	香港特别行政区应对气候变化行动和绿色发展举措	48
第三节	澳门特别行政区应对气候变化行动和绿色发展举措	51

第三章　广东经济社会发展现状分析

第一节	广东应对气候变化行动和绿色发展举措	53
第二节	广东经济发展时空演变格局分析	56
第三节	广东能源转型与产业碳生产力现状	70
第四节	广东人口发展与消费模式变化趋势分析	79
第五节	碳达峰碳中和目标对广东经济高质量发展的需求分析	89

第四章　全球气候治理新目标对广东经济发展格局的影响

第一节	全球碳定价发展趋势及对广东低碳发展的影响	93

CONTENTS

    第二节   欧盟碳边境调节机制对广东经济社会的影响   95

    第三节   绿色低碳循环产业全球化发展对广东经济社会的影响   119

第五章　广东经济结构调整方向与思路

    第一节   经济动能转换   126

    第二节   产业空间布局调整   131

    第三节   产业结构调整   134

    第四节   广东需求动力转换   138

第六章　结论与展望

参考文献

第一章　全球碳达峰碳中和目标、进程与发展趋势分析

自《联合国气候变化框架公约》和《京都议定书》签署生效以来，通过削减二氧化碳等温室气体排放总量实现经济社会发展低碳转型被提上日程，尤其在《巴黎协定》生效后，设置以"国家自主贡献"（NDCs）为特征的"自下而上"的减排方案成为世界各国共识。已有包括中国在内的160多个缔约方向《联合国气候变化框架公约》秘书处递交了国家自主贡献行动方案，全球正在向以碳中和为目标的方向开展减排行动。

第一节　全球气候治理新目标和重要举措

一、实现碳中和是全球气候治理共同目标

碳排放达峰并不是全球气候治理的目标，只是碳中和的必然阶段，根据英国非营利机构"能源与气候智能小组"统计，截至2022年4月，国际上已有127个国家和欧盟以立法形式提出或承诺提出碳中和目标，碳中和（又名"零碳排放""气候中和"）是全球气候治理目标，是大势所趋。

作者课题组从全球数据库、经济合作与发展组织（OECD）数据库、世界银行开源数据、世界资源研究所（WRI）数据库等网站对国别碳排放数据进行了搜索和整理，统计发现，截至2022年1月，全球已有54个国家（地区）实现碳排放达峰；OECD 38个成员国中除澳大利亚、智利、哥伦比亚、哥斯达黎加、韩国这五个国家外，其他国家均已实现碳达峰，已经实现碳达峰的国家占OECD成员国2020年碳排放总量的90%左右。

不同数据库在计算碳排放量时的时间、边界和维度不同，例如，OECD数据库中国别碳排放量计算不包含土地利用排放量，碳排放量数据时间序列较短，仅列出了1990～2020年各国温室气体排放量；在世界银行数据库中，国别碳排放量有多重统计维度，如生产侧、消费侧、燃料侧等；全球数据库中碳排放量数据时间序列最长，统计了1959～2020年各国二氧化碳排放量，但仅统计了化石能源与工业排放的温室气体。由于统计口径差异，不同数据库中国家和地区的碳排放量和达峰时间及峰值水平略有差异，但不影响对总体态势的分析和判断。

由表 1-1 和表 1-2 可见，已经实现碳达峰的主要是发达国家，可分为自然达峰和气候政策驱动达峰两类。以 1990 年国际气候谈判拉开帷幕为界，在此之前达峰的属于自然达峰，如瑞典 1970 年，英国 1971 年，瑞士 1973 年，比利时、法国、德国、荷兰均为 1979 年；在此之后为气候政策驱动达峰。1997 年通过的《京都议定书》首次为发达国家规定了定量减排目标，日趋严格的气候政策促进了发达国家更加注重化石能源替代，采取了更多的能源减排措施，在 1990 年后，越来越多的国家实现了二氧化碳排放达峰。

表 1-1　截至 2020 年全球已经实现碳达峰的国家（地区）、达峰时间和峰值水平

达峰年份	国家（地区）	峰值 / 万 t CO_2	达峰年份	国家（地区）	峰值 / 万 t CO_2
1969	安提瓜和巴布达	126	2003	芬兰	7 266
1970	瑞典	9 229	2004	塞舌尔	74
1971	英国	66 039	2005	西班牙	36 949
1973	文莱	997	2005	意大利	50 001
1973	瑞士	4 620	2007	美国	746 379
1974	卢森堡	1 443	2005	奥地利	7 919
1977	巴哈马	971	2005	爱尔兰	4 816
1978	捷克共和国	18 749	2007	希腊	11 459
1979	比利时	13 979	2007	挪威	4 623
1979	法国	53 028	2007	加拿大	59 422
1979	德国	111 788	2007	克罗地亚	2 484
1979	荷兰	18 701	2007	中国台湾	27 373
1984	匈牙利	9 069	2008	巴巴多斯	161
1987	波兰	46 373	2008	塞浦路斯	871
1989	罗马尼亚	21 360	2008	新西兰	3 759
1989	百慕大群岛	78	2008	冰岛	382
1990	爱沙尼亚	3 691	2008	斯洛文尼亚	1 822
1990	拉脱维亚	1 950	2009	新加坡	9 010
1990	斯洛伐克	6 163	2010	特立尼达和多巴哥	4 696
1991	立陶宛	3 785	2012	以色列	7 478
1996	丹麦	7 483	2012	乌拉圭	859
2002	葡萄牙	6 956	2013	日本	131 507
2003	马耳他	298	2014	中国香港	4 549

注：化石能源与工业排放的二氧化碳，不包含土地利用排放。
资料来源：https://ourworldindata.org/grapher/annual-co2-emissions-per-country?tab=chart。

表1-2展示了包括六种温室气体排放量的国家碳排放达峰情况。分析发现，在1990年后气候政策驱动达峰的OECD成员国中，温室气体排放的达峰时间比二氧化碳排放的达峰时间更晚，有的国家甚至延后了20年。例如，瑞典二氧化碳排放在1970年实现达峰，温室气体排放在1996年实现达峰。同时，也可以发现一个有意思的现象，大部分OECD成员国温室气体排放峰值高于二氧化碳排放峰值，但瑞典、卢森堡、比利时三个国家相反，即二氧化碳排放峰值高于温室气体排放峰值，说明这三个国家所采取的减碳措施具有较好的温室气体协同减排效果。

表1-2 截至2020年OECD成员国碳排放及达峰状态概览 （单位：万t CO_2-eq）

OECD成员国	达峰时间	碳排放峰值	2020年碳排放量
澳大利亚	—	—	52 773.70
奥地利	2015年	9 203	7 359.20
比利时	1996年	15 731	10 643.33
加拿大	2007年	75 683	67 235.40
智利	—	—	11 231.00
哥伦比亚	—	—	18 073.00[**]
哥斯达黎加	—	—	1 448.00[**]
捷克共和国	1990年前	19 696	11 278.86[***]
丹麦	1996年	9 234	4 345.80
爱沙尼亚	1990年前	4 018	1 155.58
芬兰	2003年	8 553	4 771.63
法国	1990年前	57 417	39 941.27
德国	1990年前	124 192	72 873.77
希腊	2005年	13 641	7 483.56
匈牙利	1990年前	9 482	6 281.84
冰岛	2008年	530	450.96
爱尔兰	2001年	7 049	5 771.61
以色列	2012年	8 393	7 935.53[*]
意大利	2005年	59 091	38 124.80
日本	2013年	140 681	114 812.21
韩国	—	—	70 137.04[*]
拉脱维亚	1990年前	2 587	1 044.66
立陶宛	1990年前	4 984	2 018.26

续表

OECD 成员国	达峰时间	碳排放峰值	2020 年碳排放量
卢森堡	1991 年	1 337	906.49
墨西哥	2016 年	78 554	73 662.96*
荷兰	1996 年	24 040	16 391.52
新西兰	2006 年	8 283	7 877.84
挪威	2007 年	5 660	4 927.26
波兰	1990 年前	47 587	37 603.80
葡萄牙	2005 年	8 556	5 745.38
斯洛伐克	1990 年前	7 337	3 700.27
斯洛文尼亚	2008 年	2 157	1 585.14
西班牙	2007 年	44 669	27 474.29
瑞典	1996 年	7 731	4 628.48
瑞士	1990 年前	5 547	4 329.10
土耳其	2017 年	52 831	52 389.72
英国	1990 年前	80 586	40 575.49
美国	2007 年	746 379	598 135.44
OECD	2007 年	279 450	1437 124.19

注:"*""**""***"分别为"2019 年数据""2018 年数据""2017 年数据";由于 OECD 数据库对国别碳排放量的统计时段为 1990~2020 年,部分在 1990 年前实现碳排放达峰国家的峰值水平以 1990 年碳排放量计;墨西哥和土耳其的温室气体排放总量分别在 2016 年和 2017 年开始持续下降,在本书中认为这两个国家也处于达峰区间;化石能源与工业排放的温室气体,不包含土地利用排放。

资料来源:https://stats.oecd.org/。

为了避免气候变化造成的严重影响,越来越多的国家将碳中和目标作为重要的战略目标,采取积极措施应对气候变化。在《联合国气候变化框架公约》和联合国开发计划署(UNDP)的支持下,由智利、英国发起成立的"气候雄心联盟"(Climate Ambition Alliance)号召各国承诺在 2050 年实现碳中和。根据英国非营利机构"能源与气候智能小组"(Energy and Climate Intelligence Unit)的统计,截至 2022 年 4 月国际上已有 127 个国家和欧盟以立法形式提出或承诺提出碳中和目标,其中苏里南、不丹两个国家由于低工业碳排放与高森林覆盖率已经实现了碳中和目标(表 1-3)。已宣布零碳或深度脱碳目标的城市如表 1-4 所示。

表 1-3 世界主要国家(地区)提出的碳中和目标

国家(地区)	承诺性质	承诺碳中和时间
苏里南	—	已实现
不丹	—	已实现

续表

国家（地区）	承诺性质	承诺碳中和时间
丹麦		2050 年
法国		2050 年
匈牙利		2050 年
新西兰	完成立法	2050 年
瑞典		2045 年
英国		2050 年
日本		2050 年
加拿大		2050 年
智利		2050 年
欧盟	法律提案	2050 年
西班牙		2050 年
韩国		2050 年
斐济		2050 年
芬兰		2035 年
奥地利		2040 年
冰岛		2040 年
德国		2045 年
瑞士		2050 年
挪威		2050 年
爱尔兰	政策文件	2050 年
南非		2050 年
葡萄牙		2050 年
哥斯达黎加		2050 年
斯洛文尼亚		2050 年
马绍尔群岛		2050 年
美国		2050 年
新加坡		21 世纪下半叶
其他数十个国家	政策讨论中	2050 年

注：数据整理自 Energy & Climate Intelligence Unit(https://eciu.net/netzerotracker)、https://climateaction.unfccc.int/、Which countries have a net zero carbon goal?(https://www.climatechangenews.com/2019/06/14/countries-net-zero-climate-goal/)。

表 1-4　已宣布零碳或深度脱碳目标的城市

城市	国家	实现目标年	脱碳水平 /%	基准年
墨尔本	澳大利亚	2020	100	—
阿德莱德	澳大利亚	2025	100	—
哥本哈根	丹麦	2025	100	—
格拉斯哥	苏格兰	2030	100	—
奥斯陆	挪威	2030	95	1990
赫尔辛基	芬兰	2035	80	1990
斯德哥尔摩	瑞典	2040	100	—
洛杉矶	美国	2045	100	—
伦敦	英国	2050	100	—
纽约	美国	2050	100	—
旧金山	美国	2050	100	—
西雅图	美国	2050	100	—
悉尼	澳大利亚	2050	100	—
华盛顿	美国	2050	100	—
巴黎	法国	2050	100	—
巴塞罗那	西班牙	2050	100	—
德班	南非	2050	100	—
阿克拉	加纳	2050	100	—
阿姆斯特丹	荷兰	2050	95	1990
波尔德	美国	2050	80	2005
汉堡	德国	2050	80	1990
明尼阿波利斯	美国	2050	80	2006
波特兰	美国	2050	80	1990
里约热内卢	巴西	2050	80	2005
多伦多	加拿大	2050	80	1990
温哥华	加拿大	2050	80	2007
横滨	日本	2050	80	2005

注：数据整理自碳中和城市联盟（https://carbonneutralcities.org/）和 C40 城市（https://resourcecentre.c40.org/）。

二、深度脱碳技术选择

碳达峰碳中和目标的实现离不开低碳乃至负碳技术的开发、应用，同时技术创新也将带来新一轮技术革命。欧美国家非常重视引导公共和私营部门加大在关键技术上的研发力度，如储能、可持续燃料、氢能，以及碳捕集、利用与封存（CCUS）等。欧盟、日本提出部署氢能技术在能源供应、工业生产、交通等多个领域的系统深度应用。多国启动生物能源耦合碳捕集与封存（BECCS）、直接碳捕获（DAC）等负排放技术的研究，日本有意在2023年开始进行负排放技术的商业化探索。政府间气候变化专门委员会（IPCC）第三工作组在第六次科学评估报告中，将全球各国采取的减排措施进行了综合分析，梳理出到2030年各项减排措施的减排贡献度、各种减排措施要达到不同减排贡献度所对应的减排成本（以生命周期折算）。由图1-1可见，与其他减排措施相比，风能、太阳能的减排贡献大、减排成本低，可以做到每年减排2.2～2.4Gt碳当量的情况下，减排成本低于参考值[①]。预计到2030年，要将全球温室气体排放减少到2019年的50%以内，单位减排成本为100美元/t CO_2-eq。各部门主要减排措施中，单位减排成本低于20美元/t CO_2-eq的措施占一半以上，而这些单位减排成本低于20美元/t CO_2-eq的措施主要来自太阳能和风能、能源效率提高以及甲烷排放的减少。

三、短寿命气候污染物减排行动正在全球兴起

在碳排放达峰阶段，各国主要关注二氧化碳排放水平变化，对其他五类温室气体排放的计量和控制尚未全面纳入国家减排计划。这是由于二氧化碳排放导致的温室效应占总温室效应的60%以上，且二氧化碳寿命较短，短期内大幅减少二氧化碳排放量可以快速实现减少温室气体排放效果。实际上，气溶胶、颗粒物和甲烷等"短寿命气候因素"对气候与环境的双重影响不容忽视，特别是甲烷减排问题越来越受到国际社会的重视，甲烷在温室气体排放总量中的比例仅次于二氧化碳，一直在20%左右，而且其导致的温室效应是二氧化碳的20多倍（表1-5）。短寿命气候污染物减排行动正在全球兴起。

表1-5　不同温室气体的全球增温潜势（GWP）

温室气体类型	GWP
二氧化碳（CO_2）	1
甲烷（CH_4）	21
氧化亚氮（N_2O）	310
氢氟碳化物（HFCs）	141～11 700
全氟碳化物（PFCs）	6 500～9 200
六氟化硫（SF_6）	23 900

资料来源：IPCC第四次评估报告（AR4）。

[①] 参考值是指由IPCC第三工作组选择的一组参照技术的生命周期减排成本。

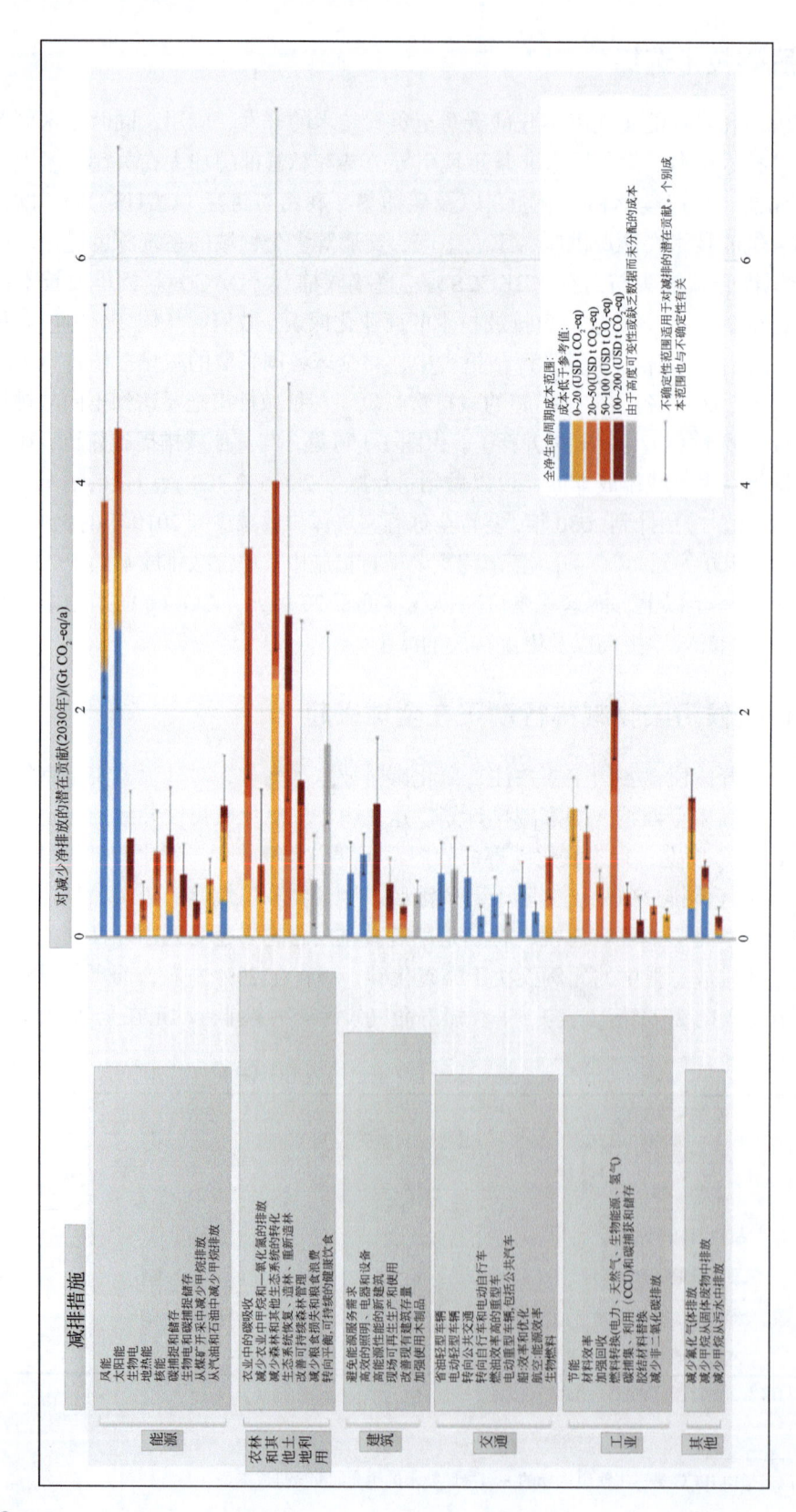

图 1-1 各部门主要减排措施对减少净排放的潜在贡献

根据 IPCC 第六次评估报告（AR6）第三工作组报告《气候变化 2022：减缓气候变化》整理

根据IPCC AR6，甲烷水平现在比过去80万年中的任何时候都要高，远远高于IPCC AR5中列出的安全限值。废弃煤矿、农业、石油和天然气作业释放到大气中的甲烷在20年内对全球变暖的影响是二氧化碳的84倍，几乎造成了今天25%的全球变暖。生态系统对全球变暖的反应，如冻土融化和野火，极有可能进一步增加大气中的甲烷浓度。IPCC评估报告指出，减少甲烷排放量不仅可以遏制全球变暖，还可以改善空气质量。甲烷对全球气候变暖产生了重要影响，但它受到的关注远不如二氧化碳，而且没有被纳入大多数国家的气候承诺。

作为《联合国气候变化框架公约》"主渠道"的补充，联合国环境规划署（UNEP）提出了短寿命气候污染物（SLCPs）的新概念，包含黑炭、近地O_3等大气物质，SLCPs在大气中停留的时间较短，但造成的全球增温潜势却不容忽视；加利福尼亚州空气资源局将SLCPs定义为气候强迫剂和空气污染物。SLCPs产生的气候强迫约占当前净气候强迫的40%，同时SLCPs也是大气污染物的前体物，还是区域重污染天气和光化学烟雾的重要成因之一。

UNEP的研究显示，同时减少SLCPs和CO_2的情况下，到2100年可以使全球温度降低2.6℃，而单独减排SLCPs，到2100年可以使全球温度降低0.6℃，所以SLCPs的减排有可能使全球平均温度保持在低于2℃的变暖阈值，作为协同效应可以减少雾霾的产生，保护人类的健康。

美国国家环境保护局（EPA）发布"裁减规则"（Tailoring Rule），要求各州环境保护局通过在主要新源达标区发放许可证（PSD）的形式实行"一证双管"，实现对温室气体和大气污染物的排放限制，符合排放门槛的大型固定源都要取得排污许可证才能排放CO_2。

加拿大将温室气体连同大气污染物一起纳入国家污染排放清单的范畴，注重SLCPs减排是协同应对气候变化和治理空气污染的重要抓手。

欧盟基于《京都议定书》总量减排的要求，采取"两分法"看待CO_2等温室气体，纳入欧盟碳排放交易体系（EU-ETS）的，适用《关于在欧盟建立温室气体排放配额交易计划》（2003/87/EC），未纳入EU-ETS的，作为污染物，适用《工业污染物排放指令》（96/61/EC），并注重这两个指令的相互衔接。

2021年，我国生态环境部大气环境司司长刘炳江传递了一个重要信息，SO_2排放量已经从2588万t（最高值）下降到不到700万t，预计将从生态环境保护五年规划的约束性指标中正式退出。取而代之的是近年来备受关注的挥发性有机物（VOCs）。自"十一五"设立污染物减排约束性指标以来，SO_2始终位列第一，并且不断加严。SO_2的退出标志着我国大气环境治理取得了重要的历史性成果，也意味着大气污染防治进入了一个新高度，在继续严管常规污染物的同时，更加重视新污染物治理，更加关注人体健康，更加注重减污降碳协同治理。

研究显示，火力发电机组每脱硫1t，CO_2排放量将会增加2.35 t，SO_2排放量减少994.87kg，增加NO_x生成量1.64 kg，增加化学需氧量（COD）生成量8.91kg，增加固体废弃物生成量0.29t。在有限的资源条件约束下，需要全面加强应对气候变化与生态环境保护工作的统筹，加强降碳与大气环境、水环境、固废处置以及生态系统协同治理。生态环境部颁布的《关于统筹和加强应对气候变化与生态环境保护相关工作的指导意见》(环综合〔2021〕4号)对此提出原则性要求。

四、《〈蒙特利尔议定书〉基加利修正案》对我国提出新要求

全球保护臭氧层行动的重要法律基础是1985年各国缔约的《保护臭氧层维也纳公约》，规定各缔约方应采取适当措施，保护人类健康和环境免受人类活动造成的臭氧层变化引起的不利影响，并于1987年达成《关于消耗臭氧层物质的蒙特利尔议定书》（以下简称《蒙特利尔议定书》），旨在逐步停止生产和使用消耗臭氧层的化学品。在国际社会的共同努力下，已经成功淘汰了超过99%的消耗臭氧层物质。

随着全球气候变化的加剧，2016年《蒙特利尔议定书》缔约方达成了《〈蒙特利尔议定书〉基加利修正案》（表1-6），旨在控制温室气体氢氟碳化物（HFCs）[①]排放，开启了协同应对臭氧层耗损和气候变化的历史新篇章。2021年9月《〈蒙特利尔议定书〉基加利修正案》在我国生效。根据《〈蒙特利尔议定书〉基加利修正案》规定的HFCs削减时间表，我国作为第一组发展中国家，从2024年起将受控用途HFCs生产和使用冻结在基线水平，2029年起HFCs生产和使用不超过基线水平的90%；2035～2039年，控制水平在基线水平的70%；在2040～2044年，控制水平在基线水平的50%；在2045年及以后，控制水平在基线水平的20%。

表1-6 《〈蒙特利尔议定书〉基加利修正案》增加的受控物质

类别		物质	100年全球增温潜势(GWP100)
第一组	CHF_2CHF_2	HFC-134	1 100
	CH_2FCF_3	HFC-134a	1 430
	CH_2FCHF_2	HFC-143	353
	$CHF_2CH_2CF_3$	HFC-245fa	1 030
	$CF_3CH_2CF_2CH_3$	HFC-365mfa	794
	CF_3CHFCF_3	HFC-227ea	3 220
	$CH_2FCF_2CF_3$	HFC-236cb	1 340
	CHF_2CHFCF_3	HFC-236ea	1 370
	$CF_3CH_2CF_3$	HFC-235fa	9 810
	$CH_2FCF_2CHF_2$	HFC-245ca	693

[①] HFCs是消耗臭氧层物质的主要替代品之一，主要涉及汽车空调、制冷、泡沫等行业，也是一类强效温室气体，其全球增温潜势（GWP）是二氧化碳的几十至上万倍。

续表

类别		物质	100年全球增温潜势(GWP100)
第一组	CF$_3$CHFCHFCF$_2$CF$_3$	HFC-43-10mee	1 640
	CH$_2$F$_2$	HFC-32	675
	CHF$_2$CF$_3$	HFC-125	3 500
	CH$_3$CF$_3$	HFC-143a	4 470
	CH$_3$F	HFC-41	92
	CH$_2$FCH$_2$F	HFC-152	53
	CH$_3$CHF$_2$	HFC-152a	124
第二组	CHF$_3$	HFC-23	14 800

注：联合国环境规划署臭氧行动处 [Ozonaction (unep.org)]。

我国是世界上最大的HFCs出口国，出口量占全球出口量的一半以上。以2018年为例，我国从事HFCs进出口的企业有近千家，年度进出口总量约40万t，接受《〈蒙特利尔议定书〉基加利修正案》对我国而言既是挑战，更是机遇。面对HFCs的减排要求，发展更加绿色环保的生产技术才是最关键的。

在生态环境部对外合作与交流中心、中国家用电器协会等多个部门和机构的支持下，行业和科研院所共同开展了R290相关的研究，如安全风险评估、性能研究、安装维修等。同时，近年来，中国主要空调企业在R290替代上积累了很多经验和数据，在产品开发、应用技术研究、R290空调压缩机匹配、R290空调安装维修以及R290空调市场化等方面做了很多积极的探索。

五、全球主要经济体的碳定价机制概览

碳排放价格的确定主要有两种方式：一种是通过征收碳税的方式为碳排放定价；另一种是碳市场定价机制。这两种机制均是通过经济手段控制碳排放的工具，不同国家和地区会选择碳市场或碳税作为主要的碳定价机制。截至2020年，全球约15.9%的二氧化碳排放量被实施了碳定价（图1-2），其中，被碳市场覆盖的二氧化碳排放量更多，占比9.4%（图1-2、图1-3），被碳税覆盖的二氧化碳排放量占比6.5%（图1-2、图1-4）。全球已经实施或计划实施的碳定价机制共61项，包括31项碳排放权交易机制、30项碳税政策，涉及46个国家或地区，遍布北美洲、欧洲、非洲、南美洲和亚洲等地区。到2022年4月1日，实施碳定价的国家和地区增长到70个，随着碳减排力度的不断加大，越来越多的国家和地区趋向于采取联合碳定价的方式进行全社会碳排放管理。

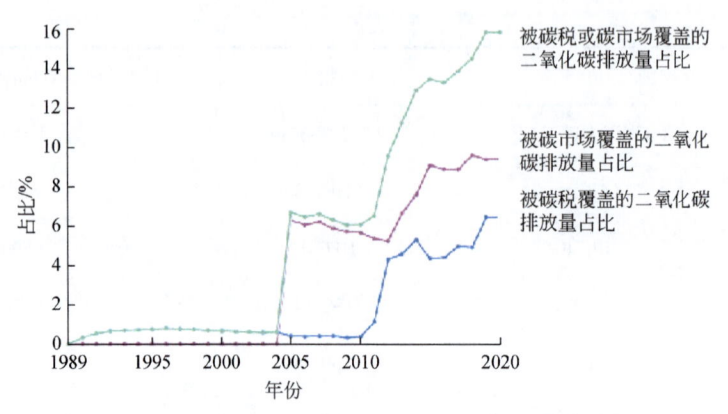

图 1-2　全球被碳定价机制覆盖的二氧化碳排放量占比

1.Dolphin 等 (2020)，排放加权碳定价。
2.OurWorldInData.org/ 二氧化碳和其他温室气体排放 • CC BY

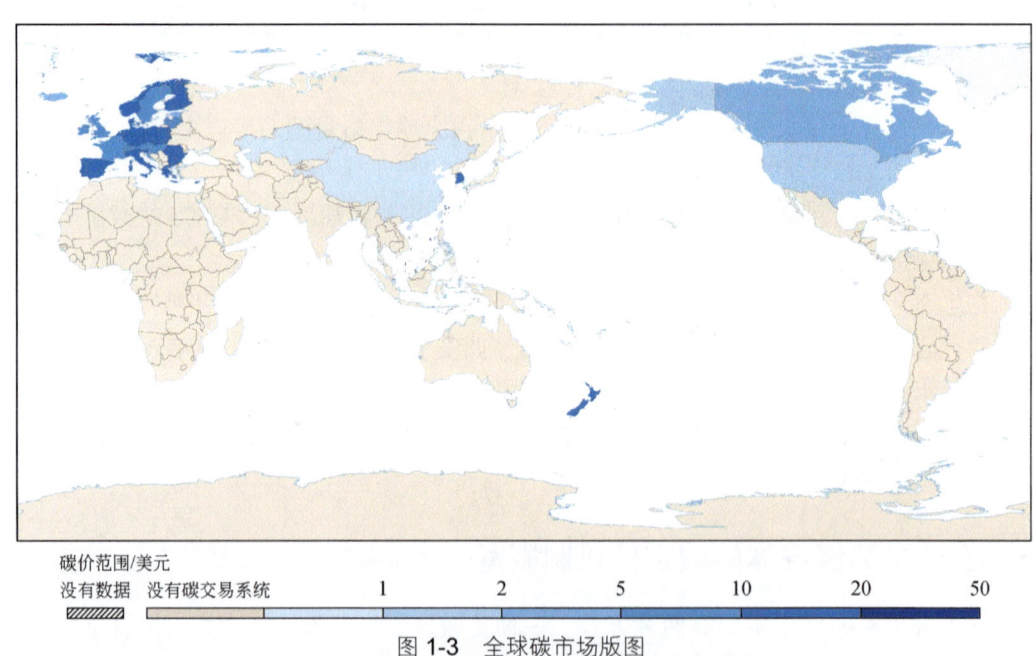

图 1-3　全球碳市场版图

1.Dolphin 等 (2020)，排放加权碳定价。
2. 年度价格是每日配额的平均值，或该年内所有拍卖结算价格的配额加权平均值。
3.OurWorldInData.org/ 二氧化碳和其他温室气体排放 • CC BY

根据世界银行《2021 年碳定价发展现状与未来趋势》的报告，截至 2021 年 4 月，共计 97 个缔约方在国家自主贡献中提到了碳定价机制。欧洲对"碳边界"问题的重新提及导致未来各国碳排放密集型产品在贸易中很可能被征收碳关税，因此越来越多的国家甚至企业均在考虑采取碳定价机制来降低由此带来的风险。

实施碳定价机制本身并不能保证其有效。碳价水平高低对激励经济主体采取减排行

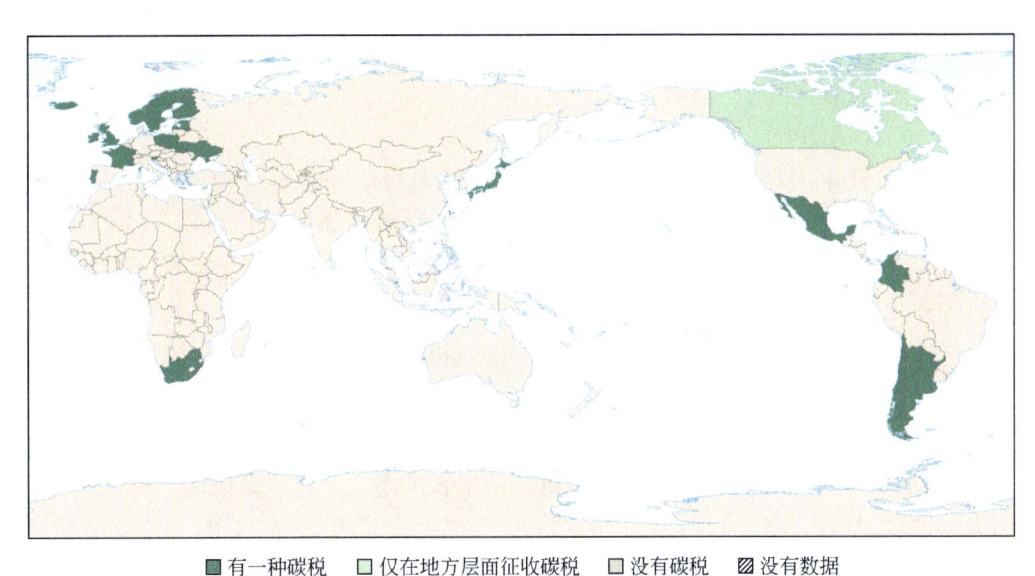

第一章　全球碳达峰碳中和目标、进程与发展趋势分析

■ 有一种碳税　□ 仅在地方层面征收碳税　□ 没有碳税　▨ 没有数据

图 1-4　全球碳税版图

1.Dolphin 和 Xiahou (2022)。
2.OurWorldInData.org/ 二氧化碳和其他温室气体排放 • CC BY

动很重要。图 1-5 为全球碳税机制下的碳价范围，对碳税机制而言，可根据不同行业确定税率，也可以只在部分行业征收碳税。碳市场相对碳税而言，碳价更能快速地体现实际减排成本变化。两种机制各有利弊，适用的条件不同。

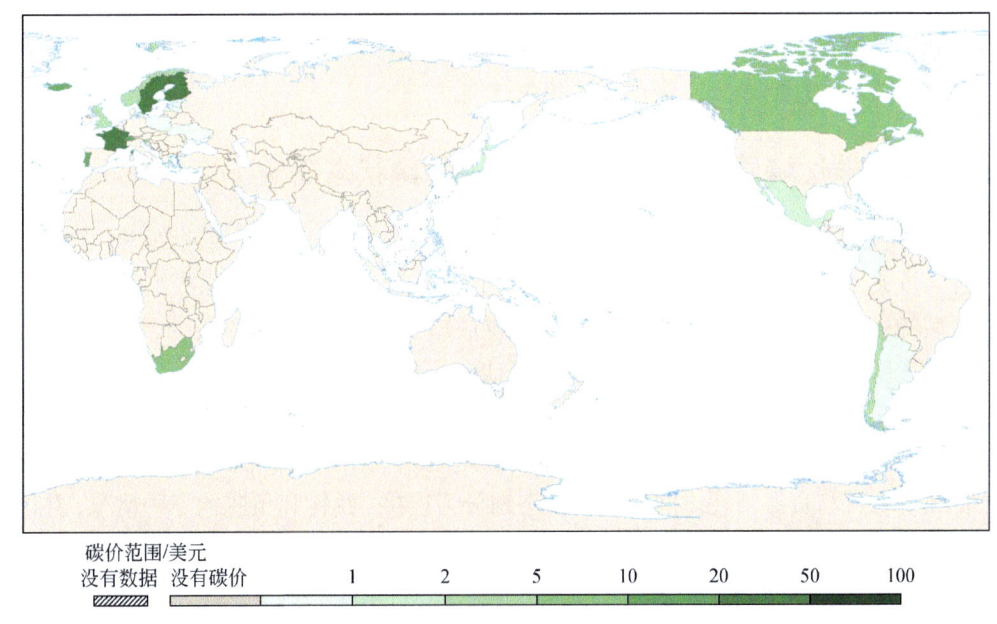

碳价范围/美元
没有数据　没有碳价　　1　　2　　5　　10　　20　　50　　100

图 1-5　全球碳税机制下的碳价范围

1.Dolphin 等 (2020)，排放加权碳定价。
2. 只有在国家层面征收碳税的国家才被包括在内。
3.OurWorldInData.org/ 二氧化碳和其他温室气体排放 • CC BY

13

第二节　主要发达国家减碳与经济增长之间的关系研究

将低碳发展作为新的经济增长点，刺激经济复苏、创造新的工作机会、提升国际影响力已经成为全球大势所趋。著名经济咨询公司"剑桥计量经济"（Cambridge Econometrics）的模型显示，投资能效、可再生能源补贴、更新电网、发展电动汽车和植树项目等绿色复苏举措有望为欧盟和美国分别创造 200 万个和 100 万个就业岗位，而全球温室气体排放也将在 2030 年前减少 7%。各国各地区有关"双碳"和经济发展的政策各有侧重，但共同之处都是加快推进经济绿色转型和数字化发展（"孪生转型"）。

欧盟将环境和气候的全球挑战视为经济发展的机遇，致力于加强欧盟经济的绿色低碳竞争力，高度强调《欧洲绿色协议》促进经济增长的意义，将"绿色化"和"数字化"并列为促进欧盟经济转型升级现代化的动力，并借助大规模财政支持计划重塑欧盟经济结构和发展模式，抢抓绿色、低碳、数字化等新发展机遇（董一凡，2020）。

美国国会于 2021 年 11 月 5 日通过的《基础设施投资和就业法案》将绿色基建、清洁能源、新能源汽车等作为重要的投资领域，共计投入 6.45 万亿美元，将绿色经济发展作为推动美国走上实现气候目标轨道的动力（史泽华，2021）。

法国政府分别于 2020 年 9 月和 2021 年初出台经济绿色复苏计划，以绿色复苏为目标，启动了新一轮五年期的"未来投资计划"，将 1000 亿欧元左右的资金规模用于促进数字、低碳能源、绿色交通运输、生态农业和食品等产业发展，研究和创新生态系统建设，建设创新型企业融资市场。重点采取了以下六项措施：工业部门去碳化、氢能开发、绿色基础设施建设以发展绿色交通、绿色建筑翻新节能改造、以数字化转型鼓励法国工业企业将生产活动迁回本土、绿色技术职业培训。

一、已实现碳达峰国家的经济 - 碳排放脱钩状态研究

经济增长与碳排放脱钩是碳达峰迈向碳中和的重要标志（薛进军和郭琳，2022）。学界有大量关于经济与碳排放脱钩的研究，主要是采取 Tapio 脱钩关系模型 [式（1-1）]，这个模型的核心是通过度量经济增长率与碳排放增长率的弹性变化表征经济增长与碳排放脱钩的程度。脱钩模型最早是 OECD 为了研究资源环境与经济增长关系而构建的，其可以较好地反映资源环境等要素损耗与经济社会发展的背离趋势。21 世纪后，Tapio 打破了原有模型的限制，为消除基期选择上的误差问题提出了新的脱钩指数，并根据脱钩指数将经济增长与资源消耗之间的脱钩状态划分为连接、脱钩和负脱钩三种情况，并以 0、0.8 和 1.2 为临界值将其进一步细分为八种状态（图 1-6）。

$$t_{C,G} = \frac{\%\Delta C}{\%\Delta GDP} = \frac{\frac{\Delta C}{C^0}}{\frac{\Delta GDP}{GDP^0}} = \Delta C \times \frac{GDP^0}{C^0 \times \Delta GDP} = (\Delta C_F + \Delta C_S + \Delta C_R + \Delta C_Y + \Delta C_P) \times \frac{GDP^0}{C^0 \times \Delta GDP}$$

$$=t_F+t_S+t_R+t_\gamma+t_P \quad (1\text{-}1)$$

$$t_{C\bar{p},G\bar{p}}=\frac{\%\Delta C_{\bar{p}}}{\%\Delta \text{GDP}_{\bar{p}}}=\frac{\frac{\Delta C_{\bar{p}}}{C^0_{\bar{p}}}}{\frac{\Delta \text{GDP}_{\bar{p}}}{\Delta \text{GDP}^0_{\bar{p}}}}=\Delta C_{\bar{p}}\times\frac{\text{GDP}^0_{\bar{p}}}{C^0_{\bar{p}}\times\Delta \text{GDP}_{\bar{p}}}=(\Delta C_F+\Delta C_S+\Delta C_R+\Delta C_\gamma)_{\bar{p}}$$

$$\times\frac{\text{GDP}^0_{\bar{p}}}{C^0_{\bar{p}}\times\Delta \text{GDP}_{\bar{p}}}=t_F+t_S+t_R+t_\gamma \quad (1\text{-}2)$$

式中，$t_{C,G}$ 为 GDP 与碳排放脱钩指数；$\%\Delta C$ 和 $\%\Delta \text{GDP}$ 分别为碳排放增长率和 GDP 增长率；ΔC 和 ΔGDP 分别为碳排放增长值和 GDP 增长值；C^0 和 ΔGDP^0 分别为基期碳排放和基期 GDP；t_F 为碳排放效应脱钩指数；t_S 为能源结构效应脱钩指数；t_R 为能源强度效应脱钩指数；t_γ 为经济增长效应脱钩指数；t_P 为人口规模效应脱钩指数；下标 $\bar{p}$ 表示人均水平。

作者课题组从世界银行碳排放数据库中筛选出代表性国家过去 20 年的经济、人口与碳排放等数据，经整理和分析，计算出 2000～2019 年英国、德国、美国、日本、欧盟、中国逐年的 Tapio 脱钩指数，发现 2012 年后大部分国家多数年份处于脱钩状态，中国处于弱脱钩状态（图 1-7）。现有的 Tapio 脱钩模型对福利因素考虑不足，作者课题组对其进行了修正，采用人均二氧化碳排放增速与人均 GDP 增速替代了碳排放总量增速与经济增速，更能体现出"发展和减碳的终极目标是提高人类福祉"这一可持续发展目标的本质，是对习近平总书记提出的"减排不是减生产力"这一论断的根本遵循。为此，作者课题组从福利角度出发构建了 P-Tapio 脱钩模型 [式（1-2）]，重新计算了上述 6 个国家 / 国家集体的经济与碳排放脱钩状态（图 1-8），发现隐含福利变化的 P-Tapio 脱钩指数更能表征各国实际状态。

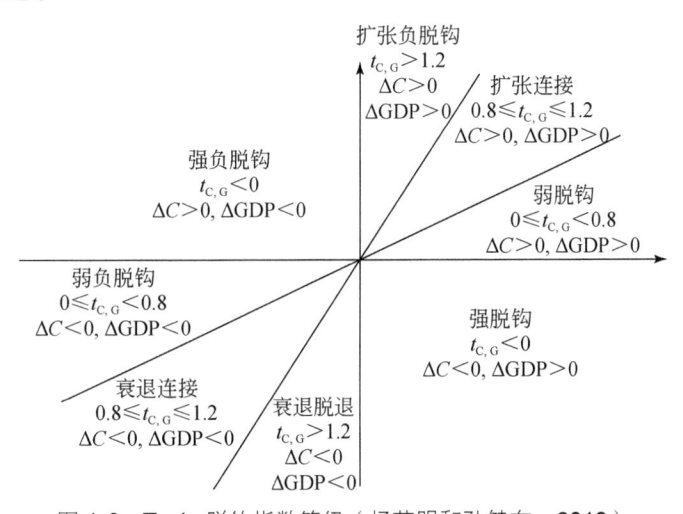

图 1-6 Tapio 脱钩指数等级（杨英明和孙健东，2019）

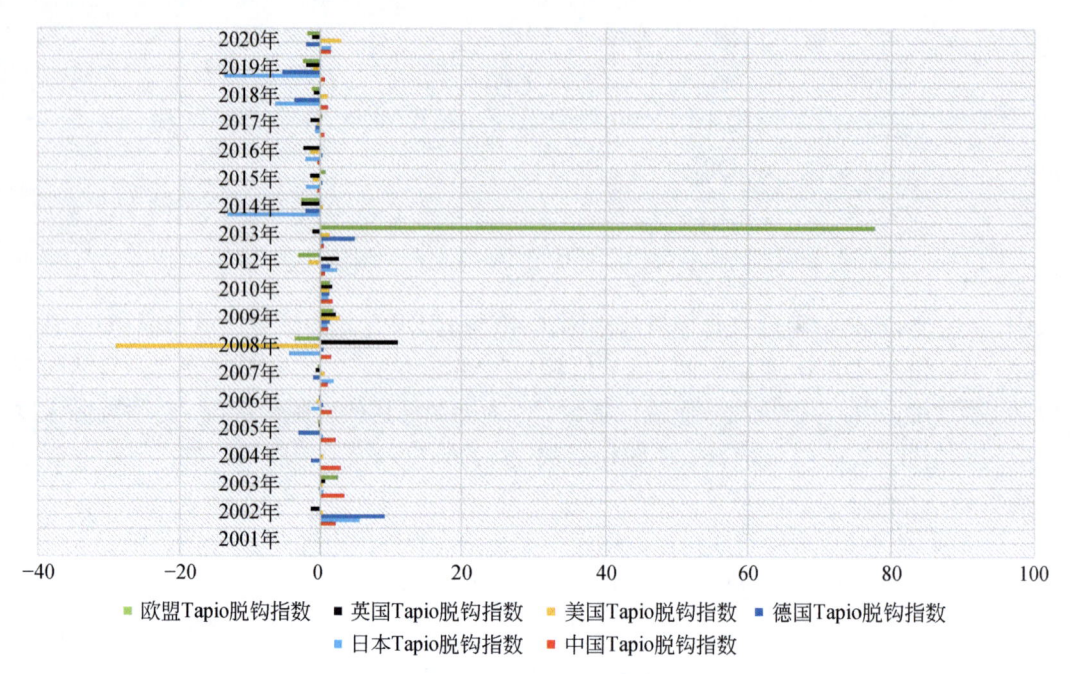

图 1-7　Tapio 脱钩指数

根据世界银行数据计算和绘制

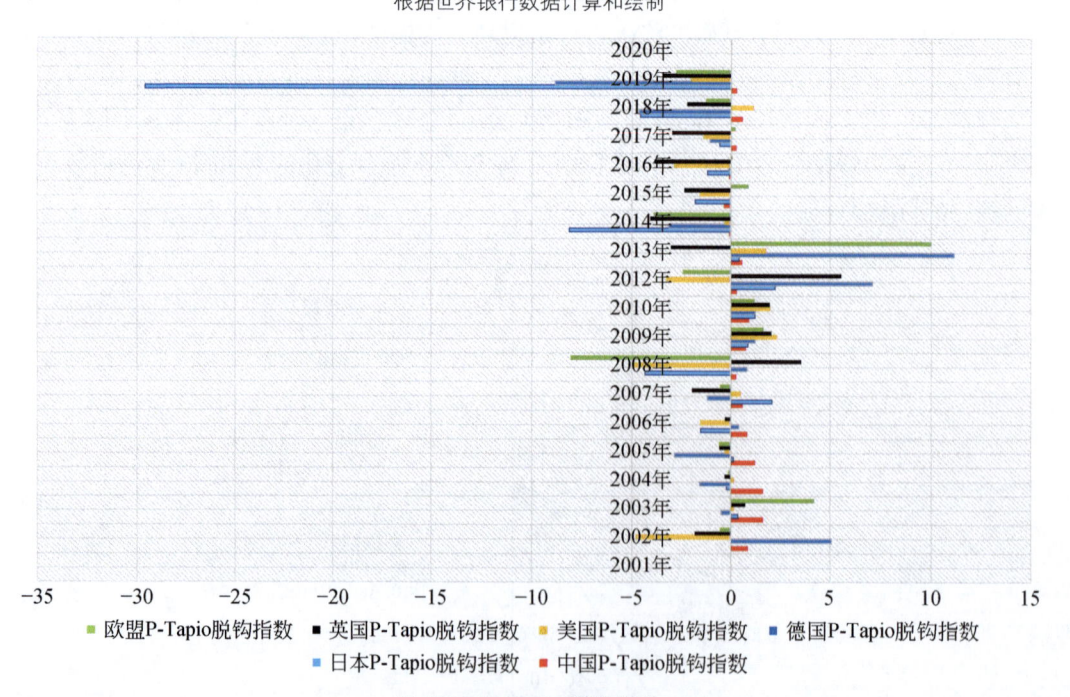

图 1-8　P-Tapio 脱钩指数

根据世界银行数据计算和绘制

由图 1-7～图 1-20 可见，在两种脱钩模型下大部分国家在 2012 年后基本实现经济增长与碳排放脱钩，但考虑人口福利水平变化的 P-Tapio 脱钩指数更低，各国脱钩程度差异相对较小，指数奇异年份少。以中国和美国为例，P-Tapio 脱钩模型下两个国家的经济发展与碳排放脱钩程度相对传统的 Tapio 脱钩模型更高，2019 年中国脱钩指数从 0.65 降到 0.28，美国脱钩指数从 –0.98 降到了 –1.95。而且 P-Tapio 脱钩模型更为灵敏，2013 年德国碳排放量增速突然提升，由 2012 年的 0.59% 上升至 2.15%，同时人均 GDP 增速从 0.23 下降到 0.16，经济与碳排放脱钩状态由负变正，这一变化在 P-Tapio 脱钩模型中得到更为显著的体现（图 1-13～图 1-14）。

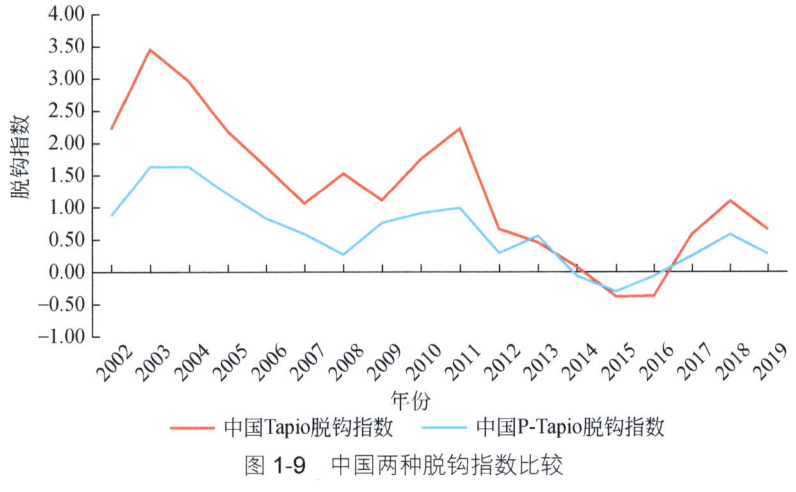

图 1-9　中国两种脱钩指数比较
根据世界银行数据计算和绘制

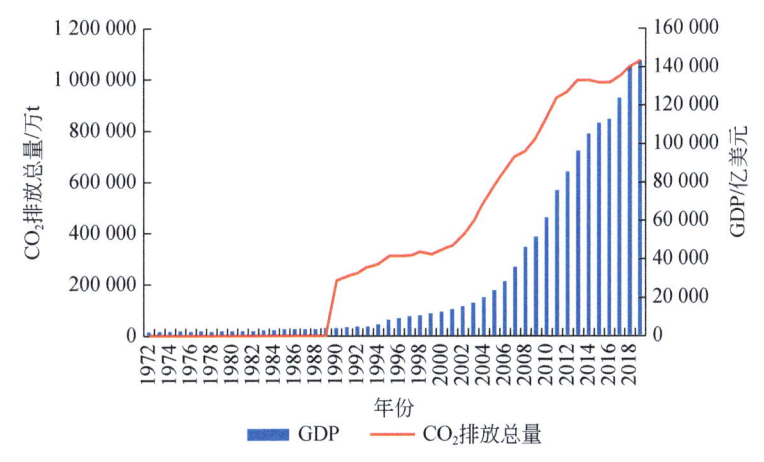

图 1-10　1970～2019 年中国 GDP 与 CO_2 排放总量变化
根据世界银行数据计算和绘制

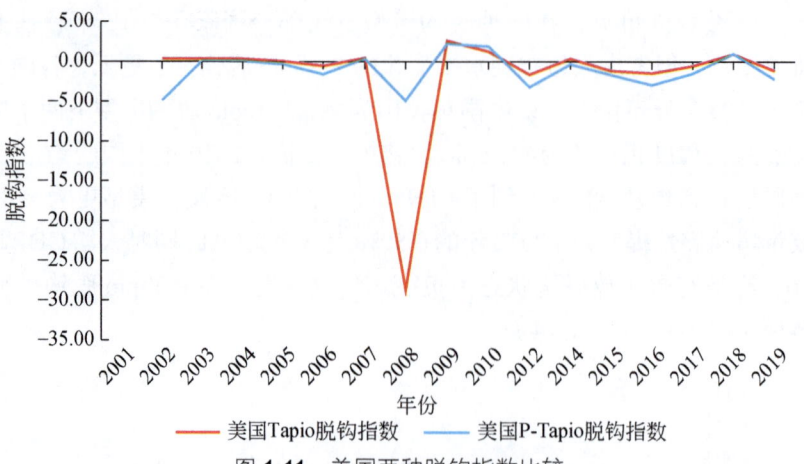

图 1-11 美国两种脱钩指数比较

根据世界银行数据计算和绘制

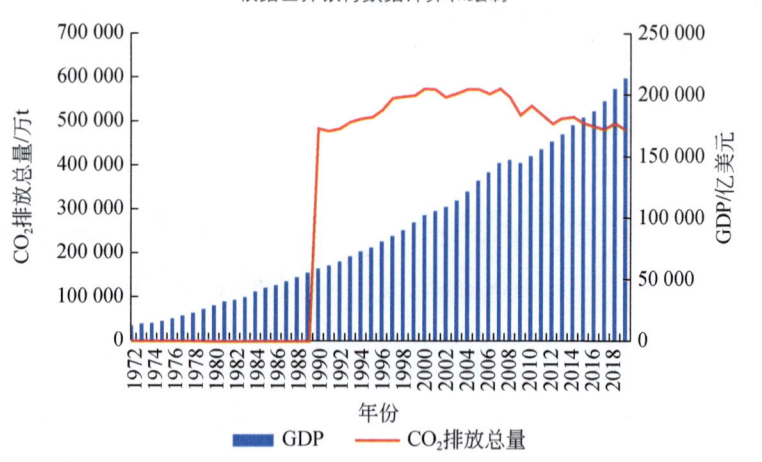

图 1-12 1970～2019 年美国 GDP 与 CO_2 排放总量变化

根据世界银行数据计算和绘制

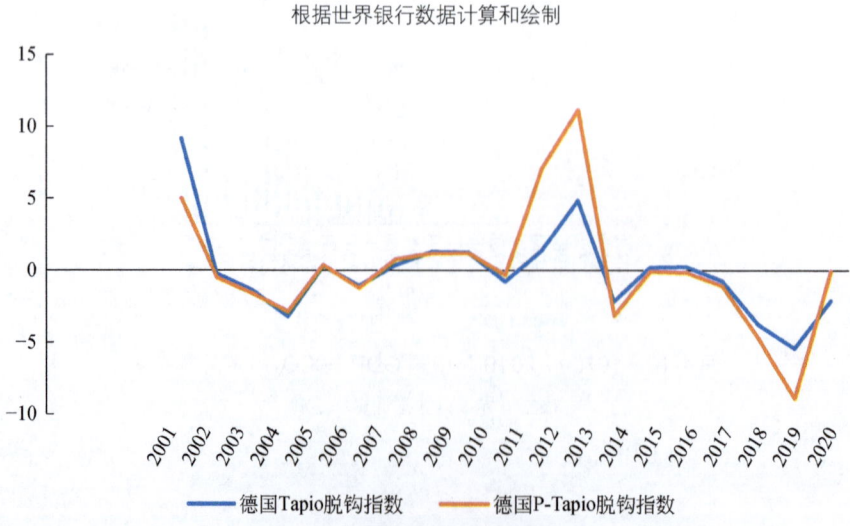

图 1-13 德国两种脱钩指数比较

根据世界银行数据计算和绘制

第一章 全球碳达峰碳中和目标、进程与发展趋势分析

图 1-14 1970～2019 年德国 GDP 与 CO_2 排放总量变化

根据世界银行数据计算和绘制

图 1-15 欧盟两种脱钩指数比较

根据世界银行数据计算和绘制

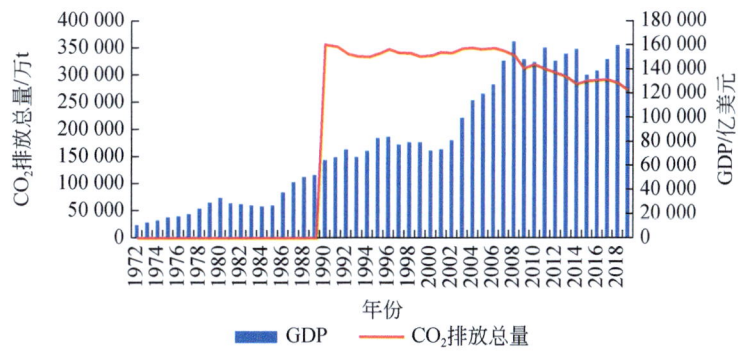

图 1-16 1970～2019 年欧盟 GDP 与 CO_2 排放总量变化

根据世界银行数据计算和绘制

19

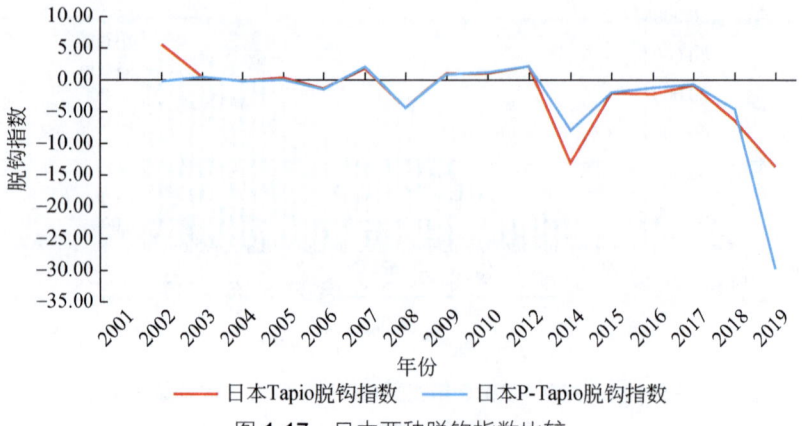

图 1-17　日本两种脱钩指数比较

根据世界银行数据计算和绘制

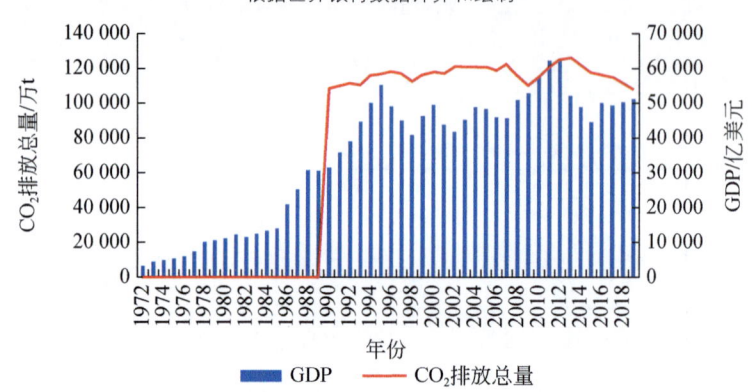

图 1-18　1970～2019 年日本 GDP 与 CO_2 排放总量变化

根据世界银行数据计算和绘制

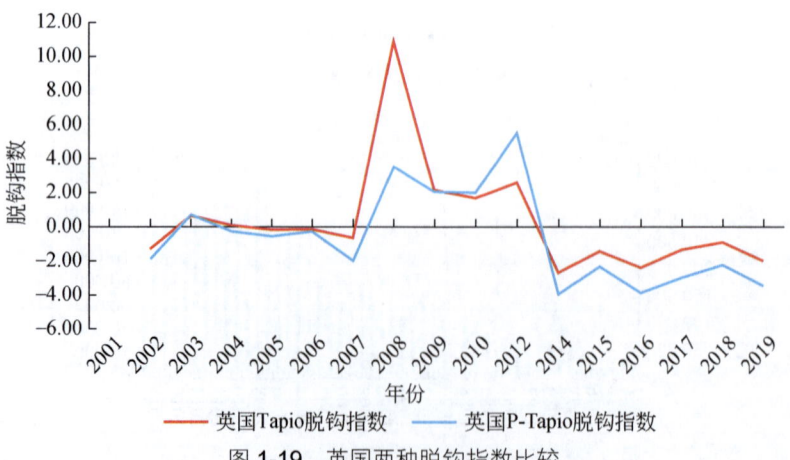

图 1-19　英国两种脱钩指数比较

根据世界银行数据计算和绘制

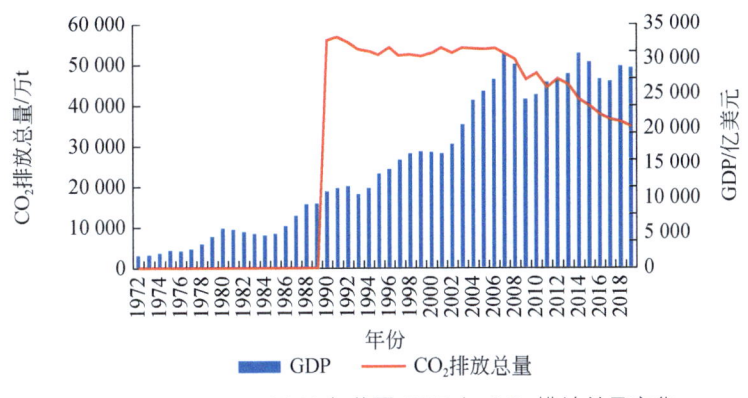

图 1-20　1970～2019 年英国 GDP 与 CO_2 排放总量变化

根据世界银行数据计算和绘制

通过对已实现碳排放达峰国家的经济-碳排放脱钩状态分析，发现这些国家是在 2012 年以后才实现了经济增长与碳排放的稳定脱钩，而在 2012 年之前脱钩状态是不稳定的。这说明：第一，碳排放达峰与脱钩不是同步实现的，时间跨度从 10 年到 40 多年，美国在 2005～2007 年实现碳达峰，经济与碳排放至今仍处于弱脱钩状态；英国 1971 年实现碳达峰，2014 年才实现强脱钩。第二，经济增长与碳排放脱钩是可持续发展的关键，发达国家从碳排放自然达峰到基本实现经济增长与碳排放脱钩的过程中，大力培育低能耗、低排放、高附加值产业，使其成为国家支柱产业，英国和德国经验具有较好的参考价值。第三，从福利经济学角度构建的脱钩模型更能体现居民福祉水平与碳排放之间的关系，只有保持居民福祉水平稳定增长条件下的碳排放持续下降，脱钩状态才可持续。

二、碳达峰与碳中和阶段的产业结构特征比较

目前全世界已经有 54 个国家实现了碳达峰，从这些国家碳达峰前后的能源结构、产业结构、人口数量、城市化进程看，能源结构的低碳化、经济结构从第二产业向第三产业转变、人口数量减少、城市化进程完成对碳达峰具有显著的促进作用。绝大多数国家碳达峰时第三产业占比在 60% 以上，由于统计口径差异，实际第三产业占比低于这个数字。这些国家大多处于后工业化时期，高能耗重化工业向境外转移，产业结构向高端发展。美国、德国等发达国家实现碳达峰的方法大体相同，都是在优化经济结构的同时大力发展节能减排技术和新能源技术以实现碳强度的减小。

发达国家在碳达峰前后的产业结构特征（王玮，2020）简述如下。

德国于 1990 年实现温室气体达峰，达峰年煤炭和石油消费量相当，随后煤炭消费量逐年减少，2019 年煤炭消费量已降至 1990 年的一半。德国第二产业占比在碳达峰后平稳下降，1990 年工业增加值占 GDP 的比例为 37.3%，最近 20 年基本稳定在 27% 左右。根据德国联邦统计局的数据，2020 年德国第三产业增加值为 21 211.05 亿欧元，折合 24 227.18 亿美元，占德国 GDP 的比例为 70.36%。德国是出口大国，对外贸易依存度达到 70% 以上，以高附加值产品出口为主，如汽车、机械产品、化工产品、通信技术、供

双碳目标下广东经济高质量发展之道

配电设备和医学及化工设备。可以说，发达的制造业支撑起德国经济稳定发展（自 2010 年以来德国经济增长率一直保持在 3% 左右）。工业增加值占 GDP 的比例不到 30%，实际上由于大部分工业产品用于出口，其增加值被归类到第三产业的货物和服务贸易中，这也是德国第三产业增加值占比极高的原因。

特别值得一提的是，德国拥有世界上最强大的中小企业群，有报道显示，德国大约 2/3 的工业企业雇员不到 100 名。这些德国中小企业专业化程度和技术水平较高，很多公司几十年只研究一种零件、一个产品，做到世界闻名，具有品牌效应，溢价水平很高。广东是制造业大省，也是外贸大省，德国产业结构转型的经验具有较好的借鉴意义。

根据德国联邦统计局的数据，1970～2006 年，德国工业的发展速度低于整个国民经济的平均发展速度，对国民经济的拉动作用有所弱化。20 世纪中后期，德国开始调整经济结构，向创新型经济转型，推动行业技术创新，重视新技术的开发和利用，通过强势稳定的制造业避免经济发展的"空心化"。2006 年、2010 年、2018 年先后启动了"德国高科技战略""思想·创新·增长——德国 2020 高技术战略""高技术战略 2025"[①]，启动工业脱碳计划、发展循环经济，提出到 2030 年原材料生产率比 2010 年提高 30%、零排放交通、推动人工智能应用等 12 项计划。前两个战略已经取得了显著成效。由图 1-21 可见，从 2009 年以来，德国高新技术产品出口额远高于美国、日本和英国，但德国高新技术产品占本国制造业出口额的比例却低于其他三个国家（图 1-22），这说明德国高新技术产品溢价更高，使德国经济保持稳定。在欧盟三个主要的成员国中，德国经济增速更为稳定，很少出现大幅振荡，由图 1-23 和图 1-24 可见，在 2019～2020 年遭遇新冠疫情全球经济增速大幅下滑时，德国经济相比英国、法国更为强韧。

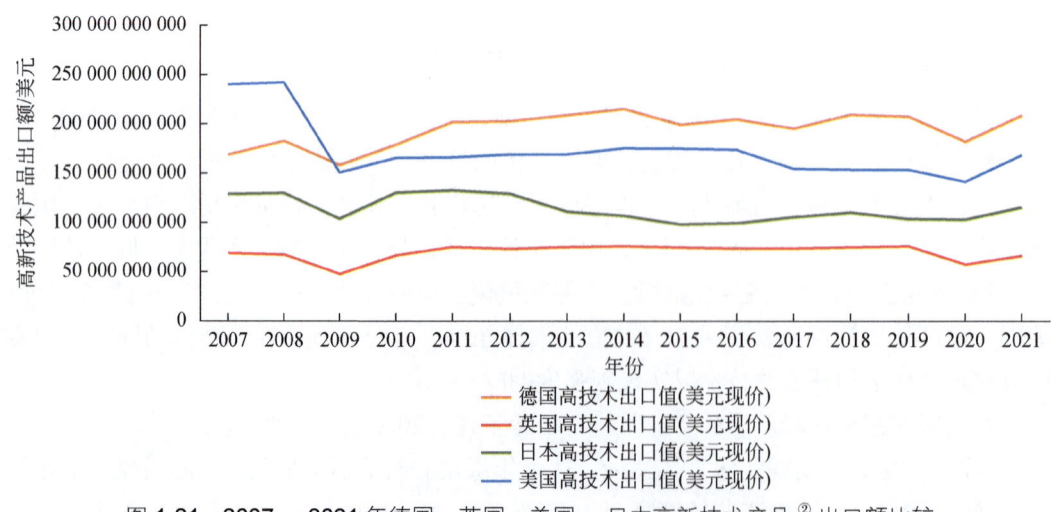

图 1-21　2007～2021 年德国、英国、美国、日本高新技术产品[②]出口额比较

资料来源：联合国 WITS 平台 Com-trade 数据库

---

① 中国科学院科技战略咨询研究院（casisd.cn），德国"高技术战略 2025"明确未来三大领域 12 项使命。
② 高技术出口是指研发强度高的产品，如航空航天、计算机、医药、科学仪器、电机等。

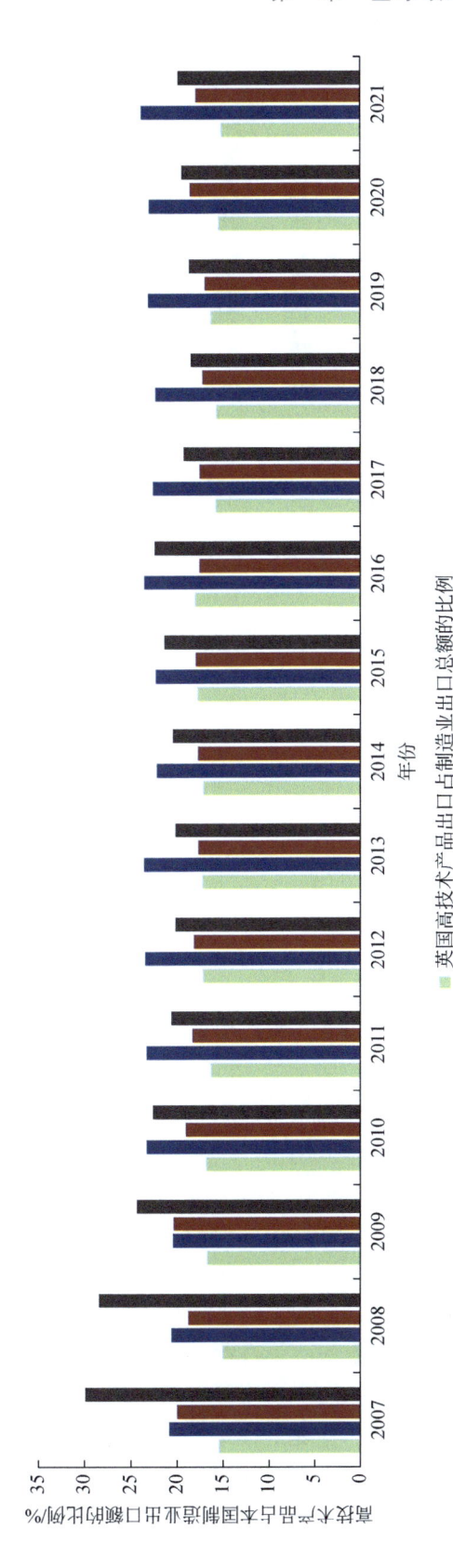

第一章　全球碳达峰碳中和目标、进程与发展趋势分析

图 1-22　2007~2021 年世界主要经济体高新技术产品[①]占本国制造业出口额的比例

资料来源：联合国 WITS 平台 Com-trade 数据库

① High-technology exports are products with high R&D intensity, such as in aerospace, computers, pharmaceuticals, scientific instruments, and electrical machinery.

23

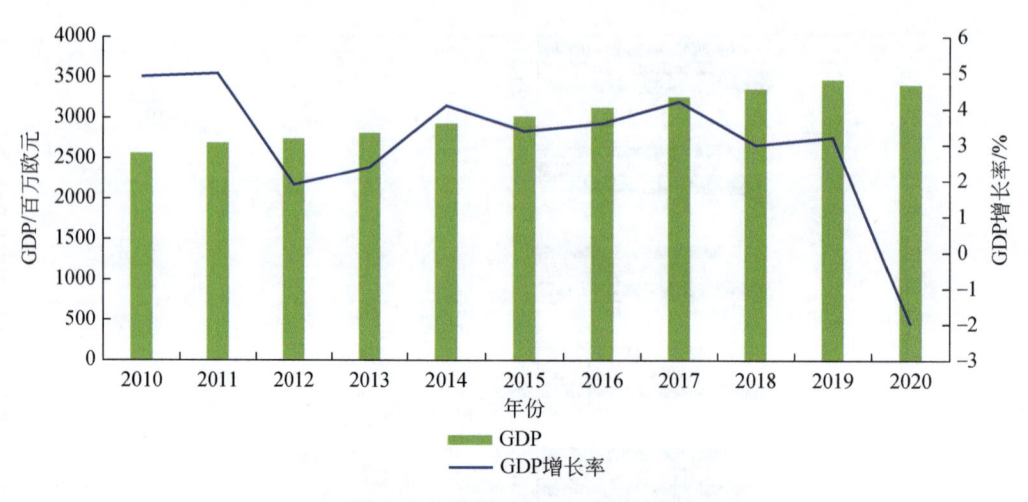

双碳目标下广东经济高质量发展之道

图 1-23 德国 GDP 及其增长率

资料来源：德国联邦统计局（Federal Statistical Office Germany）-GENESIS-Online: Result 81000-0001 (destatis.de)

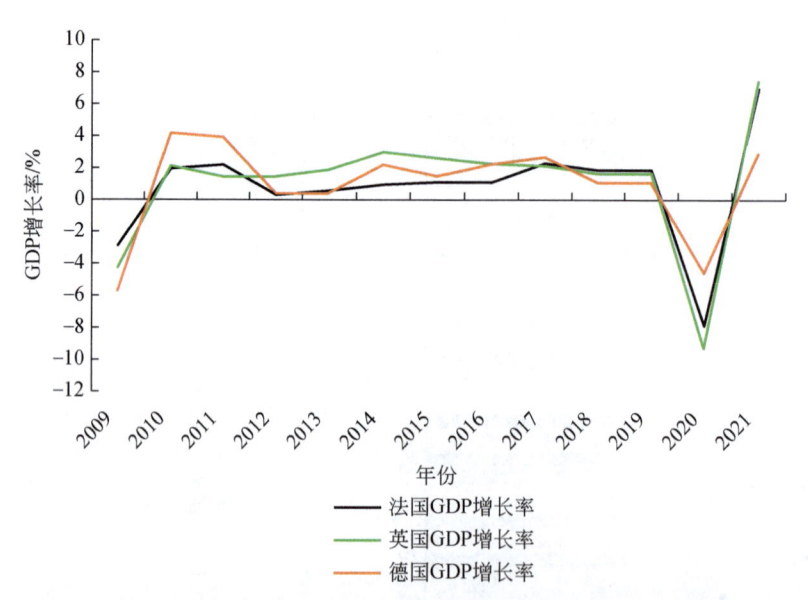

图 1-24 2009～2021 年英国、法国、德国 GDP 增长率

资料来源：联合国 WITS 平台 Com-trade 数据库

德国产业快速升级取得成功的关键之处在于采取了两次产业革命并举的发展战略，在完成引进和吸收以纺织、煤炭、钢铁、机器制造等行业为代表的第一次产业革命带来的技术成果的同时，积极投入以化学工业和汽车制造等行业为代表的第二次工业革命，将两次工业革命中的技术进步一并推进，实现了在化工、电气、汽车等新兴工业部门的技术突破，促使这些新兴部门走在世界前列，从而使后起国家的优势充分展现，进而促使其实现了赶超。

英国于 1971 年实现二氧化碳达峰，煤炭、石油消费量也同时达到峰值，随后开始稳步回落。2021 年英国温室气体排放量为 4.47 亿 t CO_2-eq，比 1990 年减少了 47%，比 2019 年减少了 10%，由于新冠疫情的影响，2020 年和 2021 年温室气体排放量较低。2021 年英国政府公布的 2050 年《净零战略》详述了实施路径，包括到 2030 年完成 50GW 离岸风电以保障 2035 年实现 100% 低碳电力供应，2030 年不再销售化石燃料汽车，在建筑领域到 2028 年每年至少安装 60 万台热泵，到 2035 年大部分家庭能效至少达到"C"级，到 2035 年工业领域碳排放比 2019 年减少 63%～76%；每年通过工程技术实现脱碳 500 万 t CO_2-eq、到 2025 年每年新造林 30 000hm^2。由图 1-25 可见，自 1990 年以来，英国已经持续 30 年在保持人均 GDP 增长的情况下实现碳排放总量持续下降。

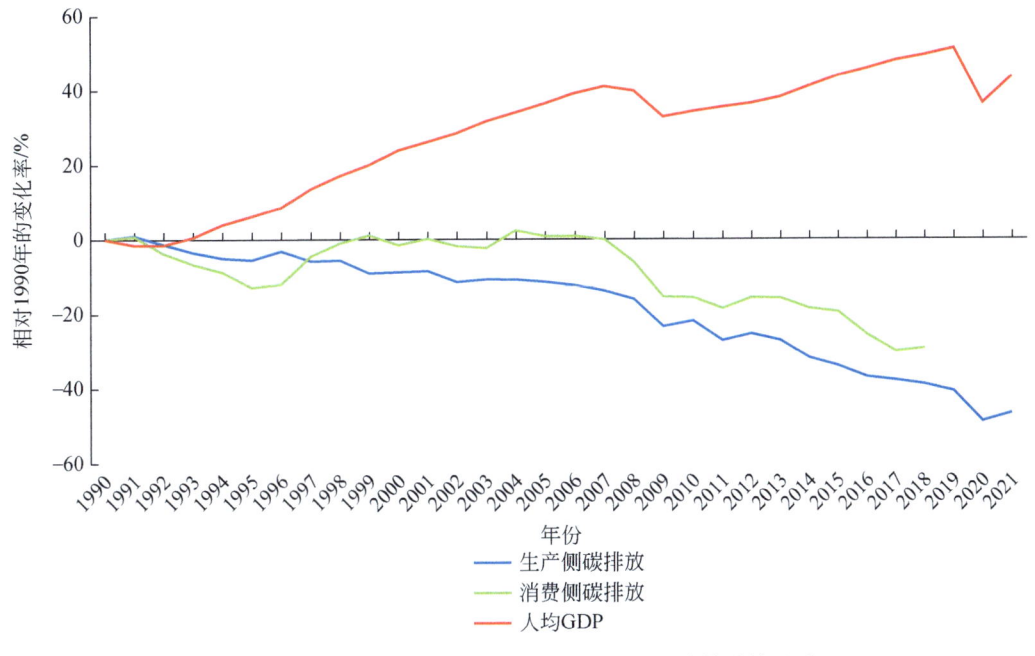

图 1-25　1990～2021 年英国人均 GDP 与碳排放的关系

BEIS (2022) Provisional UK greenhouse gas emissions national statistics 2021; BEIS (2022) Final UK greenhouse gas emissions national statistics: 1990 to 2020; Defra (2021) UK's Carbon Footprint 1997-2018; ONS (2022) GDP & population data; CCC analysis

日本于 2013 年实现碳达峰，其化石能源消费也逐年下降。达峰时的煤炭和天然气消费量相当，约为石油的一半。目前，石油仍是日本主要的消费能源，但年消费量较碳达峰前已有所回落，煤炭和天然气消费量也趋于下降。人均 GDP（4.8 万美元）在达峰同期达到历史最高，此后几年明显回落，直至 2019 年重回 4.0 万美元。碳达峰时也表现出工业增加值占比下降、服务业增加值占比提升的特征。但由于日本早在 20 世纪 90 年代就已实现产业现代化和高端化，因此日本产业结构在达峰前后变动不明显。工业增加值占比在碳

双碳目标下广东经济高质量发展之道

达峰前后波动也不大，维持在27%左右。2020年12月，日本发布《2050年碳中和绿色增长战略》（图1-26），将海上风电、燃料电池、氢能等在内的14个产业作为碳中和的核心领域，其中在资源循环产业发展方面提出，到2050年实现资源产业的净零排放。

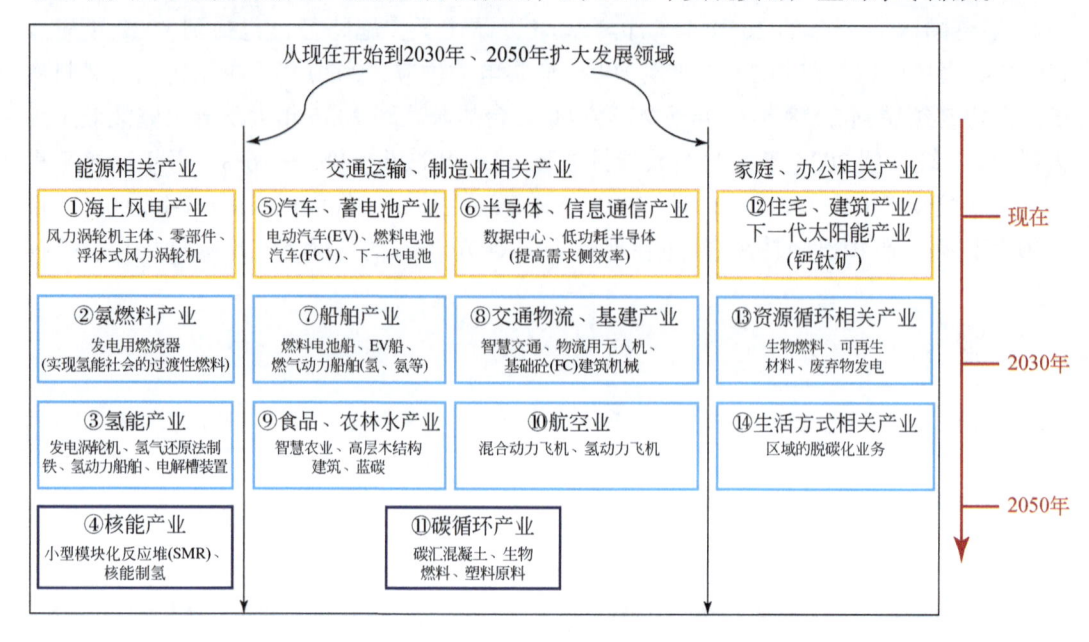

图 1-26　日本面向碳中和的重点产业发展方向

美国于2007年实现碳达峰，自20世纪80年代以来，美国第二产业占比一直呈明显的下滑趋势：1981年占比34.11%，2007年碳达峰时占比降至21.45%，第三产业占比约为65.78%，第二产业在2010年以来占比平稳下降，均不超过20%。自20世纪70年代以来，美国制造业增加值占GDP的比例逐年下降，劳动密集型产业被淘汰或转移到国外。与此同时，信息、生物等高科技产业发展迅速，利用高科技改造传统产业也取得新进展。目前美国主要工业产品有汽车、航空设备、计算机、电子和通信设备等。相较于传统的高耗能制造业，上述先进制造业的碳强度都比较低。美国得以在2007年实现碳达峰，产业转型的贡献功不可没。

瑞典为工业部门量身打造了2050绿色升级路线：以可再生能源和材料替代化石基燃料和材料；提高生产效率和原材料使用率；生产系统的电气化；水泥行业将以生物质能结合碳捕集与封存（CCS）作为降碳技术组合；钢铁行业采用高炉加CCS，以及预期氢直接还原铁矿石得以商业运行，或是以电解法炼钢为可选技术路径；对电解铝工业而言，重点在于开发一种不释放二氧化碳的惰性阳极材料；为辅助工业部门降碳，提供大量政策、技术和基金的支持。由此可见，瑞典并不想通过放弃传统制造业实现碳中和，而是以科技创新的方式实现碳排放量的下降。

我国能源强度是世界平均水平的1.5倍，是OECD成员国的2.7倍，碳生产力仅为英国的1/4、美国的1/3（图1-27）。节约能源是减碳的第一要务，在当前消费水平

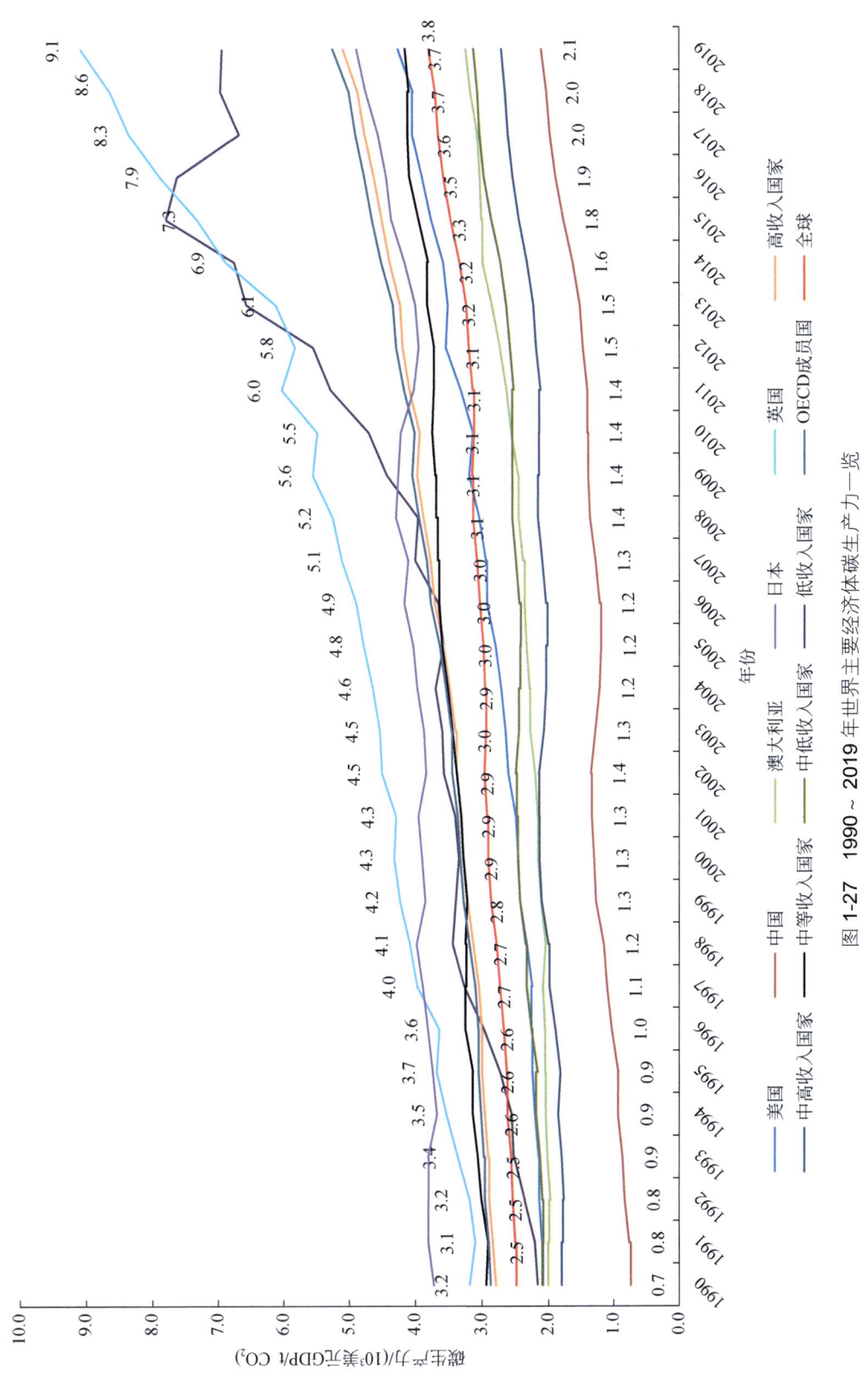

第一章 全球碳达峰碳中和目标、进程与发展趋势分析

图 1-27 1990～2019 年世界主要经济体碳生产力一览

作者课题组根据世界银行数据计算得到。https://data.worldbank.org/indicator/EN.ATM.CO2E.KT?locations=1W&start=1960&view=chart；Climate Watch. 2020. GHG Emissions. Washington DC: World Resources Institute. climatewatchdata.org/ghg-emissions。

GDP 按 2017 年购买力平价计算

下，能耗下降 1%，就能减排 1 亿 t 二氧化碳。研究显示，我国已经开发的可再生能源不到技术可开发资源量的 1/10（杜祥琬，2022），潜在开发空间大；同时通过经济结构调整、提高生产效率、产业低碳化发展，从需求端减少化石能源消费，提升碳生产力，在碳达峰碳中和背景下实现经济稳定增长，人民福祉水平不断提升。

三、迈向碳中和国家的重要技术支撑体系分析

完善的减碳技术和装备制造体系对实现碳达峰碳中和目标必不可少，表 1-7 列举了到 2030 年各领域主要减碳技术类型和技术措施。从技术目标看，有碳减排技术、碳封存、碳捕集和碳利用技术，其中碳减排技术的目的是减少人类活动过程中产生的温室气体排放量，是从源头解决排放问题。目前碳封存主要有物理固碳和生物固碳两种方式。碳捕集是指将原本存在于大气中的二氧化碳从空气中"剥离"。目前碳捕集的主要技术有化学吸收和物理隔离两种。碳利用则是把二氧化碳当成一种资源来使用，不仅可以避免污染环境，还可以增加企业的收入。此外，循环经济的技术方法也是实现碳达峰碳中和的重要方法。例如，日本把资源循环利用产业作为实现碳中和目标的 14 个核心领域之一，发展各类资源回收再利用技术（如废物发电、废热利用、生物沼气发电等）；通过制定法律和计划来促进资源回收再利用技术开发和社会普及；开发可回收利用的材料，优化资源回收技术和方案以降低成本。2021 年 10 月 22 日，日本政府发布《第六次能源基本计划》[①]，阐述日本面向 2050 年碳中和的能源计划和具体举措。

碳达峰碳中和目标实现需要构建"三端共同发力体系"，每端都有相应的技术需求。第一端是电力端，电力/热力供应端以化石能源为主的电力生产系统需要改造为以风、光、水、核、生物质、地热、氢能等可再生能源和非碳新能源为主的电力生产系统。第二端是消费端，工业制造业、建筑、交通等部门生产过程中一方面采用能源替代，另一方面通过工艺改进减少工业过程排放。第三端是固碳端，通过生态建设和工程技术将"不得不排放的二氧化碳"固定到生态系统或封存利用。中国科学院广州能源研究所"粤港澳大湾区能源转型中长期路径研究"课题组对"三端共同发力体系"涉及的关键技术进行了较为系统的梳理，与图 1-1 所列出的各类减碳技术相比，表 1-7～表 1-10 列出的技术更贴近广东实际。

---

① 経済産業省：第 6 次エネルギー基本計画が閣議決定されました（https://www.meti.go.jp/press/2021/10/20211022005/20211022005.html）。

表 1-7　工业领域能源转型技术措施库

技术类型	技术措施
能效提升	
共性技术	高效节能变压器技术
	压缩机节能优化技术
	新型高效电机技术
	高效节能风机技术
	高效节能热处理技术
	工业锅炉改造升级技术
	窑炉改造升级技术
	煤炭清洁燃烧技术
	高效快速冷却技术
	余热余压回收利用技术
	环保型原材料代替技术
	产品轻量化制造技术
	工业废弃物再利用技术
	节能环保废气处理技术
	智慧能源控制系统
	淘汰高耗能高污染生产工艺和设备
钢铁行业	氢还原炼铁技术
	节能高效轧制技术
石化行业	常减压蒸馏优化技术
	百万吨级乙烯及芳烃成套技术
建材行业	节能降氮烧成技术
	低温快烧技术
纺织行业	高效节能染色技术
	智能化印染蒸汽高效利用技术
造纸行业	纸张高效成型技术
	低能耗化学制浆技术
能源结构调整	煤改气、煤改电技术
	电气化改造技术
	厂区、园区分布式可再生能源系统
	废弃生物质等废弃物焚烧发电技术
产品升级	既有产品提质升级技术
	高附加值产品制造技术
	绿色产品设计技术
	绿色制造体系评价系统

续表

技术类型	技术措施
政策制度	加大绿色技术、产品的推广应用
	大力推行清洁生产
	完善节能审查、能源审计、能效对标等制度
	健全能源信用管理制度
	重点用能企业能源资源计量、统计和监测等信息化建设
	开展先进示范推广工程
	加快推进能源资源价格改革
产业结构调整	严格控制高耗能和产能过剩行业增长
	加大落后产能淘汰力度
	非优势产区逐步去产能化
	加快推动新一代信息技术与制造技术融合发展
	打造集约化产业群
	以优势产业为基础推动新兴产业协同发展

表 1-8 电力低碳转型技术措施库

类别	技术名称	技术描述
核电	第三代核电	第三代核电技术指满足美国"先进轻水堆型用户要求"（URD）和"欧洲用户对轻水堆型核电站的要求"（EUR）的压水堆型技术核电机组，是具有更高安全性、更高功率的新一代先进核电站。代表性的第三代核技术有美国西屋公司非能动先进压水堆 AP1000、法国先进压水堆——进化动力反应堆（EPR）、我国研发的"华龙一号"等
	小型压水堆	小型压水堆是指电功率小于 300MW 的反应堆，有紧凑型和一体化两种技术路线。小型压水堆有布置紧凑、系统简化、非能动安全、大热容固有安全性高、换料周期长、投资低、经济性好等优点。它因功率小、模块化建造具有工期短的优点，且取消了场外应急，作为热电汽水综合供给能源，具有为偏远地区和海上供电、热电联产和海水淡化等多种用途，将成为核电系统的重要补充
	钠冷快堆	钠冷快堆是我国核能发展"压水堆、快堆、聚变堆"三步走战略的第二步，安全性高，可以通过增殖大幅度提高资源利用率，并通过嬗变实现核废物的最小化。钠冷快堆及相应的先进闭式燃料循环是我国核能大规模、可持续、环境友好发展的必然选择
	高温气冷堆	高温气冷堆是使用氦气作为冷却剂的第四代先进反应堆。它采用全陶瓷包覆颗粒燃料、石墨和碳块全陶瓷堆芯，功率密度低，具有热容量大、负反应性温度系数、余热可依靠热传导与辐射传出等特点，是最安全的先进反应堆。系统简化、模块化水平高使其发展有一定的经济潜力。它具有较高的出口温度，也可用于制氢等高温热应用中；是核能综合利用以及内陆核电的重要选择
	铅基快堆	铅基快堆是使用重金属铅或铅铋合金作为冷却剂的先进快中子堆。铅基冷却剂的沸点高、化学惰性、热容大、自然循环能力强等优良特性使其具有极佳的固有安全性。铅基快堆具有系统简化、能量密度高、模块化水平高、经济性好等优势，有潜力成为第四代核电的主流堆型，可提供经济、安全、可持续的技术选择
	熔盐堆	钍基熔盐堆核能系统（TMSR）使用储量丰富、防扩散性能好和产生核废料更少的钍基核燃料，是解决长期能源供应的一种优势技术方案；熔盐堆使用高温熔盐作为冷却剂，具有低压、高化学稳定性、高热容等热物特性，无须使用沉重而昂贵的压力容器，适合建成紧凑、轻量化和低成本的小型模块化反应堆；熔盐堆采用无水冷却技术，可用于干旱地区实现高效发电；熔盐堆输出的高温核热可用于发电，也可用于工业热应用、高温制氢以及氢吸收二氧化碳制甲醇等，可以有力地缓解碳排放和环境污染问题

续表

类别	技术名称	技术描述
核电	聚变堆	聚变堆，即核聚变反应堆，不同于裂变反应堆，是利用核聚变反应来获取能量的反应堆。聚变能具有资源无限、清洁、安全等优点，是目前认识到的可以最终解决人类社会能源问题和环境问题、推动人类社会可持续发展的重要途径之一
太阳能	分布式光伏	分布式光伏发电设施特指在用户场地附近建设，运行方式以用户侧自发自用、多余电量上网，并且在配电系统平衡调节为特征的光伏发电设施。分布式光伏发电遵循因地制宜、清洁高效、分散布局、就近利用的原则，充分利用当地太阳能资源，替代和减少化石能源消费
	集中式晶体硅电池	集中式光伏电站由光伏组件、汇流箱、并网逆变器、控制柜、变压器、监控系统、支架和变电所等组成，形成集中式并网光伏发电系统，包括低成本晶体硅电池、异质结太阳电池（HIT）、交叉指式背接触（IBC）电池产业示范线关键技术和工艺；太阳能电池关键配套材料，开发高效电池用配套电极浆料关键技术，包括正银浆料制备技术，以及无铅正面银电极、低成本浆料银/铜粉体功能相复合电极材料等
	薄膜太阳能电池	薄膜电池是将一层薄膜制备成太阳能电池，其用硅量极少，更容易降低成本，同时它既是一种高效能源产品，又是一种新型建筑材料，更容易与建筑完美结合。在国际市场硅原材料持续紧张的背景下，薄膜太阳能电池已成为国际光伏市场发展的新趋势和新热点。已经能进行产业化大规模生产的薄膜电池主要有：硅基薄膜太阳能电池、铜铟镓硒（CIGS）薄膜太阳能电池、碲化镉（CdTe）薄膜太阳能电池3种
	太阳能热发电技术	太阳能热发电技术就是把太阳辐射热能转化为电能，该技术无化石燃料的消耗，对环境无污染，可分为两大类：一类是利用太阳能直接发电，如半导体或金属材料的温差发电，真空器件中的热电子、热离子发电，以及碱金属热发电转换和磁流体发电等；另一类是太阳能间接发电，它使太阳能通过热机带动发电机发电，其基本组成与常规发电设备类似，只不过其热能从太阳能转换而来
风能	陆上大型风力发电技术	主要指10MW级及以上风电机组，以及100 m级及以上风电叶片、10MW级及以上风电机组变流器和高可靠、低成本大容量超导风力发电机等。包括大型风电机组传动链及关键部件地面试验技术、多尺度风电场数模混合实时仿真实验技术等
	海上风力发电技术	主要包括海上风电场设计及优化技术；海上风电场基础设计制造、并网、输变电、智能运维关键技术；海上风电场施工、运输等开发成套技术；海上风电设备试验检测关键技术
生物质能	沼气发电	沼气发电是随着大型沼气池建设和沼气综合利用的不断发展而出现的一项沼气利用技术，它将厌氧发酵处理产生的沼气用于发动机上，并装有综合发电装置，以产生电能和热能。沼气发电具有创效、节能、安全和环保等特点，是一种分布广泛且价廉的分布式能源
	垃圾焚烧发电	垃圾发电把各种垃圾收集后，进行分类处理。对燃烧值较高的垃圾进行高温焚烧（也彻底消灭了病原性生物和腐蚀性有机物），在高温焚烧中产生的热能转化为高温水蒸气，推动涡轮机转动，使发电机产生电能
	一般生物质发电	本研究中的一般生物质发电是利用除沼气和垃圾以外的生物质所具有的生物质能进行的发电，主要包括农林废弃物直接燃烧发电、农林废弃物气化发电等
海洋能	潮汐能发电	潮汐能发电是利用海水潮涨和潮落过程中水位差的势能发电的技术。在潮差大的海湾入口或河口筑堤构成水库，在坝内或坝侧安装水轮发电机组，利用堤坝两侧潮汐涨落的水位差驱动水轮发电机组发电。有单库单向式、单库双向式、双库式、发电结合抽水蓄能式等
	海洋温差发电	海洋温差发电是利用海水的浅层与深层的温差及其温、冷不同热源，通过热交换器及涡轮机发电。现有海洋温差发电系统中，热能的来源即是海洋表面的温海水，发电的方法基本上有两种：一种是利用温海水，将封闭的循环系统中的低沸点工作流体蒸发；另一种则是温海水本身在真空室内沸腾。两种方法均产生水蒸气，由水蒸气再去推动涡轮机，即可发电
	波浪能发电	波浪能发电是利用海洋波浪的动能和势能发电的技术。海洋波浪蕴藏着巨大的能量，通过某种装置可将波浪的能量转换为机械的、气压的或液压的能量，然后通过传动机构、汽轮机、水轮机或油压马达驱动发电机发电。全球有经济价值的波浪能开采量为1亿～10亿kW。中国波浪能的理论储量为7000万kW左右

续表

类别	技术名称	技术描述
地热能	联合循环地热发电	联合循环地热发电是将闪蒸系统发电与双工质循环发电联合,形成一种特殊的能量转换系统。闪蒸和双工质循环联合地热发电实际上是将闪蒸器产生的蒸汽直接用于发电,而产生的饱和水则用于低沸点有机工质发电。这种特殊的转换系统,能使地热资源得到充分利用。该系统包括闪蒸系统发电和双工质循环发电两部分,系统输出的功率是闪蒸系统发电和双工质循环发电的总和
	干热岩地热发电	干热岩地热发电的流程:注入井将低温水输入热储水库中,经过高温岩体加热后,在临界状态下以高温水、汽的形式通过生产井回收发电。发电后将冷却水排至注入井中,重新循环,反复利用。干热岩地热发电不仅可大幅降低温室效应和酸雨对环境污染的影响,还具有电价竞争力。在采用先进的钻井和人工热储水库技术条件下,干热岩地热发电比传统火力、水力发电更具有电价竞争力,未来干热岩地热资源将成为全球的主导能源之一
其他	氢能发电	氢能发电,指利用氢气和氧气燃烧,组成氢氧发电机组。这种机组是火箭型内燃发动机结构配以发电机,它不需要复杂的蒸汽锅炉系统,因此简单,维修方便,启动迅速,要开即开,欲停即停。在电网低负荷时,还可吸收多余的电来进行电解水,生产氢气和氧气,以备高峰时发电用。这种调节作用对于用网运行是有利的。另外,氢气和氧气还可直接改变常规火力发电机组的运行状况,提高电站的发电能力
	天然气分布式能源	天然气分布式能源是指以天然气为燃料,通过冷热电三联供等方式实现能源的梯级利用,综合能源利用效率在70%以上,并在负荷中心就近实现能源供应的现代能源供应方式,是天然气高效利用的重要方式

表 1-9 交通部门低碳转型技术措施库

项目	市内客运	城际客运	货运交通
运输需求控制	·优化城市空间布局 ·TOD 发展模式 ·鼓励远程办公 ·发展视频会议	·优化产业布局 ·鼓励远程办公 ·发展视频会议	·产业结构调整 ·合理布局物流集散地 ·发展现代物流业
运输结构调整	·鼓励慢行交通出行 ·鼓励公交车出行 ·发展城市轨道交通 ·低排区管理 ·差别化停车收费	·发展高速铁路 ·发展城际铁路	·发展铁路货运 ·发展水路货运
能源结构优化	·公交车纯电动化 ·出租车纯电动化 ·氢燃料电池公交车 ·氢燃料电池出租车 ·私家车纯电动化	·天然气城际客车 ·电动城际客车 ·氢燃料电池城际客车 ·生物航空煤油 ·乙醇汽油	·天然气货车 ·电动货车 ·推广天然气货船 ·氢燃料电池货车 ·生物航空煤油 ·生物燃料油
能源效率提升	·先进电机技术 ·先进电驱技术 ·私家车车身轻量化 ·私家车先进发动机技术 ·先进变速器技术 ·高效传动技术 ·低阻技术 ·混合动力技术 ·淘汰老旧车船	·车身轻量化 ·城际客车先进发动机技术 ·客运场站节能改造 ·公路客运调度系统 ·民用飞机机身轻量化 ·先进的飞机推进系统 ·淘汰老旧车船	·公路物流大型化 ·货车先进发动机技术 ·货运场站节能改造 ·先进的货运管理技术 ·港口机械电气化改造 ·船舶靠港使用岸电 ·船用内燃机节能技术 ·民用飞机机身轻量化 ·先进的飞机推进系统 ·淘汰老旧车船

表 1-10 建筑部门节能技术措施

技术类型		技术名称
能源供给系统	常规能源	区域集中供冷
		地源、空气源热泵
		风能发电
	新能源	太阳能光热技术
		太阳能光电应用
		太阳能、空气能热水器
建筑维护结构	外墙	外墙隔热（涂料）
		复合墙体
		外墙垂直绿化
		浅色饰面砖
	门窗	门窗节能玻璃（更换、贴膜）
		门窗隔热技术
	屋面	屋面隔热技术（挤塑板、热反射涂料）
		绿色屋顶技术
		节能通风屋面系统
	幕墙	呼吸幕墙（外循环）
		幕墙节能玻璃
		幕墙隔热技术
		内遮阳智能控制技术
建筑设备	通风空调系统	高效机房系统集成技术
		空调系统调适与智能控制系统
		空调在线清洗除垢技术（末端）
		空调负荷匹配控制技术（冷源）
		中央空调循环利用技术
		空调冷凝水回收（物理）
		冷却水（冷源）
		空调新风供冷技术（末端）
		空调水泵、风机变频调节技术、空调热回收技术（冷源）
		光伏直驱中央空调
		室内环境控制（通风）

续表

技术类型		技术名称
建筑设备	照明	智能照明系统
		光导管照明技术
	电梯	电梯群控技术
		电梯动能回馈节能技术
		扶梯节能控制系统
	家用电器	家用电器能效提升
		高效烹饪炉灶
		CO_2 热泵热水器
政策和管理	标准法规	民用建筑能耗标准
		《广东省公共建筑能耗标准》
		《广东省绿色建筑评价标准》
		能耗定额标准
		合同能源管理
	其他	建筑智能管理系统
		阶梯电价

四、社会财富分配均衡有利于促进碳中和实现

社会财富分配均衡是促进经济增长与碳排放脱钩的"加速器"和"稳定器"。对世界银行公布的各国基尼系数、Tapio 脱钩指数和 P-Tapio 脱钩指数计算结果以及国别碳中和时间表等进行比较,发现收入均衡的经济体更容易保持经济与碳排放脱钩稳定状态,碳中和时间也相对较早,见表 1-11。

表 1-11 代表性国家基尼系数、预期碳中和时间、脱钩状态 （单位：%）

国家	基尼系数							预期碳中和时间	脱钩状态
	2013 年	2014 年	2015 年	2016 年	2017 年	2018 年	2019 年		
中国	39.7	39.2	38.6	38.5	39.1	38.5	38.2	2060 年	弱脱钩
英国	33.2	34	33.2	34.8	35.1	—	—	2050 年	强脱钩
美国	40.7	41.5	41.2	41.1	41.2	41.4	41.5	2050 年	弱脱钩
日本	32.9	—	—	—	—	—	—	2050 年	强脱钩
瑞典	28.8	28.4	29.2	29.6	28.8	30	29.3	2045 年	强脱钩

续表

国家	基尼系数							预期碳中和时间	脱钩状态
	2013年	2014年	2015年	2016年	2017年	2018年	2019年		
瑞士	32.5	32.5	32.3	33	32.7	33.1	—	2050年	强脱钩
芬兰	27.2	26.8	27.1	27.1	27.4	27.3	27.7	2035年	强脱钩
德国	31.5	30.9	31.6	31.6	31.2	31.7	—	2045年	强脱钩

注：作者课题组根据世界银行网站资料整理。

第三节 欧盟经济低碳转型的主要经验和措施梳理

发达国家碳达峰与工业化、城镇化进程密切相关。发达国家基本遵循了碳排放强度率先达峰，而后碳排放总量、人均碳排放几乎同时达峰的阶段轨迹。不同国家碳达峰时的人均GDP呈现较大的差异，但城镇化率均达到70%以上。工业化和城镇基础设施建设基本完成，人口集聚促进了第三产业的蓬勃发展，产业结构逐渐转向以技术密集为主导，为实现碳达峰创造了基本条件。欧盟作为全球应对气候变化行动的先行者，在碳市场、零碳技术、气候融资等领域积累了丰富的实践经验。

一、英国碳预算管理制度

2008年英国正式制定《气候变化法案》，开始利用法律应对气候变化，2009年3月经王室批准英国正式成为世界上第一个为减少温室气体排放建立起法律约束性的国家。《气候变化法案》要求英国在2050年实现温室气体净零排放，"碳预算"方案是《气候变化法案》中的核心条款，自2008年开始执行，每五年为一个执行周期，对碳预算进行更新，目前碳预算已经制定到第六个周期（2033～2037年）。

《气候变化法案》明确指出为确保碳预算长期正常运转，政府首脑应对碳预算负有直接政治责任，也就是说如果执行周期碳排放超过了预算，那么政府首脑将承担法律责任；《气候变化法案》还要求碳预算清晰具体，每个执行周期详细而确定，不得因为任何因素而擅自改动。总的说来，碳预算必须经历以下几个步骤：评估和计算确立总预算、分解总预算至部门预算、为预算实施确定责任主体、对碳预算实施过程监测和评估、建立超预算惩罚机制、"借"未来预算的灵活性预算系统制度安排等。

英国政府设立了独立的专门机构（气候变化委员会）对碳预算进行日常监测和管理，对执行过程进行评估后向议会提出预算修正建议。作者课题组与英国气候变化委员会于2022年11月9日就英国碳预算问题开展了线上研讨，得出以下结论（图1-28和图1-29）：第一，碳预算作为英国温室气体减排行动的具体指引，对措施的经济性给予了充分考虑；第二，对没有完成碳预算的部门没有惩罚机制；第三，重视措施完成可行性的风险评估，根据技术成熟度、经济可接受性、新技术进展等外部环境的变化，每年都对碳预算完成情况进行风险评估，提出相应建议；第四，重视经济可接受程度，根据年度风险评估结果，对需要提供资金或技术的部门予以扶持；第五，从历史数据看，碳预算发挥了约束性作用，2008～2021年英国实际碳排放量低于预算。

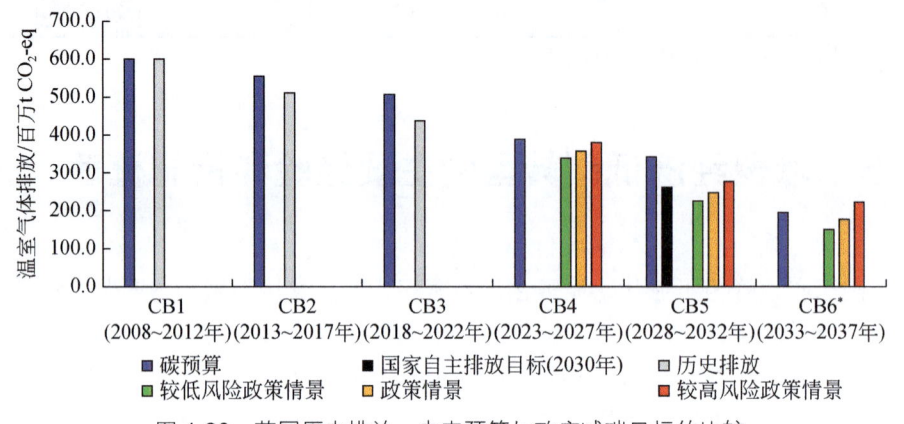

图 1-28　英国历史排放、未来预算与政府减碳目标的比较

CB 表示碳预算，CB1~CB6 指的是英国的几次碳预算实施周期。
*表示仅在 CB6 中将英国在国际航空和航运排放纳入份额。
作者课题组根据 UKCCC 提供的数据绘制

图 1-29　英国碳预算措施效果评估

资料来源：UKCCC 在研讨会上提供的资料

二、欧盟绿色新政简介

欧盟推出绿色新政的一个重要起因是全球气候变化问题。根据《巴黎协定》要求，

2020年各国需提交强化的自主贡献目标。欧盟选择在2020年前发布绿色新政，旨在加速实现碳中和的目标，也有展现气候行动全球领导力的意图。

欧盟绿色新政的落脚点是推动欧盟经济社会可持续发展。2015年联合国通过了《2030年可持续发展议程》，提出在2015～2030年以综合方式彻底解决社会、经济和环境三个维度的发展问题，各国要尽快转向可持续发展道路。欧盟将环境和气候的全球挑战视为经济发展的机遇，致力于加强欧盟经济的绿色低碳竞争力。因此，欧盟绿色新政也是新形势下欧盟新的经济增长战略，是新一届欧盟委员会执政纲领的重要内容。

欧盟绿色新政描绘了欧盟经济社会绿色转型的长期愿景，也是一个行动计划，内容覆盖了经济社会发展的各方面。具体内容可以概括为战略目标、重点行动和保障措施三部分。

1）战略目标

欧盟绿色新政是欧盟的绿色发展战略，是欧盟的"世纪工程"，致力于建设公平繁荣的社会、富有竞争力的现代经济，到2050年实现温室气体净零排放、经济增长与资源使用脱钩。为实现此战略目标，欧盟将以经济可持续转型为基础，广泛动员各方参与，引领全球绿色转型进程。欧盟绿色新政的核心目标是，在2050年前，使欧盟成为全球首个气候中立的大洲。按计划，欧盟议会已于2020年3月发布《欧洲气候法》草案，力图确立这一长期目标的法律地位，并提出欧盟委员会需在2020年9月给出2030年温室气体减排目标提高到比1990年下降50%～55%的可选方案。2021年6月前，欧盟委员会将评估和修改能源效率指令、可再生能源指令、碳排放交易指令、目标分担法规、能源税指令、土地利用变化和林业法规等所有气候相关政策，确保所有政策都与新低碳目标保持一致。此外，欧盟还将针对选定行业产品推出碳边境调节税。

2）重点行动

为实现上述战略目标，欧盟将实施以下"七大行动"。

一是建设清洁、可负担、安全的能源体系。能源活动占欧盟温室气体排放总量的75%以上，能源系统进一步脱碳对于实现低碳目标至关重要。为此，欧盟提出将优先考虑能源效率，发展以可再生能源为基础的电力系统，迅速淘汰煤炭并完成天然气部门脱碳。为在能源脱碳的同时，确保能源安全、能源价格可承受，欧盟将在遵循技术中性原则的基础上推进能源市场完全一体化、相互关联和数字化。

二是建设清洁循环的产业体系。工业部门温室气体排放量占欧盟温室气体排放量的20%，而且发展方式过于"线性"——产品制造主要依靠新增材料消耗，循环回收的资源仅占12%。欧盟将制定新的工业发展战略，应对绿色化、数字化的双重挑战，促进包容性增长。与此同时，欧盟将实施新的循环经济行动计划，抓住国内外循环经济发展机遇，推动欧盟经济现代化，实施可持续产品倡议，重点关注纺织、建筑、电子和塑料等资源密集型行业，加快推动能源密集型工业部门实现产品循环和碳中和。此外，欧盟认为应停止将其废物出口到欧盟以外，因此将重新审议关于废物运输和非法出口的规定。

三是推动建筑升级改造。欧洲建筑的能源消耗占总能耗的40%，很多建筑年代较长，目前年更新率只有0.4%～1.2%。为此，欧盟提出建筑革新浪潮倡议，将建立开放平台供建筑拥有者、工程师、政府部门、能源服务商、金融机构等利益相关方聚合在一起，共同探讨为建筑部门进行创新融资的计划，在提升建筑能效的同时促进建筑业特别是中小企业的发展。欧盟还将考虑将建筑领域的碳排放纳入碳排放交易市场的可行性。

四是发展智能可持续交通系统。交通系统碳排放占欧盟碳排放的1/4，实现2050年碳中和目标需要交通系统碳减排90%以上。为此，欧盟将实施可持续、智能化交通战略，大力发展多式联运等高效运输方式，开发"出行即服务"的智能化解决方案，推动交通基础设施智能化升级，加快部署公共充电站。此外，欧盟将推动交通领域的财税政策改革，把环境健康成本反映到其市场价格中；同时推动不同运输方式的可持续替代燃料生产供应的相关立法，实施更严格的内燃机车辆空气污染物排放标准。欧盟还考虑将海事部门纳入碳排放交易体系。

五是实施"从农场到餐桌"的绿色农业战略。欧盟将建立安全、营养和高质量的可持续食品全球标准，实施"从农场到餐桌"战略，在提高农产品品质的同时更好地应对气候变化。一方面，通过立法大幅减少化学杀虫剂、化肥、抗生素使用，要求40%以上共同农业政策预算和30%以上海洋渔业基金为气候变化行动做出贡献；另一方面，推动农场到餐桌产业链中循环经济发展，在运输、储存、包装和食物垃圾等环节采取行动，减少食品加工和零售部门对环境的影响。此外，欧盟将禁止进口不符合欧盟相关环境标准的食品。

六是保护自然生态和生物多样性。欧盟将制定2030年生物多样性战略和森林新战略，提出解决生物多样性丧失问题和支持无砍伐森林价值链的措施，促进恢复生物多样性，提高森林固碳能力。此外，欧盟将发展蓝色经济，提出更可持续的海洋空间管理办法。

七是创建零污染的环境。欧盟将制定可持续发展的化学品战略，实施水、空气和土壤零污染行动计划，修订大型工业设施污染的控制措施，以加快实现无毒的生态环境。

3）保障措施

主要从资金支持、国际合作、社会动员三方面提出保障措施。以资金支持机制为例，欧盟委员会预计实现目前的2030年气候与能源目标，每年需2600亿欧元的额外投资，其约占2018年GDP的1.5%。欧盟将整合其长期预算、欧洲投资银行、可持续欧洲投资计划等各类资金渠道，加大支持应对气候变化的资金比例。同时，成立公正转型基金，加强教育培训，提高民众再就业能力，支持绿色发展相对落后的地区转型。欧盟还将加强对成员国绿色援助的监管，要求成员国加快绿色税制改革，取消化石燃料补贴，将税收负担从劳动力转移至污染实体。最后，将大力发展绿色金融，将环境和气候风险纳入金融系统，建立绿色债券标准，开展标准化自然资本核算，以引导社会资本投资绿色转型。

欧盟的绿色新政被视为欧洲经济发动机，欧盟的绿色产业具有强大的产业体系基础和竞争力，在部分绿色产业上，欧盟具备明显的优势。2017年欧盟"绿色工作"岗位数达到400万个，新能源产业相关岗位140万个，能效提升相关岗位90万个，

2000～2014年环保相关产业就业人数增长率49%，远高于同期全部经济部门的增长率（6%）。2006～2019年欧洲离岸风电总装机容量占全球离岸风电总装机容量的75%，2020年1～7月欧洲新能源车注册量达50万辆，超过中国(48.6万辆)成为全球新能源车第一大市场，同时宝马、大众、雷诺等欧洲车企占据较大市场份额，2019年在世界新能源500强企业中，欧盟拥有90家，显示欧洲绿色经济发展机遇正不断扩大，有望通过绿色工业计划继续巩固其绿色产业全球竞争力。2020年欧盟发布了《可持续金融分类法》。以抢抓绿色金融规则制定权。未来，欧盟将不断强化其在全球绿色金融领域的实力，进而增强欧盟国际金融影响力，乃至以"绿色路径"强化欧元的影响力。

在新冠疫情暴发后，虽然欧盟遭遇了经济社会形势动荡等多重严峻挑战，同时全球经济普遍衰退、能源消费萎靡及碳排放非正常缩减，一度让外界质疑能源和经济绿色低碳转型的经济效率和发展前景，但欧盟并未如此前金融危机和欧债危机后那样，在气候能源问题上从"气候环境目标优先"转向"经济效率优先"，而仍然决心继续推进绿色新政。同时，欧盟也并非将新冠疫情下经济提振和能源与经济可持续转型孤立看待，而是将两者有机结合，即摆脱对现有经济模式的恢复，而将转型作为复苏动力，并借助大规模财政支持计划重塑欧盟经济结构和发展模式，抢抓绿色、低碳、数字化等新发展机遇。例如，欧盟最终通过的"复苏基金"计划，高度强调《欧洲绿色协定》促进经济增长的意义，将"绿色化"和"数字化"并列为促进欧盟经济转型升级现代化的动力，而该倡议提出欧盟出面发债7500亿欧元进行财政扩张计划，也是将加大绿色产业投入和新冠疫情后公共支出救助相结合。欧盟提出的《欧洲工业战略》《欧洲氢能战略》《欧洲能源系统现代化战略》《欧盟可再生能源(REPowerEU)：欧盟实现经济、安全和可持续能源供应的联合行动》等均是在产业层面将能源经济转型与经济复苏相结合，促进资本从传统能源向绿色产业转移。

三、欧盟碳边境调节机制

欧盟碳边境调节机制（CBAM）是欧盟推进绿色新政的核心举措，与碳排放交易体系深度链接。为解决碳市场机制下存在的碳泄漏问题，欧盟在《欧洲绿色新政》中提出制定碳边境调节机制，即根据欧盟进口商品的含碳量对其进行价格调整、减少欧盟境内外企业在碳排放成本上的不对称，以保护欧盟企业的竞争力、避免碳泄漏、保障欧盟实现其减排目标，并激励贸易伙伴采取更强有力的减排措施。欧盟拟通过对内减少碳市场免费配额以及对外采用碳边境调节机制提高碳市场有效性，实现2030年减排55%的目标。欧盟碳边境调节机制的主要内容见表1-12。

欧盟CBAM是欧盟2020年以后谋划全球竞争战略的手段之一，欧盟企图凭借CBAM抢占低碳产业价值链优势，构建符合自身利益的低碳体系，引导供应链从高碳国流向低碳国，重塑全球产业竞争格局。

表 1-12　欧盟碳边境调节机制的主要内容

项目	欧盟委员会草案	拟投票方案	一读稿	临时最终协议（敲定版）	欧盟议会和欧盟理事会通过版	生效
实施时间	2023～2025年为过渡期，2026年正式实施	2025年开始正式实施（提前一年）	2023～2026年为过渡期，2027年正式实施（延后一年）	2023年10月1日正式试运行，2023～2025年为过渡期，2026年全面实施（提前一年）	2023年10月1日正式试运行，2023～2025年为过渡期，2026年全面实施	
纳入行业	钢铁、水泥、铝、化肥和电力	新增有机化学品、塑料、氨和氢	新增有机化学品、塑料、氢和氨	电力、钢铁、水泥、铝、化肥、氢，以及特定条件下的间接排放	钢铁、水泥、铝、化肥、电力、氢、特定条件下的间接排放、特定前体（precursors）及一些下游产品	2023年5月17日正式生效
排放范围	直接排放	新增间接排放（外购电力产生的间接排放）		直接排放 部分间接排放		
免费配额退出时间	2035年彻底退出	2030年彻底退出	2032年彻底退出	2034年彻底退出		

注：作者课题组根据欧盟理事会网站整理得到。

第二章 广东经济结构调整面临的国内应对气候变化形势和格局

改革开放以来，在中国共产党的坚强领导和中国人民的共同奋斗与不懈努力下，中国社会经济发展发生了巨大变化，经济规模持续扩大，中国在 2010 年已经跃升成为世界第二大经济体，2013 年成为世界第一大货物贸易国。随着经济规模不断扩大，高质量发展成为全面建设社会主义现代化国家的首要任务。

习近平总书记在中国共产党第二十次全国代表大会上的报告中，"高质量发展"成为高频词，一共出现了 14 次，对于如何推进高质量发展，该报告从制度基底、产业方向、城乡均衡、区域协调、国际合作五方面提出了建设指引，如"构建新一代信息技术、人工智能、生物技术、新能源、新材料、高端装备、绿色环保等一批新的增长引擎""坚持把发展经济的着力点放在实体经济上"，要求统筹产业结构调整、污染治理、生态保护、应对气候变化，协同推进降碳、减污、扩绿、增长，推进生态优先、节约集约、绿色低碳发展。

推动经济社会发展数字化、低碳化是实现高质量发展的关键环节，"双碳"行动是中国经济高质量发展的重要内容。经初步核算，2021 年，中国碳排放强度比 2020 年降低 3.8%，比 2005 年累计下降 50.8%。我国已经构建碳达峰碳中和"1+N"政策体系，2021 年发布了《中共中央 国务院关于完整准确全面贯彻新发展理念做好碳达峰碳中和工作的意见》。"N"则包括能源、工业、交通运输、城乡建设等分领域分行业碳达峰实施方案，以及科技支撑、能源保障、碳汇能力、财政金融价格政策、标准计量体系、督查考核等保障方案。

第一节 国家层面的应对气候变化政策与行动

根据《联合国气候变化框架公约》缔约方会议有关决定的要求，2015 年 6 月，中国政府提交了《强化应对气候变化行动——中国国家自主贡献》，提出开展单位 GDP 二氧化碳排放比 2005 年下降 60%～65% 等适当减缓行动。2021 年 10 月 28 日，中国根据《联合国气候变化框架公约》缔约方会议相关决议和《巴黎协定》的有关要求，提交了《中国落实国家自主贡献成效和新目标新举措》，将其作为对 2015 年递交的《强化应对气候变化行动——中国国家自主贡献》的更新。

一、落实国家自主贡献新目标的新举措

1) 以"双碳"目标引领经济社会全面绿色转型

应对气候变化不是别人要我们做，而是我们自己必须要做，是中国推动可持续发展的内在要求。中国坚持绿水青山就是金山银山的理念，推动山水林田湖草沙一体化保护和系统治理，全力以赴推进生态文明建设，全力以赴加强污染防治，全力以赴改善人民生产生活环境。

在应对全球气候变化和推动新冠疫情后经济复苏的背景下，中国把碳达峰碳中和纳入生态文明建设整体布局和经济社会发展全局，推动减污降碳协同增效成为促进经济社会发展全面绿色转型的总抓手，坚持降碳、减污、扩绿、增长协同推进（高世楫等，2021）。

实施减污降碳协同治理。减污降碳协同增效是新发展阶段经济社会发展全面绿色转型的必然选择。2022 年 6 月，生态环境部等七部门联合印发了《减污降碳协同增效实施方案》，该方案是碳达峰碳中和"1+N"政策体系的重要组成部分。中国将减污降碳协同增效作为实现碳达峰碳中和目标的重要途径，统筹碳达峰碳中和与生态环境保护相关工作，增强生态环境政策与能源产业政策协同性，紧盯环境污染物和碳排放主要源头，突出工业、城乡建设、交通运输、农业、生态建设等重点领域，优化大气、水、海洋、土壤、固体废物等环境治理和技术路径，注重机制创新，鼓励先行先试，强化保障方案，切实推动实现生态环境根本好转和碳达峰碳中和两大战略任务。

加快形成绿色发展的空间格局。中国坚持尊重自然，给自然生态留下休养生息的时间和空间，构建人与自然生命共同体。中国坚持并落实最严格的生态环境保护制度，强化国土空间规划基础支撑作用，夯实严守自然生态安全边界，巩固提升生态系统固碳能力。强化生态环境分区管控，衔接国土空间规划分区和用途管制要求，探索将碳达峰碳中和要求纳入"三线一单"（生态保护红线、环境质量底线、资源利用上线和生态环境准入清单）生态环境分区管控体系。中国实行国家公园体制，已正式设立三江源、海南热带雨林、武夷山等第一批国家公园，正在建设全世界最大的国家公园体系，保持自然生态系统的整体性和完整性，提高固碳能力。

加强生态环境准入管理。从源头控制污染物排放是低成本实现绿色转型的重要途径。中国持续严格控制高耗能、高排放、低水平（以下简称"两高一低"）项目盲目发展，对"两高一低"项目实施清单管理、分类处置、动态监控。严格相关项目环评审批，开展电力、钢铁、建材、有色、石化化工、煤化工等重点行业建设项目温室气体排放环境影响评价试点，从源头上促进产业结构优化调整和绿色低碳高质量发展。

加快形成绿色生产生活方式。建立健全绿色低碳循环发展经济体系，促进经济社会发展全面绿色转型，是解决资源环境生态问题的基础之策。为推动形成绿色发展方式和

生活方式，中国推动绿色生产，发布工业、农业绿色发展规划，全面推进高效节能、先进环保和资源循环利用产业体系建设，推行绿色设计、强化工业清洁生产、发展循环经济、促进能源绿色低碳发展、推动农业绿色发展，持续发布绿色工厂、绿色设计产品、绿色工业园区、绿色供应链管理企业等，推动绿色制造，发布绿色消费实施方案，推动在衣、食、住、行、用等消费各领域全周期全链条全体系深度融入绿色理念，引导绿色消费，推广绿色产品。开展低碳省（自治区、直辖市）试点，试点省（自治区、直辖市）碳强度下降总体快于全国。把绿色低碳发展纳入国民教育体系，开展绿色低碳社会行动示范创建，凝聚全社会共识，加快形成全民参与的良好格局。

2）健全政策体系

中国坚持全国统筹、节约优先、双轮驱动、内外畅通、防范风险的原则，加强碳达峰碳中和顶层设计和战略布局，加强统筹协调，已经建立起碳达峰碳中和"1+N"政策体系。

构建完成"1+N"政策体系。"1"是中国实现碳达峰碳中和的指导思想和顶层设计。由2021年发布的《中共中央 国务院关于完整准确全面贯彻新发展理念做好碳达峰碳中和工作的意见》和《2030年前碳达峰行动方案》两个文件共同构成，明确了碳达峰碳中和工作的时间表、路线图、施工图。"N"是重点领域、重点行业实施方案及相关支撑保障方案。包括能源、工业、交通运输、城乡建设、农业农村、减污降碳等重点领域实施方案，煤炭、石油天然气、钢铁、有色金属、石化化工、建材等重点行业实施方案，以及科技支撑、财政支持、统计核算等支撑保障方案。同时，各省（自治区、直辖市）均已制定了本地区碳达峰实施方案。总体上看，系列文件已构建起目标明确、分工合理、措施有力、衔接有序的碳达峰碳中和政策体系，形成各方面共同推进的良好格局，将为实现"双碳"目标提供源源不断的工作动能。

完善绿色低碳政策。完善能耗强度和总量"双控"制度，新增可再生能源和原料用能不纳入能源消费总量控制。健全"双碳"标准，构建统一规范的碳排放统计核算体系，推动能耗"双控"向碳排放总量和强度"双控"转变。逐步完善财税、价格、投资、金融等支持应对气候变化的政策，开展气候投融资试点。初步构建多维度、多领域、多层级的碳达峰碳中和标准体系，着力提升标准衔接性和有效性。

3）加强战略谋划和制度建设

实现碳达峰碳中和目标是一场广泛而深刻的变革，必须提高战略思维能力，把系统观念贯穿"双碳"工作全过程，做好战略谋划和制度建设。

将绿色低碳发展作为国民经济社会发展规划的重要组成部分。《中华人民共和国国民经济和社会发展第十四个五年规划和2035年远景目标纲要》将"2025年单位GDP二氧化碳排放较2020年降低18%"作为约束性指标。中国各省（自治区、直辖市）均将绿色低碳发展作为"十四五"规划的重要内容，明确具体目标和工作任务。国家重大战略和区域战略将应对气候变化、推动绿色低碳发展、实现碳达峰碳中和等作为重要内容，部署推进相关工作。

制定中长期温室气体排放控制战略。2021年10月，中国正式提交《中国落实国家自主贡献成效和新目标新举措》和《中国本世纪中叶长期温室气体低排放发展战略》，分别提出落实国家自主贡献的新目标新举措和中国 21 世纪中叶长期温室气体低排放发展的基本方针和战略愿景。这是中国履行《巴黎协定》的具体举措，体现了中国推动绿色低碳发展、积极应对全球气候变化的决心和努力。

编制实施国家适应气候变化战略。中国政府于 2022 年 6 月发布的《国家适应气候变化战略 2035》提出新时期中国适应气候变化工作的主要目标，依据各领域、区域对气候变化不利影响和风险的暴露度和脆弱性，明确了适应气候变化工作重点领域、重要区域，并提出相应保障措施，为提升气候韧性、有效防范气候变化不利影响和风险提供了重要指导。

二、中国 21 世纪中叶长期温室气体低排放发展战略

根据《巴黎协定》有关要求，中国于 2021 年 10 月向《联合国气候变化框架公约》秘书处正式提交《中国本世纪中叶长期温室气体低排放发展战略》，在总结中国控制温室气体排放重要进展的基础上，提出中国 21 世纪中叶长期温室气体低排放发展的基本方针和战略愿景，以及战略重点及政策导向，并阐述了中国推动全球气候治理的理念与主张。

中国制定并实施《2030 年前碳达峰行动方案》，加快建设绿色低碳循环发展的经济体系和清洁低碳安全高效的能源体系，大力推进低碳技术创新和低碳产业发展，全面形成绿色低碳生产和生活方式，全面提升生态系统质量和稳定性，构建气候治理体系，为实现《巴黎协定》确定的长期目标做出更大努力和贡献。中国向《联合国气候变化框架公约》秘书处提交的《中国本世纪中叶长期温室气体低排放发展战略》愿景如下。

大力推动能源生产和消费革命。强化能源消费强度和总量双控，推动能源利用效率大幅提升。严格控制化石能源消费，大力发展非化石能源，到 2030 年非化石能源消费比例达到 25% 左右，风电、太阳能发电总装机容量达到 12 亿 kW 以上。到 2060 年，全面建立清洁低碳安全高效的能源体系，能源利用效率达到国际先进水平，非化石能源消费比例达到 80% 以上。

加快推进工业领域绿色低碳转型。推动钢铁、建材、有色、石化、化工等行业碳达峰。持续削减工业过程中的二氧化碳排放。加快建设绿色零碳工业园区和绿色零碳供应链示范。到 2030 年重点工业行业能源利用效率达到国际先进水平，实现低碳和数字经济"两翼"驱动，带动制造业组织和生产方式的根本性转变。

全面推进城乡建设绿色低碳发展。大力发展节能低碳建筑，到 2025 年，城镇新建建筑全面执行绿色建筑标准。加快优化建筑用能结构，到 2025 年，城镇建筑可再生能源替代率达到 8%，新建公共机构建筑、新建厂房屋顶光伏覆盖率力争达到 50%。

加快推进低碳交通运输体系建设。积极扩大电力、氢能、天然气、先进生物液体燃料等在交通运输领域的应用。到 2030 年，当年新增新能源、清洁能源动力的交通工具比

例达到40%左右，营运交通工具换算周转量碳排放强度较2020年下降9.5%左右，国家铁路单位换算周转量综合能耗比2020年下降10%。陆路交通运输石油消费力争2030年前达到峰值。

加快推动基于自然的解决方案。将可持续利用自然资源纳入应对气候变化政策和行动框架，最大限度地发挥自然在林业、农业、海洋、水资源、生态系统等领域的促进作用，全面增强应对气候变化的韧性。到2030年，全国森林覆盖率达到25%左右。

倡导简约适度、绿色低碳的生活理念，广泛形成绿色生产生活方式。建立健全应对气候变化的法规体系、制度体系、政策体系和标准体系，有效地发挥市场机制作用，形成绿色低碳转型的内生动力。

实现《中国本世纪中叶长期温室气体低排放发展战略》重点内容由作者课题组进行了梳理，详见表2-1。

表2-1 《中国本世纪中叶长期温室气体低排放发展战略》重点内容

领域	方向	内容
（一）建立健全绿色低碳循环发展经济体系	培育绿色低碳发展新动能	（1）加快发展新一代信息技术、生物技术、新能源、新材料、高端装备、新能源汽车、绿色环保以及航空航天、海洋装备等战略性新兴产业。 （2）完成对传统工业、能源、建筑、交通基础设施的深度绿色低碳改造。 （3）加快发展绿色制造业，在发展潜力大、带动性强的数字经济、清洁能源、智慧城市等高科技、高效益和低排放领域培育新增长极、形成新动能。 （4）积极推动新型基础设施建设和新兴低碳产业规模化发展，培育若干先进绿色制造业集群，使绿色制造产业成为经济增长新引擎和新优势
	建设以绿色低碳、可持续为特征的投资和消费体系	（1）充分发挥政府投资引导作用，构建与碳达峰、碳中和相适应的投融资体系，进一步激发全社会推动绿色低碳发展的内生动力和市场活力。 （2）加快建立绿色投资和消费的制度体系，建立健全气候友好的政策体系，降低气候投融资的成本，激励更多社会资本投入到低排放产业，完善促进绿色消费的体制机制，满足人民日益增长的优美生态环境需要
（二）构建清洁低碳安全高效的能源体系	加大力度提高能源利用效率	坚持节能优先方针，把节能贯穿于经济社会发展全过程和各领域，坚持能源消费强度和总量双控不动摇，抑制不合理能源消费，推动能源资源配置更加合理、利用效率大幅提高
	严格控制化石能源消费总量	（1）大力推动煤炭清洁利用。严控煤电项目，"十四五"时期严控煤炭消费增长，"十五五"时期逐步减少。 （2）石油消费"十五五"时期进入峰值平台期。 （3）加快推进非化石能源对化石能源的存量替代
	大力发展非化石能源	加快可再生能源发展步伐，大力发展风能、太阳能、生物质能、海洋能等可再生能源，因地制宜，开发水能，在确保安全的前提下有序发展核电，不断提高非化石能源在能源消费中的比重
（三）建立以低排放为特征的工业体系	加快推动传统工业生产方式绿色化变革	（1）通过产业模式、企业形态、业务模式的革新大幅提升生产管理、能源资源配置和质量管理水平，带动工业能源利用效率大幅提升，推动工业固废源头减量和资源综合利用。 （2）加快推进绿色制造体系建设，以促进全产业链和产品生命周期绿色发展为目的，加强企业间、产业间的系统融合及资源共享，围绕绿色制造、工业节能节水、资源综合利用、清洁生产构建绿色发展标准体系，建立统一的绿色产品认证标识体系，增加绿色产品供给。 （3）开展清洁生产评价、低碳产品认证，加快工艺流程升级与再造，以绿色设计和系统优化为重点，推广清洁低碳生产，形成涵盖采购、生产、营销、回收、物流等环节的低排放供应链

续表

领域	方向	内容
（三）建立以低排放为特征的工业体系	大力发展循环经济	（1）推动绿色技术、环保材料、绿色工艺与装备、废旧产品回收资源化与再制造等领域加快发展，研发推广高性能、轻量化、绿色环保的新材料，推动废旧金属、废塑料、废旧纺织品服装等产品智能分选与高值利用、固体废弃物精细拆解与清洁再生，加快构建再生资源回收利用体系。 （2）加大新型材料和技术的研发创新，以新材料技术为重点推行材料替代，实现原材料需求减量和高效利用，提高资源回收利用水平
	推进重点行业优化升级和低碳化转型	（1）制定钢铁、有色金属、石化化工、建材等行业碳达峰实施方案。 （2）加快部署氢能冶金等新型生产工艺的研究和应用。 （3）推动重点产业提质增效，依法依规淘汰落后产能，优化生产力布局。通过优化产品结构、延长产业链、提升产品附加价值、加快推动传统行业集约化、高端化发展。 （4）加快推动工业结构优化升级，将发展重心从高耗能产业转移至高附加值、高科技含量产业和战略性新兴产业。 （5）大力提升可再生能源在工业领域的应用
（四）推进绿色低碳城乡建设	全面发展绿色建筑	（1）推广绿色低碳建材和绿色建造方式，加快推进新型建筑工业化，大力发展装配式建筑，推广钢结构建筑，推动建材循环利用，强化绿色设计和绿色施工管理。 （2）加强县城绿色低碳建设。推动建立以绿色低碳为导向的城乡规划建设管理机制，制定建筑拆除管理办法，杜绝"大拆大建"。 （3）建设绿色城镇、绿色社区
	大力优化建筑用能结构	（1）大力推进可再生能源建筑应用，推广光伏发电与建筑一体化应用。 （2）积极推动严寒、寒冷地区清洁取暖，推进热电联产集中供暖，加快工业余热供暖规模化应用，积极稳妥开展核能供热示范，因地制宜推行热泵、生物质、地热、太阳能等清洁低碳供暖。 （3）引导夏热冬冷地区科学供暖，因地制宜采用清洁高效取暖方式。 （4）提高建筑终端电气化水平，建设集光伏发电、储能、直流配电、柔性用电为一体的"光储直柔"建筑
	推进城镇建设和管理方式的低碳化转型	（1）推动城市组团式发展，科学确定建设规模，控制新增建设用地过快增长。 （2）倡导绿色低碳规划设计理念，加强城乡气候韧性，建设海绵城市。 （3）实施城市体检评估机制，推动将绿色低碳发展理念贯穿到城市规划、设计、建设、运营管理的过程，优化城市空间布局和治理格局。 （4）推进城市基础设施建设，推动城市更新，推进城市生态修复、功能完善工程。 （5）积极推广钢结构建筑。完善绿色低碳建筑运行管理制度，不断优化提升建筑绿色低碳运营水平
	加强县城绿色低碳建设	（1）充分利用原有地形地貌和自然环境建设县城，保持山水脉络和自然风貌。合理控制县城建设密度、强度和住宅高度。不断提高县城新建建筑中绿色建筑的比例。 （2）大力发展适应县城当地资源禀赋和需求的可再生能源，降低传统化石能源在建筑用能中的比例。 （3）建设绿色节约型县城基础设施，倡导大分散与小区域集中相结合的基础设施布局方式，因地制宜布置分布式能源、污水处理等设施
	加快农房和村庄建设现代化	（1）提升农房设计建造水平，因地制宜解决农房日照间距、保温采暖、通风采光等问题，推动绿色农房建设，鼓励使用乡土材料和绿色建材，促进农房节能和碳减排。积极采用太阳能、生物质能、空气热能、地热能等清洁能源解决农房采暖、炊事、生活热水等用能需求。 （2）推广小型化、生态化、分散化的农村污水处理方式，推动农村生活垃圾源头减量，推进农村能源结构革新，鼓励使用适合农村当地特点和需求的清洁能源

续表

领域	方向	内容
（五）构建低碳综合交通运输体系	打造低碳高效交通运输系统	（1）建设综合立体交通网络，将绿色发展理念贯穿于交通基础设施规划、设计、建设、运营、养护全过程，积极推进绿色铁路、绿色公路、绿色航道、绿色港口、绿色机场、绿色枢纽等建设。 （2）加快优化调整运输结构，持续深入推进专用铁路和铁路专用线建设，积极发展江海直达、江海联运，着力提升铁水联运比例，加快推进沿海港口大宗货物"公转铁""公转水"，大力发展多式联运、甩挂运输和共同配送等高效运输组织模式，提升交通运输运行效率，推进货运车型标准化、加快可循环标准化物流周转箱应用。 （3）推进智慧交通发展，积极发展自动驾驶、共享汽车等新技术、新业态、新模式。加快交通领域重点节能低碳技术、产品的研发推广应用
	加快推动交通领域能源结构变革	（1）持续提升新能源汽车保有率。推动城市公共交通工具和城市物流配送车辆加快实现电动化、新能源化和清洁化，推进私人汽车和载货汽车的新能源化。 （2）大力推广低碳能源船舶的应用，探索生物质燃料和其他合成燃料在民用航空中的应用。 （3）加大太阳能、风能和地热能等可再生能源在交通基础设施中的应用，加快完善LNG、氢能供应（加注）体系，着力解决船用LNG加注站审批难、建设难、运营难问题，建设（近）零碳枢纽、场站、港口（港区）
	加快构建绿色出行体系	（1）加强城市交通拥堵综合治理，优先发展城市公共交通，鼓励公众优先选择城市公共交通出行，完善城市慢行交通系统，提高绿色出行比例。 （2）积极发展高铁、航空为主体的大容量、高效率区际快速客运服务，提高城市群内轨道交通通勤化水平，在客流需求比较大的地区鼓励城际道路客运公交化运行
（六）加强非二氧化碳温室气体管控	有步骤实施量化管控	统筹能源活动、工业生产过程、农业、废弃物处理等领域的非二氧化碳温室气体管控，强化温室气体排放与大气污染物排放的协同控制，有重点、分步骤、分阶段将不同类型非二氧化碳温室气体排放纳入量化管控范围，建立和完善非二氧化碳排放统计核算体系、政策体系和管理体系
	创建绿色工厂	推动受控物质回收、再利用和无害化处理，支持相关生产企业创建绿色工厂
（七）推进基于自然的解决方案	形成减排增汇的国土空间布局和生态系统	（1）发挥国土空间规划在国土空间开发保护中的战略引领和刚性管控作用，在资源环境承载能力和国土空间开发适宜性评价基础上，完善和落实主体功能区战略，整体谋划新时代国土空间开发保护格局。 （2）坚持山水林田湖草沙生命共同体理念，坚持因地制宜、分类施策，统筹推进国土绿化、生态修复和系统治理，推动提升生态系统服务功能。 （3）通过保护、恢复和改善自然资源管理，合理减排增汇，减少在减缓气候变化方面社会成本，提高国土空间韧性
	推动农业绿色低碳转型	（1）推进农业由增产导向转向提质增效导向，发展以"生态绿色、品质优良、环境友好"为基本特征的绿色低碳循环农业。 （2）以节地、节水、节肥、节药、节能、节工为重点，切实减轻设施种植、规模化养殖等农业生产中的物质消耗和资源投入，提高农业生产效率和综合效益。 （3）创新农业废弃物综合利用机制，制定实施农业废弃物综合利用政策，推进农业废弃物综合利用产业结构优化和提质增效。 （4）大力推进生态技术、绿色技术和增汇型技术研发和推广应用，推动秸秆、畜禽养殖废弃物等循环利用和耕地质量保护与提升，实现产业健康持续发展
	加强生态系统保护修复和碳储存	（1）推进重大生态保护和修复工程，进一步加强森林、草原、海洋、湿地、荒漠生态保护和修复，划定和严守生态保护红线，提升森林草原灾害综合防控能力，减少灾害导致的温室气体排放。创新发展林草绿色低碳产业，大力发展生态旅游、森林草原康养、新材料、生物制药、生物质能源等新兴产业。 （2）全面建成以国家公园为主体的自然保护地体系，保护生物多样性，生态系统应对气候变化功能和作用得到充分发挥。 （3）积极保护修复红树林、海草床、盐沼等蓝碳生态系统，探索水产养殖碳汇、贝藻类渔业碳汇、微型生物碳汇等增汇技术研究和实践。 （4）加强科技创新，基于卫星遥感及多源数据同化方法，开展森林、草原、海洋、湿地等生态系统及人类二氧化碳排放变化反演的碳源汇监测和评估

续表

领域	方向	内容
（八）推动低排放技术创新	加大节能技术发展应用力度	（1）持续开展节能技术改造、能量系统优化、能源资源梯级利用，加快普及先进适用节能低碳零碳技术与工艺。 （2）以人工智能、互联网、信息通信、区块链技术创新发展为有利契机，加快推动需求减量、智能制造、系统集成等能效提升技术的应用，从整体和系统提高能源利用效率
	大力发展非化石能源开发利用技术	（1）大力支持和发展一批低成本、高效率的可再生能源利用技术。推动互联网、大数据等技术与可再生能源产业深度融合，加快新能源装备自主创新和产业升级。 （2）加大小型灵活核反应堆等先进核能研发力度，使核电在保障电力安全供应和温室气体深度减排方面持续发挥重要作用
	积极推动革命性减排技术的创新发展	（1）集中力量开展大容量风电、高效光伏、大功率液化天然气发动机、大容量储能、低成本可再生能源制氢、低成本二氧化碳捕集利用与封存等技术攻关。 （2）加快碳纤维、气凝胶、特种钢材等基础材料研发，补齐关键零部件、元器件、软件等短板。 （3）推广先进成熟绿色低碳技术，开展示范应用。建设全流程、集成化、规模化二氧化碳捕集利用与封存示范项目。 （4）推进熔盐储能供热和发电应用示范。加快氢能技术研发应用，探索在工业、交通、建筑等领域规模化应用
（九）形成全民参与行动新局面	建立完善推动绿色生活消费的相关政策和管理制度	将培育绿色低碳生活方式作为改善生活环境和提升社会文明水平的重要指标，广泛宣传和倡导简约适度、绿色低碳、文明健康的生活理念
	全面提升公众绿色低碳生活消费意识	（1）通过世界地球日、世界环境日、节能宣传周、全国低碳日等宣传活动，普及绿色低碳理念，开展以绿色生产生活方式为主题的普法教育。 （2）提倡绿色健康的营养膳食结构，反对食品浪费。发挥公共机构对全社会践行绿色低碳理念的示范引领作用。推行绿色低碳居住和出行方式
（十）推动气候治理体系和治理能力现代化	不断完善法律体系	（1）全面清理现行法律法规中与碳达峰、碳中和工作不相适应的内容，加强法律法规间的衔接。 （2）研究制定碳中和专项法律，抓紧修订节约能源法、电力法、煤炭法、可再生能源法、循环经济促进法等，增强相关法律法规的针对性和有效性
	建立健全政策体系	（1）印发实施《关于完整准确全面贯彻新发展理念做好碳达峰碳中和工作的意见》和《2030年前碳达峰行动方案》。 （2）编制印发能源、工业、城乡建设、交通运输、农业农村等分领域分行业碳达峰实施方案。 （3）制定科技支撑、绿色金融、财税、价格等保障方案
	加快建设市场机制	充分发挥市场机制对控制温室气体排放的作用，加快建成和稳定运行法律制度完备、配额公平科学、控排积极可信、交易活跃有序、设施保障可靠的全国碳排放权交易市场，稳定扩大碳市场覆盖行业范围和温室气体种类，同步推进温室气体核证减排交易市场建设。积极参与国际碳市场相关合作

注：作者课题组根据国家应对气候变化战略研究和国际合作中心网站资料整理。
资料来源：http://www.ncsc.org.cn/zt/2021_COP/202111/P020211110591154262243.pdf。

第二节 香港特别行政区应对气候变化行动和绿色发展举措

为配合国家实现碳中和的承诺，香港特别行政区（以下简称香港特区）政府在2020年宣布致力于争取2050年前实现碳中和。为实现此目标，香港特区政府在2021年宣布力争在2035年前把碳排放总量按2005年的水平减半,并公布《香港气候行动蓝图2050》(以下简称《蓝图2050》),针对发电、运输和废弃物这三大主要排放源,提出"净零发电""节能绿建""绿色运输""全民减废"四大减碳策略。香港特区碳排放总量于2014年达到峰值,随着各项减缓措施相继落实,人均排放量由2014年的6.2t CO_2-eq 减至2020年的4.5t CO_2-eq。

一、减少温室气体排放的政策、行动及目标

香港特区政府在2021年将"气候变化督导委员会"提升为"气候变化及碳中和督导委员会",由行政长官亲自主持,以最高层次制定整体策略和监督各行动协作。环境及生态局将成立新的"气候变化与碳中和办公室",加强统筹和推动深度减碳工作,并成立专责的咨询委员会,鼓励社会各界包括青年人积极参与气候行动。

为实现碳中和,香港特区政府落实《蓝图2050》提出的四大减碳策略和措施。

(1)净零发电。2035年或之前不再使用煤进行日常发电,增加可再生能源在发电燃料组合中的比例至7.5%~10%,之后提升至15%;并试验使用新能源和加强与邻近区域合作,争取2035年前将零碳能源发电比例增至60%~70%,长远达至2050年前净零发电的目标。

(2)节能绿建。通过推广绿色建筑、提高建筑物能源效益和加强实行低碳生活,减少建筑物的整体用电量。目标是在2050年或之前,商业楼宇用电量较2015年减少三至四成,以及住宅楼宇用电量减少两至三成;并在2035年或之前达到以上目标的一半。

(3)绿色运输。通过推动车辆和渡轮电动化、发展新能源交通工具及改善交通管理措施,长远达至2050年前车辆零排放和运输界别零碳排放的目标。在2035年或之前停止新登记燃油和混合动力私家车,并在推广电动巴士及商用车辆的同时,计划在2024年或之前,与专营巴士公司及其他持份者合作,试行氢燃料电池巴士及重型车辆。

(4)全民减废。为实现2050年前废物处理碳中和目标,致力在2035年或之前发展足够的转废为能设施,以摆脱依赖堆填区处理生活垃圾,避免因堆填产生甲烷;并加强推动减废回收,预计最快在2023年下半年落实都市固体废物收费及计划,较先前建议的2025年更早实施首阶段管制即弃塑料餐具。

二、提高适应气候变化的措施

在适应气候变化和应变能力方面的主要措施包括:

(1)强化基建设施。"气候变化及碳中和督导委员会"管辖下的"气候变化基建工作小组"会根据气候变化参数,适时更新各种基建设施的设计标准;统筹针对气候变化对基建设施潜在影响的相关研究,制定提升基建设施抗逆力的措施和执行计划。

(2)应对海平面上升及保护海岸。按优次为部分沿海较低洼或当风地点推展合适的改善工程和制定管理措施,并进行有关海岸管理的策略性研究,以制定长远合适的应对

策略及防御措施。

（3）应对极端暴雨及热带气旋。运用"防洪三招"的策略，即上游截流、中游蓄洪、下游疏浚的方法，制定合适的防洪和排水管理措施，并消除水浸黑点。为应对山泥倾泻风险，继续推行《长远防治山泥倾泻计划》，巩固政府人造斜坡及为天然山坡进行风险缓减工程，并强化斜坡抵御极端暴雨的能力。

（4）应对极端干旱及保障供水。推行"全面水资源管理策略"，控制食水需求增长，应用智能科技推行各项加强用水管理的措施，扩大使用次阶水作非饮用用途，兴建海水淡化厂，提升食水供应的应变能力。

（5）应对酷热天气。推广绿色建筑设计和可持续建筑环境，并推动城市林务，以缓和及应对气温上升。

（6）加强应对天灾。根据《天灾应变计划》，在准备、应变及善后各阶段提早进行及加强形势评估、制定应变策略及计划，适时调配资源和人手以应对天灾，并在需要政府全面展开紧急应变行动时立即启动"紧急事故监察及支援中心"。利用紧急警示系统，在极端天气等紧急情况下，通过流动网络向公众发出紧急公告。

三、应对气候变化行动的资金和科技保障

香港特区政府在2010~2021年拨款超过470亿港元，推行各项节约能源和可再生能源措施、推广电动车和船，以及引入创新转废为能和转废为材设施。在未来15~20年将投放约2400亿港元，推行各项减缓和适应气候变化的措施，包括落实《蓝图2050》所述的四大减碳措施，以及加强海岸防御、巩固斜坡和进行排水系统改善工程等适应气候变化措施。

香港特区政府于2020年成立"低碳绿色科研基金"，为帮助香港减碳和加强环保的科研项目提供更充裕和对焦的资助。截至2022年，政府已向基金注资4亿港元。截至2021年底，基金已批出超过10个来自大学和私营企业的项目，涉及总金额接近7000万港元。此外，2014~2021年"香港创新及科技基金"拨款逾2亿港元，资助了约80个环保技术项目，其中包括与节能和新能源发展有关的项目。

为政府的绿色项目提供资金，香港特区政府在2019年发行了首批政府绿色债券，截至2022年5月底已发行总额接近100亿美元等值的政府绿色债券。为加快绿色和可持续金融发展，由香港金融管理局和证券及期货事务监察委员会共同领导的"绿色和可持续金融跨机构督导小组"在2020年5月成立，协助金融业应对气候和环境风险及迈向碳中和，推进气候相关披露和碳市场发展等。

四、国际和区域合作

香港特区政府重视国际和区域合作，会继续参加多个气候变化相关的联盟组织，包括参与C40城市气候领导联盟、全球气候能源市长盟约和联合国世界气象组织的相关工

作（包括全球气候观测系统高空基准观测网及获世界气象组织指定为亚洲区的临近预报区域专业气象中心）。区域层面，香港特区与广东和澳门特别行政区（以下简称澳门特区）就应对气候变化保持交流与合作。香港特区在《粤港澳大湾区发展规划纲要》的指导下，与大湾区其他城市围绕应对气候变化开展交流合作，大力推进大湾区的生态文明建设。

第三节　澳门特别行政区应对气候变化行动和绿色发展举措

澳门特区始终积极推动应对气候变化的减缓和适应工作。为配合国家的应对气候变化行动目标，澳门特区政府提出 2030 年澳门应对气候变化的强化目标：2030 年碳强度比 2005 年下降 60%～65%。澳门 2021 年的碳强度为 8.3t CO_2-eq/百万澳门元，相较 2005 年的 18.9t CO_2-eq/百万澳门元下降了 56.1%。

一、减少温室气体排放的政策、行动及目标

2021 年澳门特区政府发布《澳门特别行政区经济和社会发展第二个五年规划（2021—2025 年）》，提出积极配合国家环境保护的总体发展战略，推动节能减排和源头减废，加强环境污染治理和防控，完善环保基建，在城市发展与环境保护间保持平衡协调，建设绿色、低碳、宜居澳门。2022 年发布《澳门环境保护规划（2021—2025）》，从推动电动车应用、节能减排、绿色城市建设、绿色生活和消费、企业环保等方面制定了应对气候变化及推动低碳发展相关的多项措施行动计划。为实现强化后的减排目标，澳门特区政府近年持续推行各项应对气候变化的政策及行动，致力推动低碳经济社会建设，减缓气候变化。

（1）持续优化能源供应结构。澳门目前通过内地南方电网输入电力满足主要用电需求，其中清洁电能占比在四成以上，未来将根据南方区域内电源结构的优化状况逐步提高有关比例。与此同时，本地发电转以天然气为主，比例由 2008 年的 30.9% 提高到 2021 年的 86.4%。

（2）扩大可再生能源应用。持续推动太阳能光伏发电，通过上网电价和光伏电力收购合同创设诱因，鼓励扩大绿色能源的使用。截至 2021 年底，已有 5 个部门或机构在安装太阳能光伏系统后并网售电。将继续加大力度推动太阳能光伏发电利用，鼓励私人安装太阳能光伏系统，并将在具备条件的新建公共项目天台优先选择安装太阳能光伏系统。

（3）控制交通领域排放。继续落实公交优先政策并持续推动环保车辆及电动车的使用。在现有公共停车场适当增设充电设备，未来新建公共停车场、新建公共楼宇的全部停车位将预留充电容量及基础设施。2022 年推出《淘汰老旧摩托车并置换新电动摩托车资助计划》，借此淘汰高污染的老旧摩托车，并提升电动摩托车的普及率。

（4）推动节约能源及提高能效。2021 年，全澳约 54% 路灯已更换成 LED 路灯，并

将继续把全澳标准高压钠路灯更换为 LED 路灯。

（5）鼓励酒店业减排及倡导低碳生活。持续通过举办"澳门环保酒店奖"、地球日、世界无车日等活动推动业界及公众进行减排及低碳生活。

二、提高适应气候变化的措施

在全球气候变化及海平面上升的背景下，澳门受极端灾害天气及严重风暴潮影响的风险亦随之上升。2019 年，澳门特区政府公布了《澳门特别行政区防灾减灾十年规划（2019—2028 年）》，确立澳门应急能力建设的优先领域，包括加强基础设施防灾减灾能力、完善应急管理体系、强化风险管理与监测预警能力等，以应对因气候变化可能加剧的极端和恶劣天气事件、水资源短缺问题等，以提高城市整体应对气候变化的能力。

（1）提高抵御极端天气的能力。2021 年，完成"内港北雨水泵站箱涵渠建造工程"，以改善内港北一带由暴雨造成的水浸问题及遇上天文大潮时出现的海水倒灌。2021 年完成了"筷子基至青洲沿岸防洪设施建造工程"，加高沿岸堤围以降低风暴潮对社会民生的影响。

（2）稳定水资源。为稳定水资源供应，澳门特区政府近年采取了一系列水资源适应对策，以提高供水系统效能和保障应急用水。2022 年澳门本地蓄水设施的总有效库容为 190 万 m^3，相当于澳门约 7 天的用水量。为增加澳门水库蓄水容量，澳门特区政府正推进九澳水库及石排湾水库扩容整治工程，扩容后澳门水库的总有效库容将提高至约 312 万 m^3，相当于澳门约 12 天的用水量。

第三章　广东经济社会发展现状分析

广东作为中国经济最发达地区之一，经济总量连续33年位列全国第一，初步形成了以先进制造业为支撑、以现代服务业为主导的现代产业体系，2021年广东先进制造业、高技术制造业增加值占规上工业增加值的比例分别达56.1%、29.9%，现代服务业增加值占第三产业增加值的比例达65.7%。节能环保、新能源产业等绿色产业不断发展壮大，在核电、海上风电、太阳能、氢能产业方面产生了一批优势特色企业，形成了骨干企业带动、重大项目支撑、上下游企业集聚发展的态势，形成了电子信息、绿色石化、智能家电等7个万亿级产业集群，支柱产业不断壮大，战略性新兴产业发展迅猛，5G产业、数字经济规模均居全国首位，为新时期经济高质量发展奠定了坚实的物质基础（戴嘉岐等，2021）。

第一节　广东应对气候变化行动和绿色发展举措

广东历届省委、省政府高度重视应对气候变化工作，严格落实国家节能减排工作部署，在开展绿色产业前瞻性布局、创新低碳发展体制机制、大力推进绿色低碳消费等方面取得了显著的成效，全省能耗年均增速从"十二五"期间的3.4%降至"十三五"期间的2.8%，以占全国约7%的能耗和5%的碳排放支撑了全国约11%的经济总量，为全国高质量发展做出了重要贡献。经初步核算，2021年广东实现地区生产总值12.43万亿元，三次产业结构比例为4.0：40.4：55.6，人均地区生产总值9.82万元（按年平均汇率折算为15 234美元），全年货物进出口总额8.26万亿元，实现贸易顺差18 377.1亿元。在经济持续增长的同时，能源结构不断优化，2020年非化石能源消费比例达到30.3%，单位地区生产总值能耗约为全国平均水平的2/3，仅次于北京，与江苏基本持平；非化石能源电力装机比例为45.9%，二氧化碳排放5.85亿t（2019年数据），位于全国前列。

一、新能源开发与绿色产业发展相互促进

近年来广东大力推动新能源产业发展，在以氢能、太阳能、风能、生物质能为代表的可再生能源和新能源规模化应用方面取得了长足进展，绿色产业规模不断壮大，能源

产业格局正在向着清洁化、低碳化持续转型，核电装机规模、天然气储备能力全国领先，海上风电进入快速发展通道。截至 2020 年底，非化石能源消费约占全省能源消费总量的 30.3%，省内非化石能源发电装机规模 4900 万 kW，总装机量、新增装机量均居全国第一。

广东氢能产业发展部署早，在制氢、加氢站建设、燃料电池等产业化发展方面走在了全国前列。主要体现在以下几方面（王美等，2021）：一是产业链布局已具雏形，已引入培育超过 500 家氢能产业相关企业，初步形成了涵盖氢气制取、运输、加注，氢燃料电池核心部件和动力总成，整车集成及氢基础设施的全链条产业体系雏形。二是推广应用规模领先全国，根据《广东省培育新能源战略性新兴产业集群行动计划（2021—2025 年）》，截至 2019 年底，全省建成投运加氢站 34 座，数量约占全国的 1/3；累计推广燃料电池汽车数量近 2800 辆，累计运营里程规模超过 3000 万 km，推广数量与运营里程规模均居全国第一。

广东作为制造业大省、中国"汽车制造第一大省"和创新排头兵，抓住智能网联与新能源技术发展机遇，大力发展新能源汽车，已经初步形成了涵盖电池、电机、整车生产等关键核心技术的完整产业体系，已经形成了广州、深圳、佛山新能源汽车核心集聚区，以及东莞、中山、惠州、肇庆等为代表的关键零部件及新材料配套项目集中区。2021 年广东新能源汽车产量 53.54 万辆，同比增长 155.6%，占全国总产量的 15.1%，广东已经成为中国主要新能源汽车产业基地和最重要的新能源汽车市场。截至 2020 年底，广东累计创建国家级绿色工厂 195 家、绿色设计产品 544 种、绿色园区 9 个、绿色供应链 27 个，绿色制造示范数量居全国首位[①]。

新能源产业技术水平加快提升。广东在风力发电机组、逆变器、高效太阳能电池和集热器、氢燃料电池电堆等研发制造方面处于全国领先地位，氢能利用、储能技术、充电桩和智能电网建设位居全国前列，自主品牌"华龙一号"三代核电技术达到国际先进水平，天然气水合物连创试采纪录。广东在核电、海上风电、太阳能、氢能产业等方面产生了一批优势特色企业，在可再生能源发电、氢能、储能、新能源汽车等方面不断发展，产业集聚效应逐步显现，形成了骨干企业带动、重大项目支撑、上下游企业集聚发展的态势。

二、促进经济绿色低碳循环发展的政策体系日趋完善

2010 年广东成为国家第一批低碳试点省以来，陆续出台了《广东省应对气候变化方案》《广东省低碳试点工作实施方案》《广东省"十二五"控制温室气体排放工作方案》《广东省"十三五"控制温室气体排放工作方案》《广东省应对气候变化"十四五"专项规划》《广东省培育安全应急与环保战略性新兴产业集群行动计划（2021—2025 年）》等政策文件，形成了较为完善的低碳政策体系。

随着生态文明建设工作的深入推进，构建绿色低碳循环发展的经济体系成为广东

---

① 广东省能源局关于省政协十二届四次会议第 20210352 号提案答复的函（gd.gov.cn）。

"十四五"重点任务之一，2021年12月出台的《广东省人民政府关于加快建立健全绿色低碳循环发展经济体系的实施意见》（粤府〔2021〕81号）提出生产体系、流通体系、消费体系要绿色低碳循环发展；加快基础设施绿色升级；构建市场导向的绿色技术创新体系；通过行政和市场两种手段完善法规政策体系，其中行政工具有两项：标准认证监测制度和财税制度；市场机制有绿色收费价格机制、绿色金融和绿色交易市场机制三项。2022年，广东各部委密集出台相关行动计划，全力打造美丽广东，已经陆续出台了《关于完整准确全面贯彻新发展理念推进碳达峰碳中和工作的实施意见》《广东省循环经济发展实施方案（2022—2025年）》《广东省"十四五"节能减排实施方案》《广东省发展绿色金融支持碳达峰行动的实施方案》等文件，为广东协同推进节能降碳减污行动，实现绿色低碳循环发展提供制度保障。

广东在低碳发展试点示范、体制机制创新、技术突破与示范、市场机制建设方面，组织开展一系列有成效、有推广价值的工作，包括用能权、排污权、碳排放权交易试点、碳普惠试点（广州、东莞、中山、韶关、河源、惠州）、近零碳排放区示范工程试点（汕头市南澳县、广州状元谷、中山市小榄北区社区、珠海市万山镇、佛山市岭南大道公交枢纽站）、CCUS技术示范等。特别是率先探索碳交易市场机制，广东是全国率先开展碳交易的七个试点省（自治区、直辖市）之一。经过不断努力，逐步将全省的钢铁、石化、电力、水泥、航空、造纸六大行业240多家企业纳入碳市场管控范围，分配的配额总量超过4亿t，市场规模全国第一、全球第四（仅次于中国全国碳市场、欧盟碳市场、韩国碳市场）。广东碳市场配额现货累计成交1.76亿t，稳居全国首位；累计成交金额36.68亿元，是国内首个也是唯一的现货交易额突破35亿元大关的试点碳市场。广州期货交易所已于2021年4月正式落地并揭牌，将服务绿色发展作为主要定位，正研究推出绿色低碳发展相关期货交易品种。

经过多年的不懈努力，节能减碳意识已经深入企业，超过80%的控排企业实施了节能减排技术改造，超过50%的控排企业实现了碳强度的下降，经济效率和环境质量得到显著提升。"十四五"时期，我国生态文明建设进入了促进经济社会发展全面绿色转型的关键时期，广东作为经济大省，要围绕经济社会高质量发展，加快经济增长与碳排放脱钩，在推进碳达峰碳中和过程中实现经济社会全面绿色转型。

三、广东在国家"双碳"和绿色增长战略中具有重要地位

广东是中国改革开放的前沿阵地，在30多年的改革开放中成为中国第一经济大省、拉动中国经济增长的"火车头"，同时是粤港澳大湾区建设的主体，是我国重要的对外贸易和交流窗口，担负着推进粤港澳大湾区建设，支持香港、澳门更好地融入国家发展大局的重任。在新时期，广东要继续发挥改革开放引领作用和经济大省"挑大梁"作用，以扎扎实实的工作为全国发展大局做出广东努力、广东贡献，奋力在全面建设社会主义现代化国家新征程中走在全国前列、创造新的辉煌。

党的二十大提出，坚持把发展经济的着力点放在实体经济上，推进新型工业化，加

快建设制造强国、质量强国、航天强国、交通强国、网络强国、数字中国。广东制造业规模居全国第一,在新能源、电动车、5G、人工智能、互联网经济等代表未来的绿色经济方面处于比较前沿的水平:5G产业和数字经济规模居全国第一;数字化网络化智能化发展水平位居全国第一梯队、区域创新能力连续4年排名全国第一,工业机器人产量达7.04万台,约占全国的29%,成为国内重要工业机器人产业基地。目前,广东已形成新一代电子信息、绿色石化、智能家电、先进材料、现代轻工纺织、软件与信息服务、现代农业与食品7个产值超万亿元产业集群。随着工业化和信息化不断融合,生产生活方式加速变革,新技术、新产业、新业态、新模式层出不穷,在新能源、绿色产业、新材料等领域出现"机遇窗口",广东是中国最有希望、最有实力在切换经济赛道时与发达国家"并跑"甚至"领跑"新经济的地区。

广东区域发展不平衡,珠三角和粤东西北的经济水平、产业结构、资源利用效率差距比较大,是全国发展态势的一个缩影,即便是广州、深圳、东莞等经济发展走在全国、全省前列的城市,也同样面临在能源强度和碳强度下降的约束目标下如何激发新动能、保持竞争力的挑战。摆脱依靠高能耗、高排放推动经济增长的传统路径依赖,选择绿色低碳循环的新经济发展方式,培育绿色低碳产业使其成为经济新动能,不仅有利于实现广东本省的高质量发展目标、在产业结构调整过程中平衡区域发展,也为国家实现"双碳"背景下的经济动能转换积极探索和试验积累经验和提供解决方案。

第二节 广东经济发展时空演变格局分析

自改革开放以来,广东经济一直保持强势增长,经济总量连续33年位列全国第一,生产要素供给数量和质量全球领先:从人口要素看,2021年末,广东15~64岁具有劳动能力的人口[①]为9151万人,占常住人口的72.15%,超过全国平均水平(62.5%)近10个百分点,就业人口总量连续多年居全国第一,2020年广东就业人口7039万人,占全国总就业人口的9.37%;广东企业家队伍"规模大、质量优",2019年拥有高级经营管理人才约180万人,专业技术人才约636万人,技能人才约1250万人,专业技术人才和技能人才规模总量居全国第一(贾纺纺,2021)。从资本要素看,广东制造业融资规模及投资效果系数全国领先,2021年广东规模以上工业企业资产规模和利润位列全国第一(图3-1)。

从技术要素看,广东多项技术指标领先全国:R&D经费、R&D人员数、R&D项目数、专利申请和授权数均居全国第一;2021年技术市场成交额达3267.21亿元,占全国技术市场成交额的11%;新产品的开发项目数量、开发经费和新产品出口销售收入均遥遥领先其他省(自治区、直辖市),分别占全国总量的21%、22%和30%。

---

① 全国劳动力人口按照15~59岁年龄区间统计,广东劳动力人口按照15~64岁年龄区间统计。

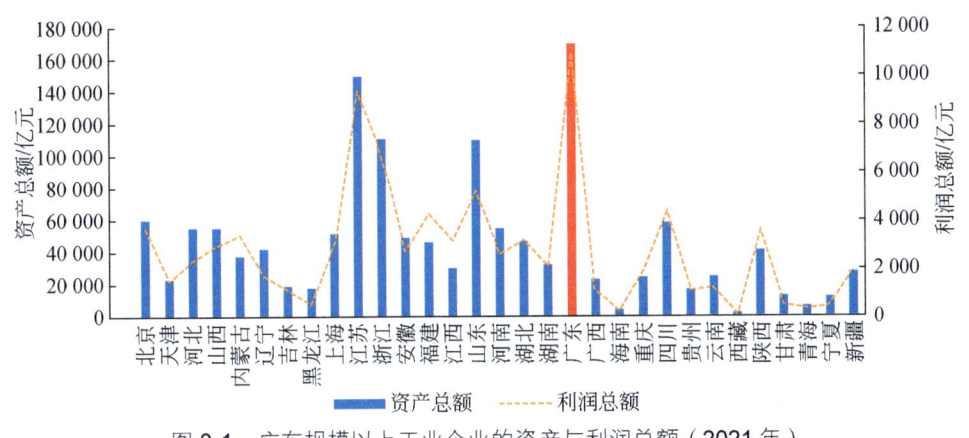

图 3-1　广东规模以上工业企业的资产与利润总额（2021 年）
根据《广东统计年鉴 2022》数据统计绘制

一、三次产业对广东经济增长的贡献与拉动分析（经济供给动能）

广东经济发展主要由第二产业、第三产业驱动，2013 年第三产业比例上升至 48.8%，首次超过第二产业成为广东支柱产业，经济结构实现"三、二、一"的优化格局，第三产业对经济增长的贡献率和拉动力持续提升。全国从统计数据看，2021 年广东第一产业、第二产业、第三产业的构成为 4∶40.4∶55.6。其中，第一产业增加值 5003.66 亿元，比上年增长 7.9%，对地区生产总值增长的贡献率为 4.2%，拉动 GDP 增长 0.3 个百分点；第二产业增加值 50 219.19 亿元，比上年增长 8.7%，对地区生产总值增长的贡献率为 43.0%，拉动 GDP 增长 3.4 个百分点；第三产业增加值 69 146.82 亿元，比上年增长 7.5%，对地区生产总值增长的贡献率为 52.8%，拉动 GDP 增长 4.2 个百分点。其中，新经济增加值[①]占广东地区生产总值的比例近 20 年均稳定在 25% 左右。

从产业贡献率[②]（图 3-2）看，自 2011 年起，第三产业对广东经济增长的贡献就开始超过第二产业，在 2015 年，第二产业、第三产业有过短暂的交锋，2016 年后，第三产业的贡献率持续大幅上扬，第二产业贡献率不断走低，到 2019 年，第二产业贡献率已经从最高峰时（1993 年）的 72% 降至 1986 年的水平（仅为 30%）。随后第二产业贡献率不断上升，到 2021 年达到 43%，但仍低于第三产业。

从产业拉动力[③]（图 3-3）看，在 2010 年前，第二产业是广东经济增长保持一定速度的主要动力，在第二产业强劲发展的驱动下，广东经济增速保持在 10%～17%，随着产业结构向第三产业转移，第二产业对经济增长的拉动力逐渐变弱，到 2021 年仅为 3.4 个百分点，比最高点（1993 年）下降了 13 个百分点；第三产业对经济增长的拉动力保

---

① 新经济增加值是指一个国家（或地区）所有常住单位在一定时期内从事新产业、新业态、新商业模式经济生产活动的最终成果，是常住单位进行新产业、新业态、新商业模式经济生产活动的增加值之和。
② 产业贡献率是指增加值增量在 GDP 增量中的占比。意味着产业增长对经济增量的贡献程度。
③ 产业拉动力是指产业对经济增长速度的贡献。

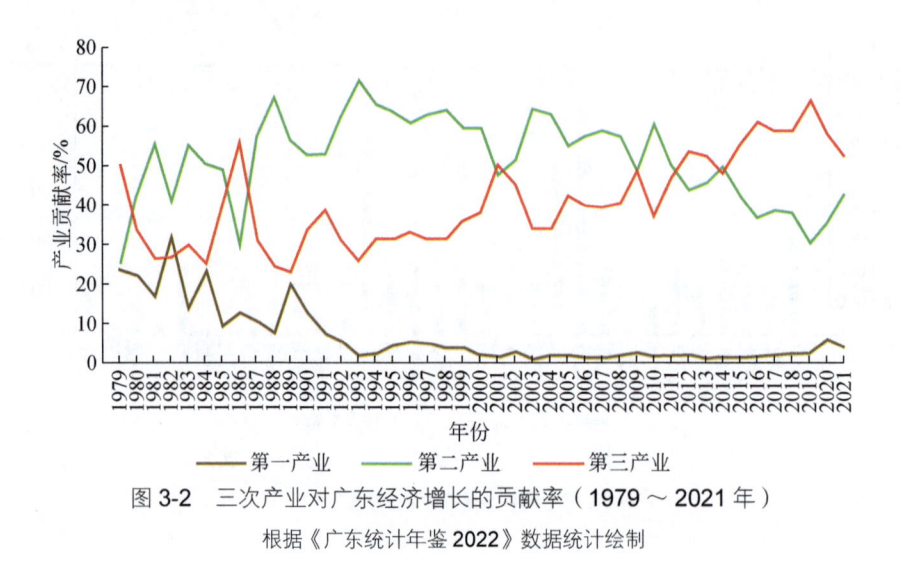

图 3-2　三次产业对广东经济增长的贡献率（1979～2021 年）

根据《广东统计年鉴 2022》数据统计绘制

持在低位稳定状态，由图 3-3 可见，1979～2021 年第三产业的拉动力均在个位数波动，2010 年至今低于 5 个百分点。

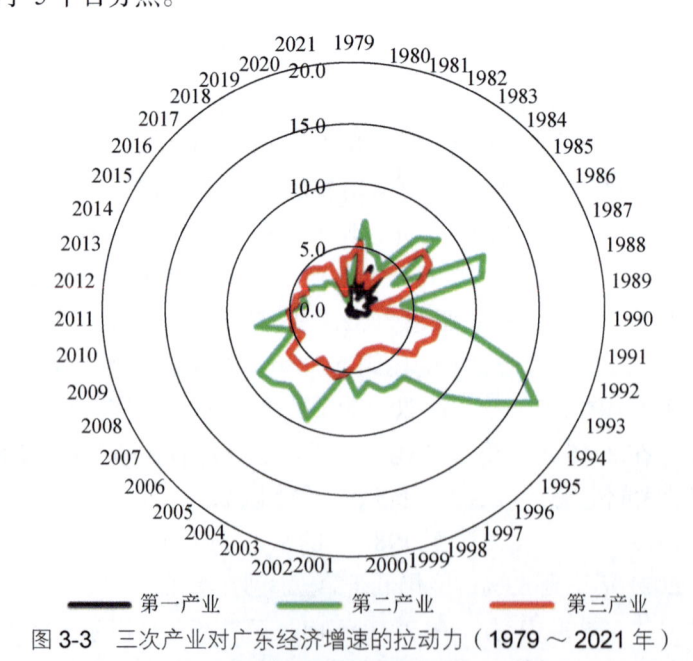

图 3-3　三次产业对广东经济增速的拉动力（1979～2021 年）

根据《广东统计年鉴 2022》数据统计绘制

经过长时间序列的广东 GDP 增速与产业拉动力比较，发现第二产业特别是工业增长对 GDP 的拉动力更强，由图 3-4 可见，2010 年后，第三产业拉动力超过第二产业后，GDP 增速显著下滑。

为进一步研究第二产业、第三产业对广东经济的支撑力度，作者课题组分别测算了产业贡献率与 GDP 增量的弹性变化、产业拉动力与 GDP 增速的弹性变化。

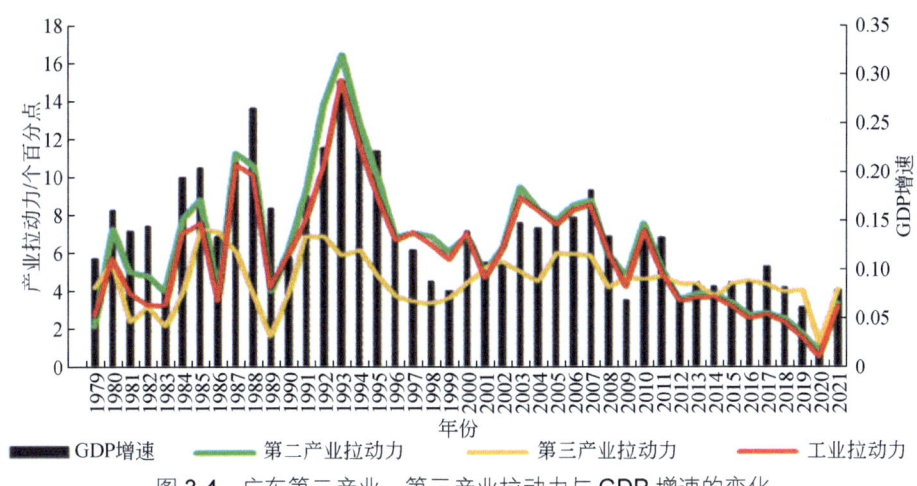

图 3-4 广东第二产业、第三产业拉动力与 GDP 增速的变化

1.《广东统计年鉴 2022》；2. 2019～2021 年 GDP 增速来自广东统计公报

作者课题组采取长时序面板数据，分别测算了 1980～2021 年第二产业、第三产业对广东经济增长的贡献弹性和拉动弹性，研究发现：①从产业贡献弹性看，第二产业、第三产业的经济贡献弹性系数绝对值相近，但方向相反。这意味着两个产业贡献度每变化 1 个百分点，对广东经济增长变化的贡献程度基本相同。由图 3-5 可见，第二产业经济贡献弹性系数大部分时期为正，主要发挥经济支撑作用；第三产业经济贡献弹性系数大部分时期为负，对经济下滑更敏感。②从产业拉动弹性看，除个别年份外，第二产业、第三产业的经济拉动弹性系数基本一致，这意味着两个产业拉动力每变化 1 个百分点，对广东经济增长速度的变化具有基本相同的拉动程度，方向总体一致。由图 3-6 可见，

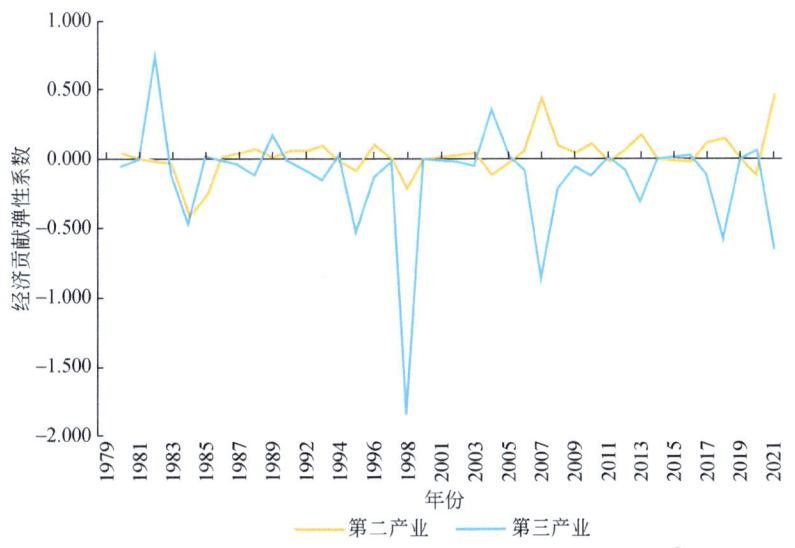

图 3-5 广东第二产业、第三产业的经济贡献弹性系数[①]

根据广东历年统计年鉴数据计算绘制

① 产业的经济贡献弹性系数：产业贡献率变化率与 GDP 增量变化率的比值。

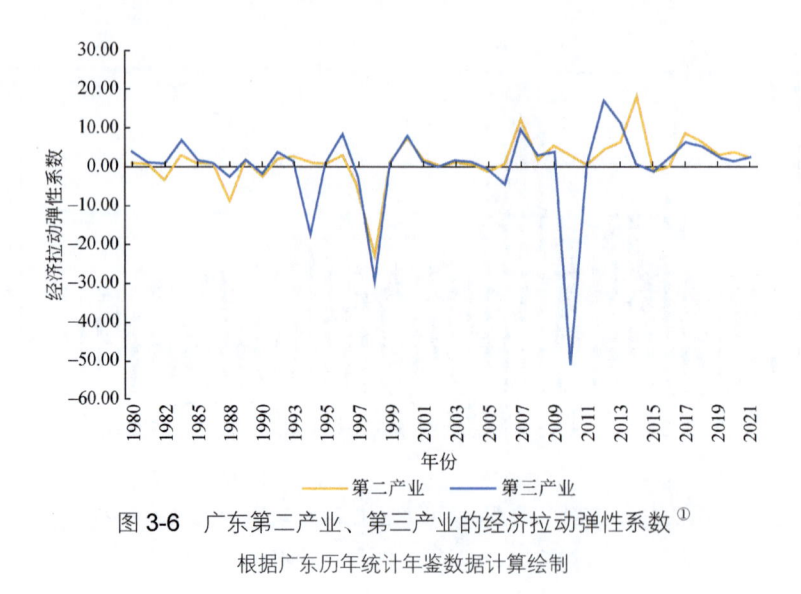

图 3-6　广东第二产业、第三产业的经济拉动弹性系数①

根据广东历年统计年鉴数据计算绘制

2010年第三产业经济拉动弹性系数出现大幅下跌，主要是国际金融危机所致，说明广东第三产业相比第二产业，更容易受到外部经济变化的影响。

二、促进广东经济增长的三大需求驱动力分析

最终消费支出、资本形成总额、货物和服务净出口（以下简称"消费、投资、净出口"）是驱动经济增长的三大需求。在不同历史阶段，三大需求对广东经济增长的贡献度不同，由图 3-7 可见，在改革开放初期（1979～1986 年），消费和投资对广东经济增长的贡献

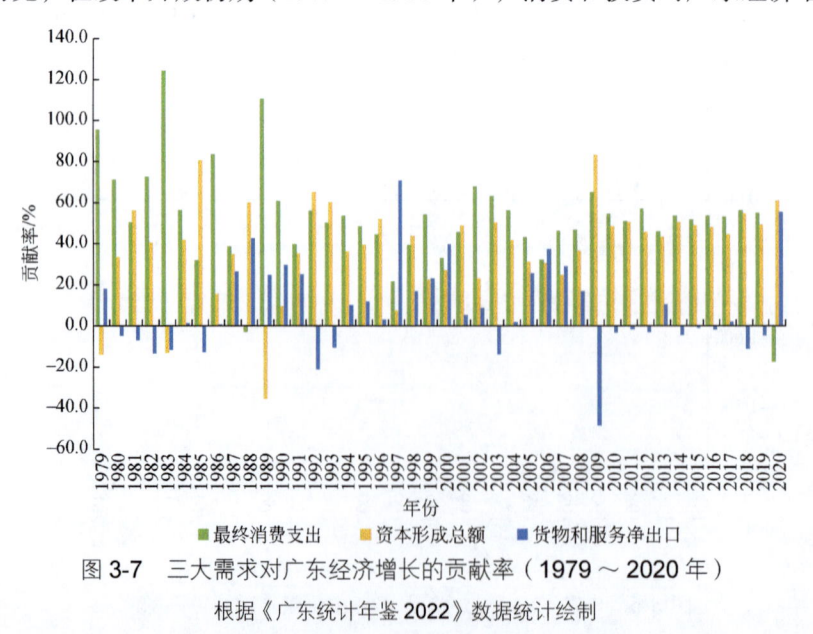

图 3-7　三大需求对广东经济增长的贡献率（1979～2020 年）

根据《广东统计年鉴 2022》数据统计绘制

---

① 产业的经济拉动弹性系数：产业拉动力变化率与 GDP 增速变化率的比值。

率最大，对外贸易对经济增长的贡献率不高；1986年中国正式提出关于恢复在关税及贸易总协定[1994年后改名为世界贸易组织（WTO）]缔约方地位的申请后，广东作为沿海城市获得了大量外贸机会，1987～2008年出口贸易成为支撑广东经济发展的重要力量，净出口对经济增长的贡献率最高达到71%（1997年）；2008年美国金融危机爆发，广东出口贸易受到较大的负面影响，2021年净出口总额仅占广东GDP总量的4.7%，2010～2020年投资和消费是驱动广东经济增长的主要需求动能。

三大需求对广东经济增长的拉动以内需为主，投资和消费为广东经济增长保持一定速度提供了稳定支撑。由图3-8可见，广东经济总体呈现内外循环畅通状态。

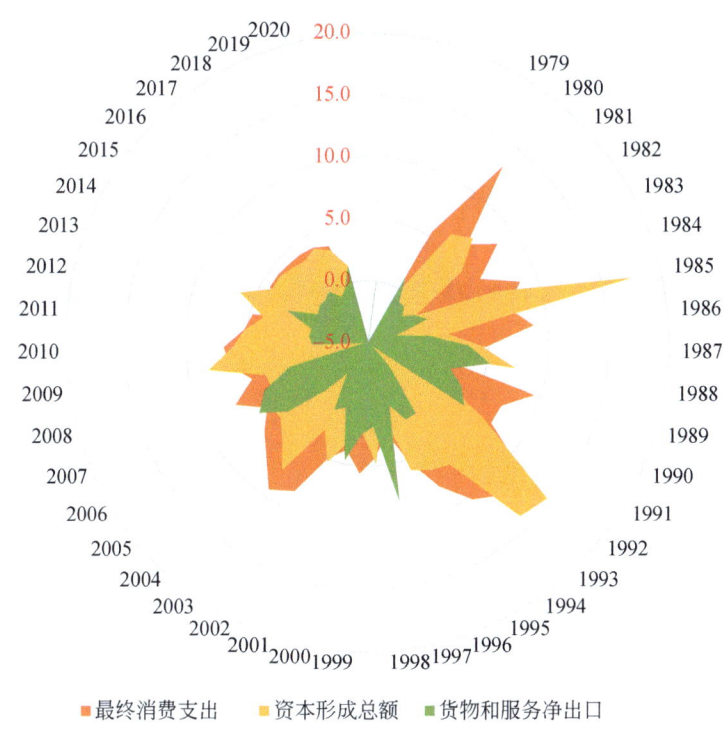

图 3-8　三大需求对广东经济增速的拉动力（1979～2020年）

根据广东历年统计年鉴数据计算绘制

三、广东三次产业和三大需求对经济增长的贡献率与拉动力国内比较

广东、江苏、浙江是中国沿海经济发达大省，也是中国三大外贸强省，产业结构普遍偏轻，第三产业占比均超过50%，对外贸易是重要的经济引擎。从产业发展看，相对广东和浙江，江苏第二产业对经济增长的贡献率和拉动力更强（表3-1和表3-2），同时，江苏对外贸易对经济增长的贡献和拉动强劲。进一步分析发现，江苏工业制成品出口总额占其商品出口总额的90%以上，外商在江苏投资的主要领域为制造业（2021年投资在制造业领域的金额占外商投资总额的44.3%，占外商直接投资总额的31.5%），这就意

味着部分工业产品直接出口后,其增加值被归入了第三产业,实质仍然是第二产业创造的利润,这与德国经济发展方式有异曲同工之妙。

广东第三产业的贡献率和拉动力高于江苏,但对外贸易对经济的贡献率不高,主要依靠内需拉动(表3-3和表3-4)。而江苏的对外贸易对经济增长的贡献和拉动日趋增强,江苏有取代广东成为中国第一大外贸省的趋势。作者课题组对广东外贸结构进一步分析发现,广东出口货物以机电产品和高新技术产品为主,2015~2020年出口额占比分别稳定在65%和33%左右,这期间广东外贸对经济增长的贡献率持续下滑,说明广东外贸格局正处于优化调整阶段,从加工贸易向一般贸易转变,从纺织产品向科技产品转变。尽管在外贸结构调整初期,净出口对经济增长贡献的支撑力度有所下降,但广东高新技术产品出口额占比在国内处于领先水平(浙江高新技术产品出口额仅占9%),未来发展潜力巨大。

值得注意的是,目前,外商在广东的主要投资领域为农林牧渔业(2021年占外商投资总额的36.8%),其次为租赁和商务服务业(2021年占外商投资总额的36.8%),制造业投资仅排在第三位,投资占比16.1%;在外商直接投资中,首选行业也并非制造业,而是租赁和商务服务业,在制造业领域的直接投资占比仅为16.85%。相对江苏,广东制造业发展需要更多来自国内的投资支持。

表3-1 三次产业对经济的贡献率比较(2019年) (单位:%)

地区	第一产业	第二产业	第三产业
广东	2.4	30.4	67.2
中国	3.8	36.8	59.4
江苏	1	44.8	54.2
浙江	2.5	22.2	75.3

注:2020年新冠疫情发生后经济各指标异常,2021年数据不完整,因此选择2019年数据。
根据中国统计年鉴、广东统计年鉴、江苏统计年鉴、浙江统计年鉴的数据计算得到。

表3-2 三次产业对经济的拉动力比较(2019年) (单位:个百分点)

地区	第一产业	第二产业	第三产业
广东	0.1	1.9	4.1
中国	0.2	2.2	3.6
江苏	0.1	2.7	3.3
浙江	0.19	1.71	5.79

注:根据中国统计年鉴、广东统计年鉴、江苏统计年鉴、浙江统计年鉴的数据计算得到。

表3-3 三大需求对经济的贡献率比较(2019年) (单位:%)

地区	最终消费支出	资本形成总额	货物和服务净出口
广东	55.1	49.5	-4.6
中国	57.8	31.2	11.0
江苏	53.5	26.4	20.1

注:根据中国统计年鉴、广东统计年鉴、江苏统计年鉴的数据计算得到。

表 3-4　三大需求对经济的拉动力比较（2019 年）　　　　（单位：个百分点）

地区	最终消费支出	资本形成总额	货物和服务净出口
广东	3.4	3.0	−0.3
中国	3.5	1.9	0.7
江苏	3.2	1.6	1.2

注：根据中国统计年鉴、广东统计年鉴、江苏统计年鉴的数据计算得到。

四、21 个城市对广东经济增长的贡献率与拉动力分析

广东下辖 21 个地级市，划分为珠江三角洲（珠三角）、粤东、粤西和粤北四个区域，珠三角 9 个城市的地区生产总值占全省的比例超过 80%，余下 12 个城市的地区生产总值加总不超过 20%，珠三角与粤东、粤西、粤北地区存在巨大的发展落差，不仅体现在经济规模上，更为重要的是产业结构、技术水平和资源禀赋的落差导致市场信号传递受阻，形成了"虹吸效应"而非"扩散效应"，如何将"发展落差"转变为"发展空间"，是广东实现高质量发展需要突破的重大问题。

1）区域对广东经济增长的贡献率和拉动力分析

习近平总书记 2018 年 10 月视察广东时指出，城乡区域发展不平衡是广东高质量发展的最大短板。事实证明，广东经济第一强省的地位正处于被江苏赶超的边缘，进入全国百强的城市数量持续下降，2021 年只有 8 座城市[①]进入百强榜单，而江苏 13 座城市全部进入百强榜单。为解决区域发展不平衡问题，2019 年 7 月，广东省委和省政府印发《关于构建"一核一带一区"区域发展新格局促进全省区域协调发展的意见》，开始着力推进加快构建由珠三角核心区、沿海经济带、北部生态发展区构成的区域发展新格局。

从各区域对广东经济增长的贡献率和拉动力（图 3-9 和图 3-10）来看，珠三角一直在稳固"领跑"，以自身稳健发展成为拉动广东经济增长的重要"动力源"，为稳住全省大盘提供了有力支撑。《广东省制造业高质量发展"十四五"规划》已经发布，未来制造业将有望成为拉动珠三角长足发展的重要引擎。省第十二次党代会以来，广东立足粤北资源禀赋，在高质量加快构建"一核一带一区"区域发展格局中，大力推动北部生态发展区绿色发展。围绕"绿色"这一关键词，2015～2020 年，北部生态发展区不断提升高质量发展内生动力，激活绿色发展优势，现代农业、休闲旅游、绿色低碳产业等加快发展，产业生态化和生态产业化发展趋势日益明显。

2）城市对广东经济增长的贡献率和首位度分析

作者课题组就 2019～2021 年广东 21 个城市对广东经济增长的贡献率（图 3-11）进行了计算，发现广州、深圳、佛山、东莞这四个珠三角核心城市仍然是对广东经济增长贡献率较大的城市；佛山、惠州、江门、茂名在 2021 年对广东经济增长的贡献率超过了 2019 年和 2020 年，而广州和深圳对广东经济增长的贡献率出现显著波动，城市经济贡献率差距有缩小趋势。

---

① 广东进入 2021 年全国百强城市排行榜单的城市依次为深圳、广州、佛山、东莞、珠海、惠州、中山、江门。

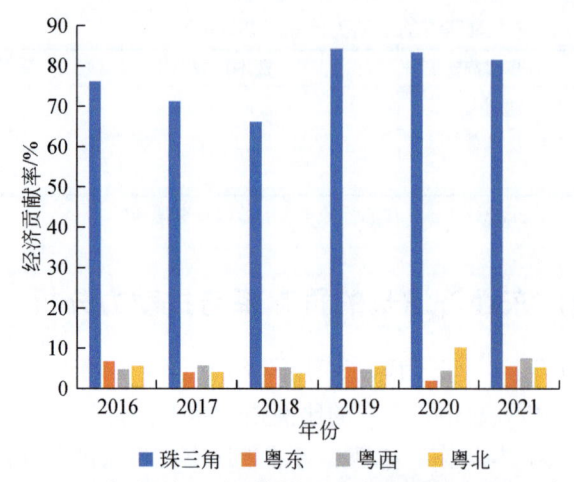

图 3-9 区域对广东经济增长的贡献率（2016～2021 年）
根据《广东统计年鉴 2022》的数据计算绘制

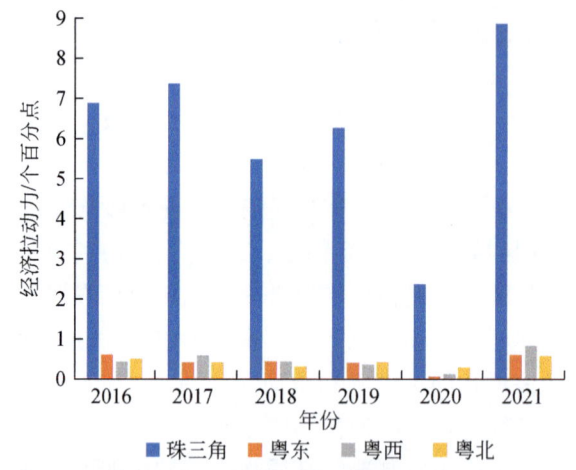

图 3-10 区域对广东经济增速的拉动力（2016～2021 年）
根据《广东统计年鉴 2022》的数据计算绘制

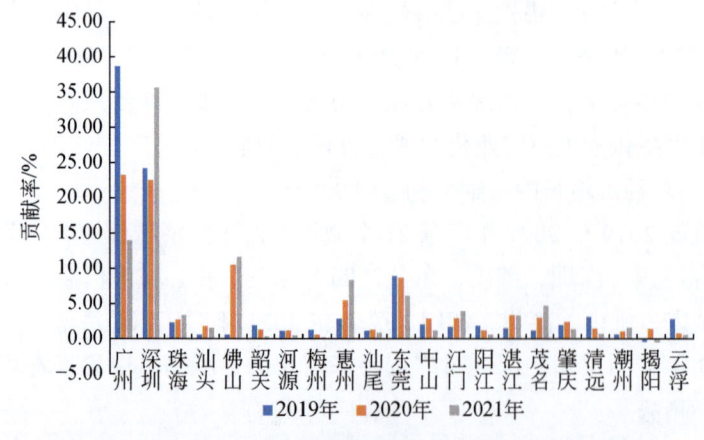

图 3-11 城市对广东经济增长的贡献率（2019～2021 年）
根据《广东统计年鉴 2022》的数据计算绘制

为衡量广东均衡发展的变化趋势，作者课题组从城市和区域两个维度分别计算了基于人口规模的经典城市首位度[1][图3-12(a)]和基于经济规模的城市首位度[图3-12(b)]。鉴于广东城市发展要素大量聚集在广州和深圳的现实，作者课题组改进了城市首位度计算指标，将规模排名第一和第二的城市合并为"首位"城市，规模排名第三和第四的城市合并为"第二位"城市，以更好地表征资源集中度变化。总体而言，无论是区域或城市、人口或经济，广东城市首位度均在不断上升，但2018年后上升趋势放缓；基于人口规模和经济规模计算的城市首位度均处于合理水平（首位度≈2）；基于经济规模计算的区域首位度超过了11，但基于人口规模计算的区域首位度仅为4，说明过多的物质资源集聚到珠三角，产生了"虹吸效应"，导致珠三角与排名第二的粤东地区差异巨大。在经济发展的初期阶段，较高的城市集中度对生产率的提高必不可少，但随着经济发展水平的提高，城市首位度指数应逐步下降到合理范围，否则容易出现包括经济安全与公平在内的社会问题。

图 3-12　广东城市首位度变化趋势（2019～2021年）

根据《广东统计年鉴2022》的数据计算绘制

3）三次产业对城市经济增长的贡献率和拉动力分析

作者课题组对广东21个城市的产业贡献率进行了逐一计算（图3-13）。发现在广东"制造业立省"的发展战略下，近年来各城市第二产业贡献率呈持续上升趋势，特别是东莞以先进制造业和高技术制造业为抓手推进经济高质量发展，已经形成了3个国家级先进制造业集群，2022年东莞GDP预计超1.1万亿元，发挥了较好的示范效应，第三产业贡献率普遍较高的城市如广州、深圳、中山等市2021年第二产业贡献率也出现了较大幅度的提升。值得注意的是，生态发展区大部分城市的三次产业贡献率存在一定不合理性，作为全省生态屏障，这些地区的经济增长应该主要来源于现代农业、休闲旅游、低碳绿色产业和新兴服务业，第一产业、第三产业应该对经济增长做出主要贡献，特别是作为农产品主产区的城市，其第一产业对城市经济增长的贡献需要增强。

---

[1] 首位度是指首位城市的相对重要程度，在一定程度上代表了城镇体系中的城市发展要素在最大城市的集中程度，集中度越高代表区域发展越不平衡。一般认为，城市首位度小于2，表明城市发展要素集中适当；城市首位度大于2%，则表明城市发展要素有过度集中的趋势。

双碳目标下广东经济高质量发展之道

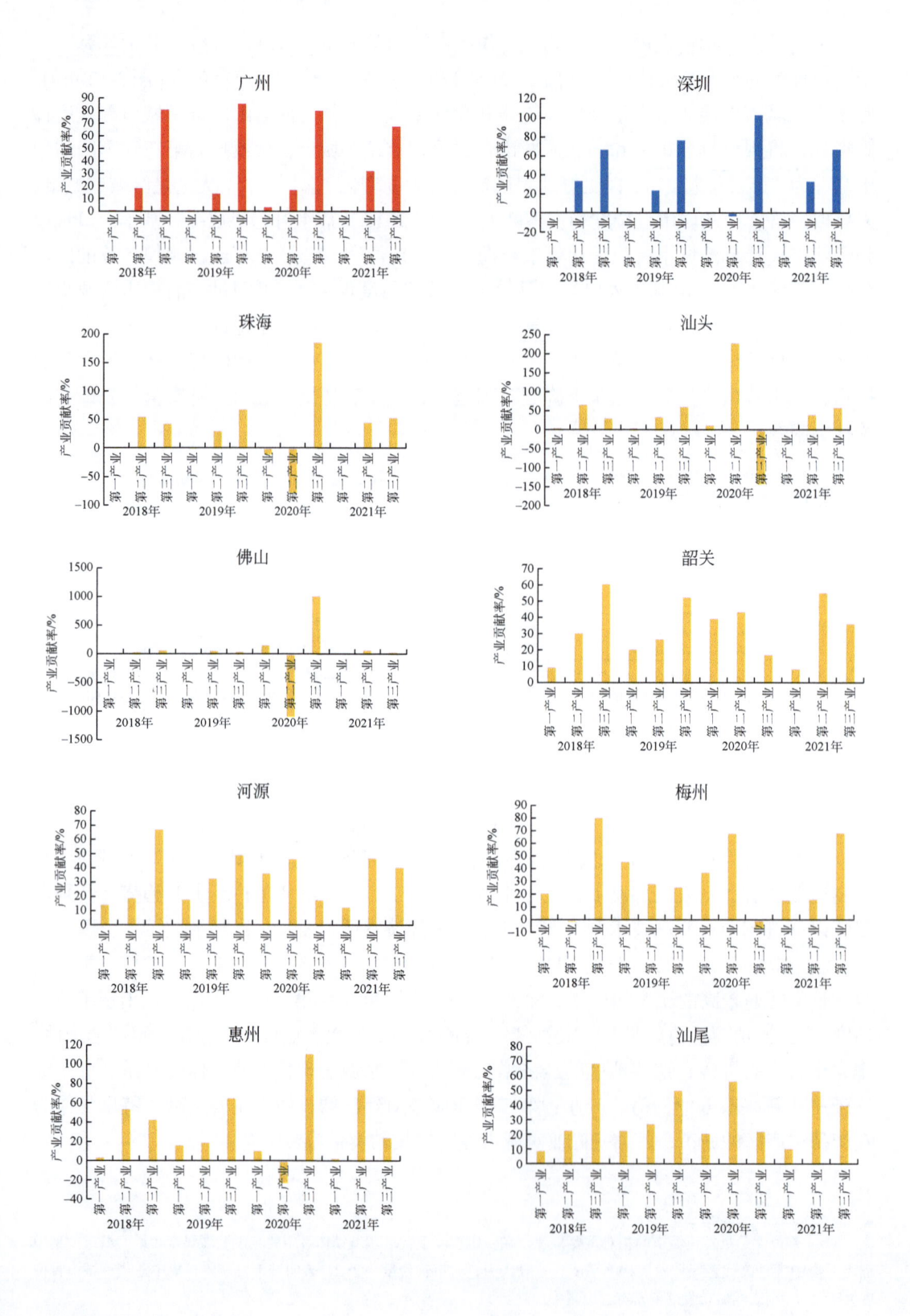

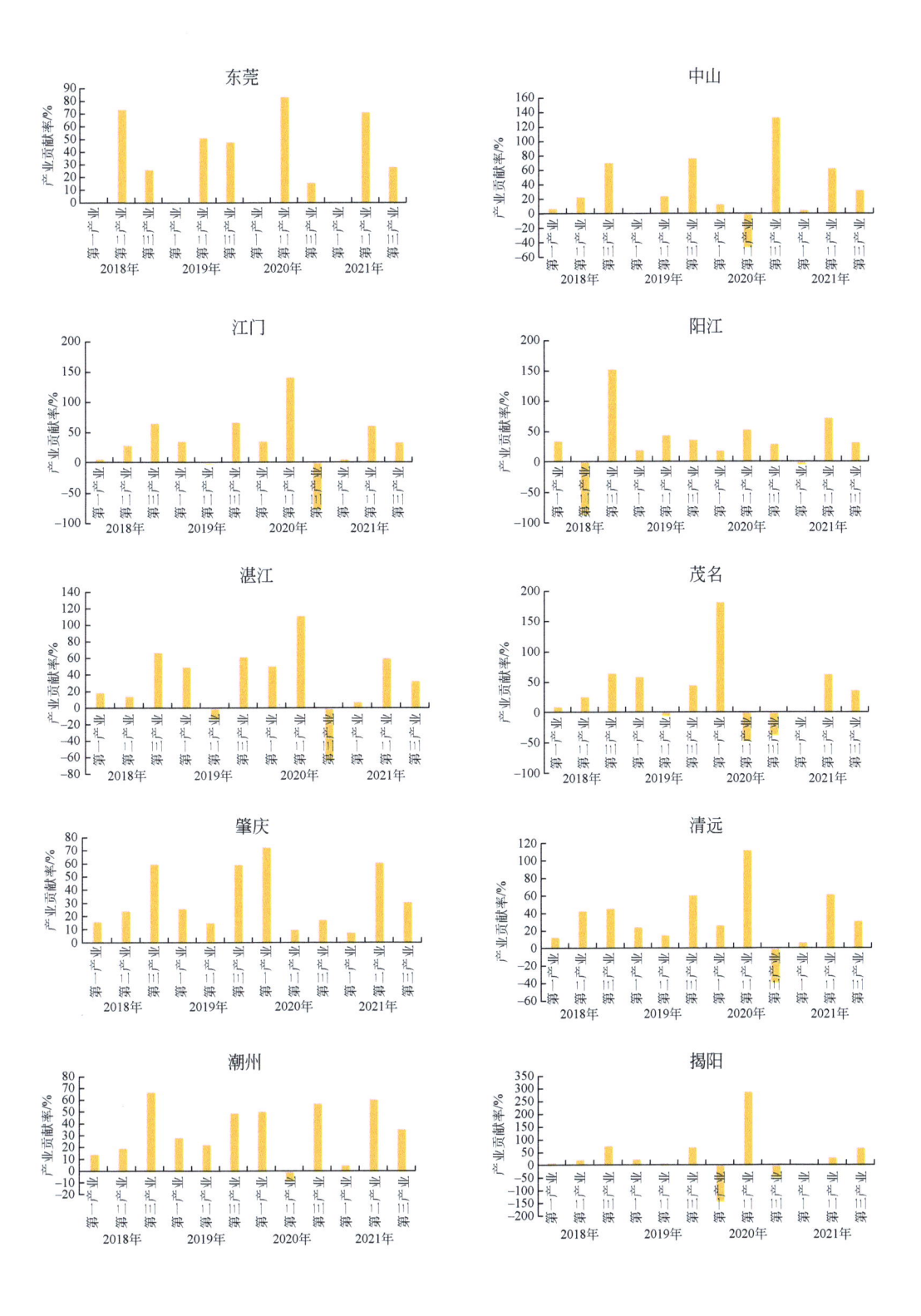

第三章　广东经济社会发展现状分析

图 3-13　广东 21 个城市三次产业贡献率（2018～2021 年）

根据广东历年统计年鉴的数据计算绘制

五、广东经济对外依存度及外贸格局分析

广东是外贸大省，进出口总额占全国进出口总额的 20% 以上，出口依存度在 40% 左右，是典型的外向型经济，在国际大循环中处于重要位置。海关总署广东分署的数据显示，2021 年广东对我国外贸增长贡献率达到 14%、进出口总额突破 1.2 万亿美元，但广东对外贸易总额和出口额在全国对外贸易总额和出口总额中占比近年均出现不断下降的趋势（图 3-14），出口额占全国出口总额的比例从 2016 年的 28.5% 下降到 2021 年的 24.3%。同时，江苏外贸经济发展突飞猛进，2021 年外贸总额达到 0.8 万亿美元，有赶超广东外贸大省的趋势；而且江苏出口占本省外贸总额的比例超过了广东（广东出口占外贸总额的比例为 61.1%；江苏出口占外贸总额的比例为 62.4%），这说明江苏的外贸顺差更大，外贸对江苏经济增长的贡献和拉动更强劲，与本书第三章第二节中关于三大需求的分析结果吻合。

图 3-14　广东对外贸易经济在全国的占比（2016～2020 年）

根据广东统计年鉴、中国统计年鉴的数据计算绘制

广东经济的开放程度不断提高，同时经济对外依存度持续下降，由图 3-15 可见，2016～2021 年，广东出口依存度从 48% 下降到 41%，进口依存度从 29% 上升到 39%。说明广东经济格局以更加开放包容的姿态拥抱国际化的同时注重国内市场开拓，扩大内需替代出口，正朝着构建以国内大循环为主体、国内国际双循环相互促进的新发

展格局方向迈进。

图 3-15　广东经济进出口依存度（2016～2021 年）
根据广东统计年鉴、中国统计年鉴的数据计算绘制

从贸易格局（图 3-16 和图 3-17）看，亚洲仍然是广东一般贸易出口的主要地区，亚洲出口额占广东出口额的 50% 以上，其次是欧洲（19%）和北美洲（18%）。随着我国"一带一路"倡议的实施推进，广东与"一带一路"共建国家（地区）贸易往来更为频繁，贸易额快速增长，2021 年进出口额 20 419.3 亿元，比上年增长 16.3%。新设外商直接投资企业 16 155 个，比上年增长 25.6%。实际使用外商直接投资金额 1840.02 亿元，比上年增长 13.6%[①]。

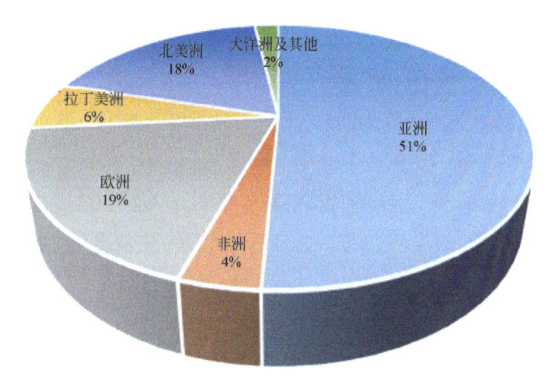

图 3-16　广东同主要国家（地区）出口额（2021 年）

值得注意的有两点：第一，广东与拉美国家贸易呈爆发式增长，贸易格局或将改变。中国与"一带一路"共建国家的友好贸易往来吸引了更多发展中国家参与其中，2021 年广东出口到拉美的货物与服务贸易总额比上年增长 41.98%。截至 2022 年 9 月，已有 9 个拉美国家与中国签署共建"一带一路"合作谅解备忘录，为广东与拉美国家进一步商贸合作奠定了基础。第二，欧盟是广东第三大贸易伙伴，需高度关注欧盟进口政策变化。2021 年广东出口到欧盟国家的金额是 1111.49 亿美元，占广东 2021 年出

---

① 走在全国前列 创造新的辉煌 | 砥砺奋进的广东五年答卷（https://baijiahao.baidu.com/s?id=1733405630834617278&wfr=spider&for=pc）。

口总额的 14.2%，仅次于北美洲。欧盟即将实施的碳边境调节机制对广东外贸经济的影响不容小觑。

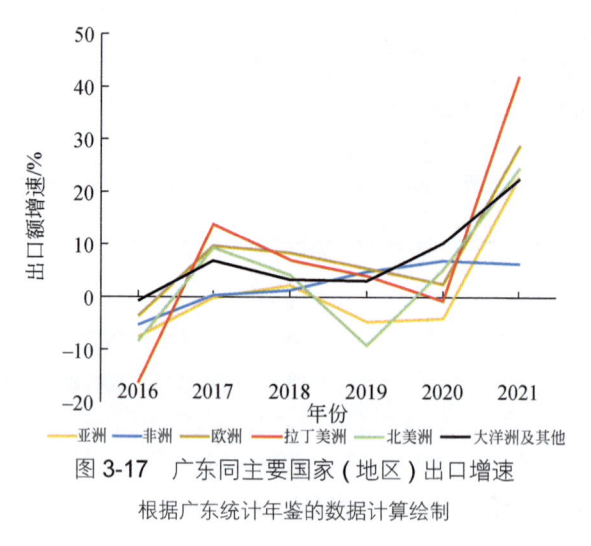

图 3-17　广东同主要国家（地区）出口增速

根据广东统计年鉴的数据计算绘制

第三节　广东能源转型与产业碳生产力现状

一、广东能源消费结构变化特点

2021 年全省能源消费总量 3.68 亿 t 标准煤，单位 GDP 能耗约 0.29t 标准煤 / 万元（2021 年现价），在国内处于领先水平，但与发达国家相比，仍有明显差距，分别约是美、日、英、德当前水平的 1.5 倍、2.6 倍、3 倍、2.3 倍。广东北部地区由于经济规模小、能源结构高碳，平均碳强度达到了 1.3t CO_2/ 万元（2019 年数据），存在较大的减排空间，处于边际减排成本下降阶段，通过机制驱动可以聚集社会减碳资本使其快速达峰；珠三角地区部分城市及重点能源基地的边际减排成本高，对碳排放空间需求较大，实施区域联合碳达峰模式存在现实需求，具有较大的可行性。

从消费品种看，对清洁能源的消费有所增长，煤炭、石油、天然气、一次电力及其他能源的比例分别为 35%、26.8%、11.4%、26.8%，与 2015 年相比，煤炭消费比例下降 5 个百分点，天然气消费比例提高 0.7 个百分点，非化石能源消费比例提高约 4 个百分点。2020 年非化石能源电力装机比例为 45.9%，较 2015 年提高 6.4 个百分点。从消费端看，由图 3-18 可见，第二产业仍然是能源消费主要部门，占到广东能源消费总量的 60% 左右，但从能源消费增速看，第二产业能源消费增速最低，2015～2021 年，第二产业能源消费年均增速仅为 2.4%，低于全省能源消费总量年均增速 1 个百分点。值得注意的是，第三产业和居民生活能源消费增速较高，2015～2021 年，第三产业和居民生活能源消费年均增速达到 5.1%，在能源消费总量中的占比均上升了 2 个百分点。相对三次产业，居民生活能源消费抗冲击性更强,未来需要重视对居民生活能源消费的管理。由图3-19可见,2020年第三产业能源消费增速出现大幅下跌,但居民生活能源消费依然正向增长,且增速高于全省平均能源增速。

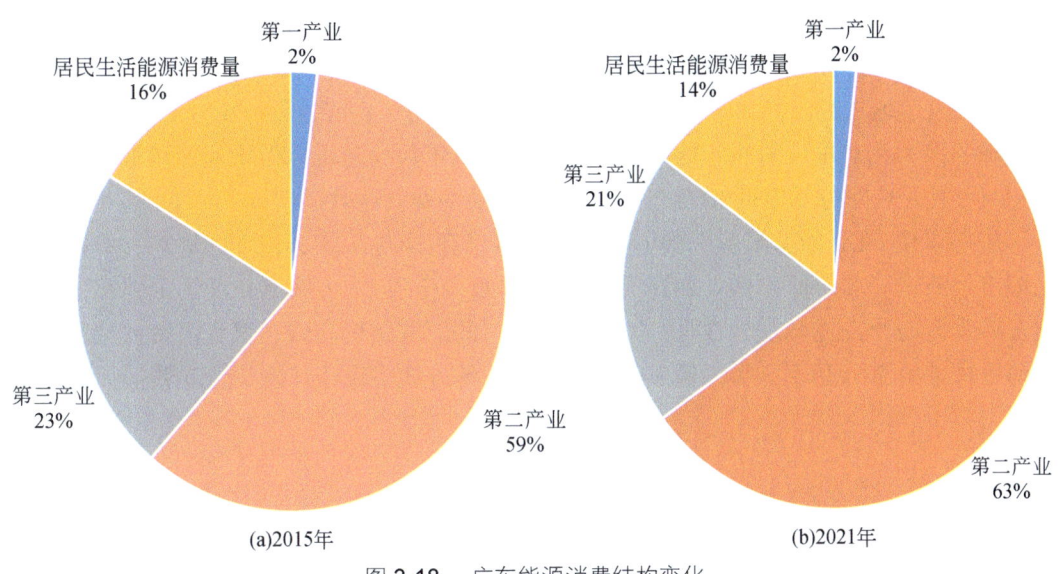

图 3-18　广东能源消费结构变化

根据广东统计年鉴的数据计算绘制

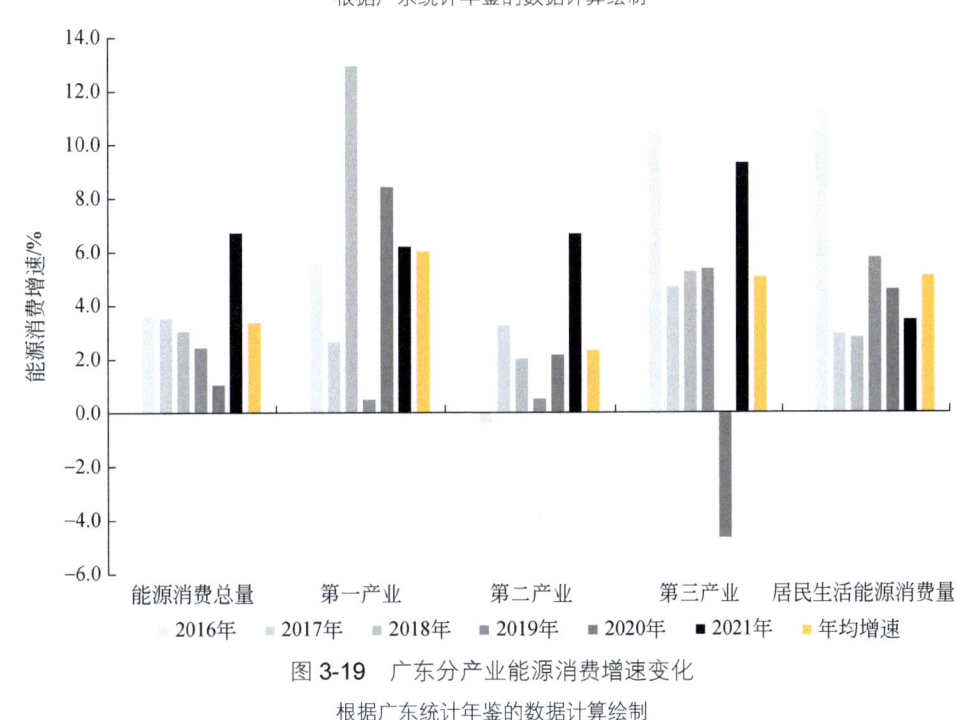

图 3-19　广东分产业能源消费增速变化

根据广东统计年鉴的数据计算绘制

从节能空间看,如果能源结构没有颠覆性的改变,全省进一步降低能源消费的空间有限,但城市节能潜力差异较大,可通过政策设计利用节能潜力势差,促进全省低成本

71

实现节能减排目标。广东单位 GDP 能耗增速已经放缓，由图 3-20 可见，广东全省平均单位 GDP 能耗下降率在 2010 年为 2.94%，到 2021 年下降率仅为 1.2%。特别是经济发达、节能减排工作开展较早的城市，在现有技术条件下的挖潜空间较小，如广州、佛山、珠海等珠三角核心城市 2021 年单位 GDP 能耗下降率显著低于 2010 年，但清远、云浮、阳江、肇庆、韶关等经济水平偏低的城市 2021 年单位 GDP 能耗下降率高于 2010 年，说明近十年来这些城市的经济水平提升较快、节能工作取得了良好效果。单位 GDP 能耗进一步下降的潜力相对珠三角核心城市较大。为降低单年数据随机性带来的计算偏差，作者课题组收集了广东分城市近 10 年的单位 GDP 能源消费增速数据，分析发现，近十年来，低于广东单位 GDP 能源消费平均下降率的城市仅有 11 座（图 3-21），粤东、粤西、粤北城市还有进一步下降空间。2016 年作者课题组在全省 21 个城市开展了主体功能区低碳发展大调研，发现粤东、粤西、粤北部分城市的能源结构高碳，煤炭消费占到城市能源消费总量的 90% 以上，可以通过能源品种替代的方式实现较好的节能效果。

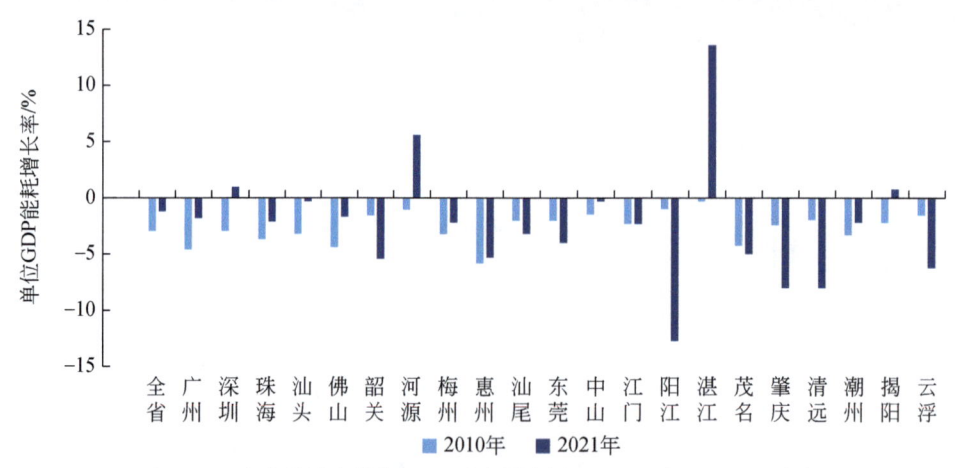

图 3-20　广东分城市单位 GDP 能耗增长率（2010 年 vs 2021 年）

根据广东统计年鉴的数据绘制

从行业看（图 3-22），相较于 2010 年，2021 年广东六大高耗能行业[①]规上企业对工业增加值增长的贡献率都低于对能源消费增长的拉动，产业能耗占比高。因此，需要优化第二产业的内部结构，还需要进一步降低工业增加值能耗和工业增加值碳排放。加快调整并优化能源结构，大力发展天然气和光伏等清洁能源，天然气、电力等在工业生产中的使用更加广泛。

[①]　六大高耗能行业分别为：电力、热力、燃气及水生产和供应业；非金属矿物制品业；黑色金属冶炼和压延加工业；有色金属冶炼和压延加工业；石油加工、炼焦和核燃料加工业；化学原料和化学制品制造业。

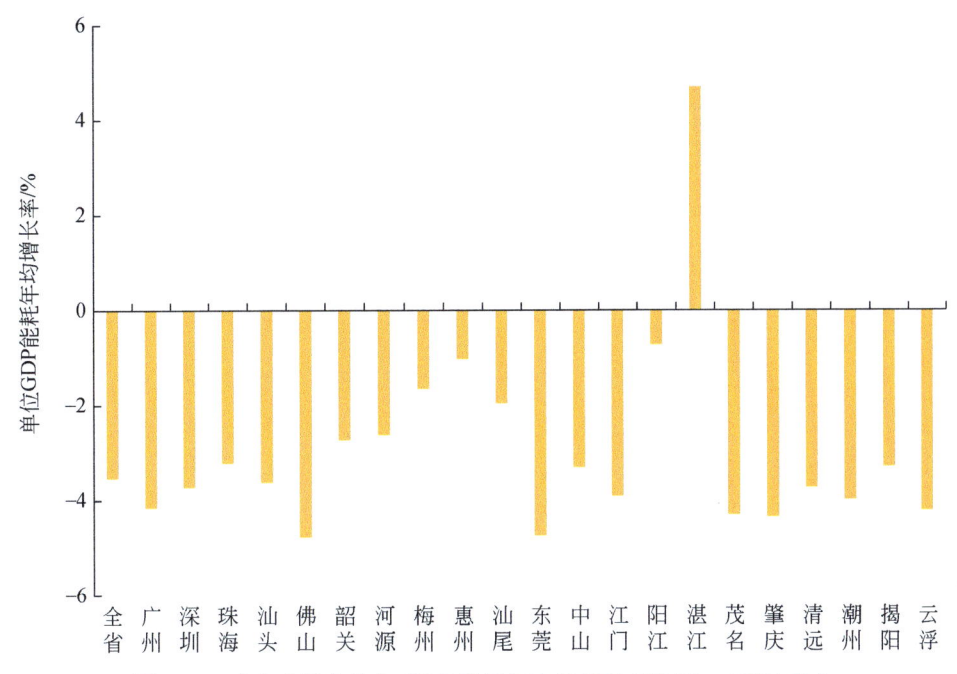

图 3-21　广东分城市单位 GDP 能耗年均增长率（2010～2021 年）

根据广东统计年鉴的数据计算绘制

图 3-22　广东分城市工业能耗增长率对比（2010 年 vs 2021 年）

根据广东统计年鉴的数据计算绘制

二、广东现代能源体系建设现状与成绩

1）多元优化的能源供应体系基本形成

广东省已基本形成煤炭、石油、天然气、新能源全面发展的多元化能源供应格局，能源供应保障水平进一步提高。截至 2020 年底，省内电力装机总量达 1.42 亿 kW，西电东送最大送电能力达 4200 万 kW。建成珠三角双回路内、外环网，延伸至粤东、粤西、

粤北的 500kV 主网架构。天然气供应能力达到 478 亿 m³/a，原油加工能力达到 7020 万 t/a。建成油气管道 6376km，形成通达全省 21 个地市的天然气主干管网，以及连接主要炼厂和消费市场的成品油运输管网。

2）节能减排成效显著，能源服务水平提升

广东省在"十三五"期间能耗强度累计下降 14.51%，2020 年单位 GDP 能耗约为全国平均水平的 2/3，位于全国前列。煤炭消费得到有效控制，全省煤炭消费量控制在 1.65 亿 t 以内，其中珠三角地区控制在 7006 万 t 以内，完成国家下达的煤炭消费减量任务。煤炭清洁高效利用水平进一步提升，"十三五"淘汰落后火电机组约 400 万 kW，全面完成全省 10 万 kW 及以上燃煤机组（不含 W 型火焰锅炉和循环流化床锅炉）超低排放和节能改造。

能源服务水平明显提高。天然气主干管网实现"市市通"。用能营商环境得到极大改善，深圳、广州"获得电力"水平位于全国前列。农村供电质量大幅提升，农网平均供电可靠性达 99.916%，综合电压合格率达 99.956%，户均配变容量达 2.45kV·A。人均生活用能由 2015 年 0.405t 标准煤提高至 2020 年的 0.476t 标准煤。

3）科技、金融与体制改革为广东现代能源体系建设提供强劲支撑

广东已建成单机容量最大的高效超临界燃煤发电机组和国内首台 H 级燃气机组。建成充电智能服务平台"粤易充"，基本实现高速公路服务区充电设施全覆盖，形成覆盖电动汽车日常出行范围的充电网络。启动建设"1+4"先进能源科学与技术广东省实验室，聚焦核能、氢能和海上风电等领域开展基础与应用基础研究。在海上风电、核电、太阳能、氢能等产业方面逐步形成骨干企业带动、上下游企业集聚发展的态势。

"十三五"时期全省能源行业投资达 7938 亿元，较"十二五"时期增加约 45%；其中能源重点项目完成投资约 4840 亿元。2020 年能源重点项目完成投资约 1255 亿元，同比增长约 20%；带动能源行业完成固定资产投资约 1923 亿元，同比增长约 16.7%；能源投资占全省固定资产投资的比例达 4.6%。

电力体制改革取得积极成效。建立了批发零售协同、场内场外互补的中长期市场交易体系，在全国率先启动电力现货市场结算试运行，"十三五"时期共降低企业用电成本约 371 亿元，培育电力市场主体约 2.6 万家。油气体制改革取得突破。逐步理顺油气管道建设运营机制和价格机制，推进大用户直供，减少供气层级，降低天然气利用成本；成立首个以市场化方式融入国家管网集团的省级天然气管网公司。

三、广东现代能源体系建设面临的问题与挑战

1）能源供应方面，安全保障程度仍不够高

一是能源供应对外依存度较高。广东一次能源资源匮乏，缺煤、少油、乏气，水能资源基本开发完毕，风电、光伏等可再生能源尚未大规模开发利用，能源供应对外依存度超过 75%。二是能源储备体系不完善。能源供应易受极端天气、突发事件、国际能源市场等外在因素影响导致供应紧张。虽然广东省天然气储备能力总体可满足国家要求，

但储气量低于国际燃气联盟建议的12%能力要求,粤东、粤西、粤北地区储气设施建设相对滞后;油气商业化储备机制仍不完善。三是骨干支撑和应急备用电源不足。受制于省内新能源发电季节性间歇性特性、电网网络约束以及西电东送不确定性,高峰负荷时段部分地区特别是珠三角负荷中心电力供应紧张状况时有发生。四是源网荷储协调发展水平有待提升。随着核电、可再生能源的逐步投产,电网调峰压力持续增大。

2)能源消费方面,清洁水平和利用效率仍有待提高

广东煤炭消费比例高于世界27%的平均水平,而天然气消费比例低于世界24%的平均水平。非水可再生能源消费占比仅2.9%,低于江苏、浙江等省,非水可再生能源发电量占比仅4.9%,低于全国平均水平。能源结构清洁化、低碳化水平有待进一步提高,与碳达峰碳中和目标要求还不完全匹配。能耗强度在国内处于领先水平,但与发达国家差距明显,是美国、日本、德国的1.5～2倍;钢铁、水泥、石化等重点耗能行业能效水平离国内外先进水平尚有差距。

3)能源科技创新方面,自主创新能力尚不够强

缺少国家级能源创新平台,原创性成果不多;氢能、储能、碳捕捉等技术应用仍处于起步阶段,大容量、深水区海上风电开发技术水平有待提高;能源科技创新与产业发展结合不够紧密,能源产业整体竞争力不强,龙头企业少,产业链不健全,产业配套不足,集聚效应不明显。

4)能源体制机制方面,改革任务仍然艰巨

电力体制改革已进入深水区,现货市场体系尚不完善,西电东送市场化进程制约了省内发用电计划进一步放开,改革难度加大;全省天然气主干管道"一张网"还需进一步完善,管网公平开放等问题尚未得到完全解决,气价市场化竞争还未充分形成,天然气保供稳价机制有待建立。氢能、储能、综合能源服务等新业态发展的配套机制还不完善。

四、广东经济增长与碳排放脱钩状态分析

广东经济总量高、常住人口规模大,是能源消费大省、资源小省,大部分能源资源从省外调入,单位GDP能耗低,但节能减排任务重,常年处于国家五年规划的节能减排任务第一梯队,部分城市已经处于碳达峰区间,是中国有条件率先实现碳达峰的省(自治区、直辖市)之一。作者课题组将采用P-Tapio脱钩模型从时空两个维度对广东经济增长与碳排放脱钩状态开展研究(周彦楠等,2020),分析各地区在"双碳"背景下实现经济高质量发展的难易程度。

作者课题组采用中国碳核算数据库(CEADs)提供的1979～2019年城市碳排放数据、广东统计年鉴、城市统计年鉴中的经济数据和人口数据,运用第一章第二节构建并通过验证的P-Tapio脱钩模型,对广东历年经济增长与碳排放的关系开展脱钩分析。由于测算所需的数据量较大,各数据库的数据完整性不统一,经作者课题组对数据进行筛选和清洗后,整理出2009～2019年广东20个城市的完整经济、人口与碳排放数据(中山市仅有部分数据,故没有进行计算)。计算结果见表3-5。

表 3-5　广东主要城市 P-Tapio 脱钩状态（2019 年）

城市名	P-Tapio 脱钩指数	脱钩状态	城市名	P-Tapio 脱钩指数	脱钩状态
广州	−0.16	强脱钩	惠州	−3.49	强脱钩
深圳	−2.02	强脱钩	汕尾	−2.93	强脱钩
珠海	−5.75	强脱钩	东莞	4.49	扩张负脱钩
汕头	−1.37	强脱钩	江门	−4.80	强脱钩
佛山	−2.02	强脱钩	阳江	1.61	扩张负脱钩
韶关	6.69	扩张负脱钩	湛江	1.07	扩张连接
河源	−0.41	强脱钩	茂名	−0.28	强脱钩
梅州	0.51	弱脱钩	清远	−0.22	强脱钩
肇庆	−1.17	强脱钩	潮州	−0.98	强脱钩
揭阳	−0.68	强脱钩	云浮	−0.19	强脱钩

注：中山市的数据异常。
根据中国碳核算排放数据库和广东统计年鉴的数据计算绘制。

由图 3-23 可见，随着时间的推移，广东越来越多的城市经济增长与碳排放出现脱钩，2010 年脱钩城市数量为 0，到 2015 年有 5 座城市实现脱钩，2019 年大部分城市实现了经济增长与碳排放脱钩。在图 3-23 中，绿色条柱大部分为负值，黄色和蓝色条柱大部分为正值。

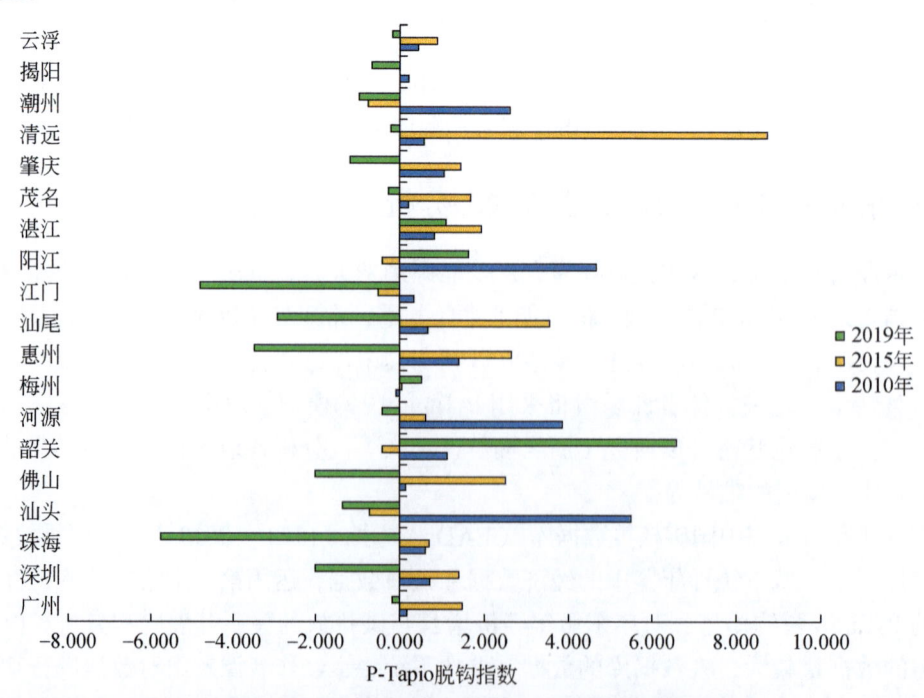

图 3-23　广东主要城市经济与碳排放脱钩指数
根据中国碳核算排放数据库和广东统计年鉴的数据计算绘制

从区域看，珠三角和东翼地区在 2015～2019 年逐步实现了经济增长与碳排放脱钩，西翼和山区整体仍处于负脱钩状态，人均碳排放增速与人均 GDP 增速正相关（图 3-24）。

从城市看，2019 年除 6 座城市外，15 座城市均实现了强脱钩，与实际观察有异，作者课题组对粤东地区 4 座典型城市 2009～2019 年的 P-Tapio 脱钩指数进行了回溯分析，由图 3-25 可见，这些城市在 2019 年大部分时间处于负脱钩状态，只是在 2019 年出现了 P-Tapio 脱钩指数小于 0，且 P-Tapio 脱钩指数在临界值，为此，这些城市是否真正实现了经济增长与碳排放脱钩，还需要收集其出现脱钩状态年份后五年的数据进行计算和判断。其他处于临界状态的城市同样需要更多数据才能做出确定性的判断。

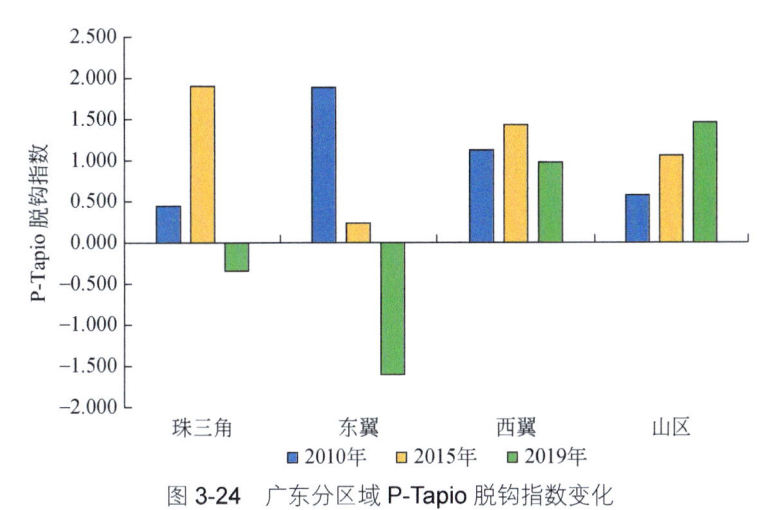

图 3-24 广东分区域 P-Tapio 脱钩指数变化

根据中国碳核算排放数据库和广东统计年鉴的数据计算绘制

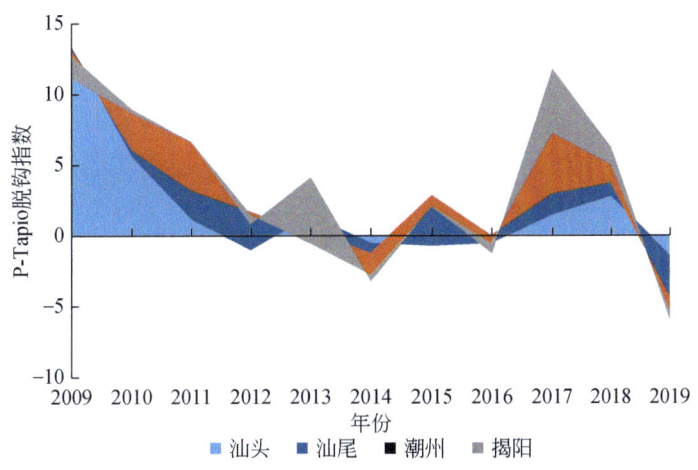

图 3-25 广东粤东典型城市 P-Tapio 脱钩指数变化（2009～2019 年）

根据中国碳核算排放数据库和广东统计年鉴的数据计算绘制

五、广东碳排放水平的国际国内定位分析

碳生产力是指每排放 1t 二氧化碳所带来的产值,在数学公式上表现为单位 GDP 碳排放量(碳强度)的倒数,但两者所表达的含义大相径庭。碳强度水平强调的是经济增长的环境效率,是从环境管理的角度研究一个区域的经济发展对环境的影响;碳生产力是将二氧化碳作为现代经济活动的一种生产要素,分析的是这种生产要素的产出效率,是从经济学角度开展碳排放研究。由于本课题的研究核心是经济结构调整问题,因此分析碳生产力水平比碳强度更合适。

第一章第二节对世界主要经济体的碳生产力水平进行了测算,由图 1-27 可见,发达国家碳生产力水平自 1990 年以来持续走高,到 2019 年英国碳生产力水平达到了 6.52 万元/t CO_2[①],全球平均水平是 2.73 万元/t CO_2,中国碳生产力平均水平为 1.51 万元/t CO_2。

由图 3-26 和图 3-27 可见,珠三角、北京、广东、浙江、上海、广州、深圳碳生产力超过全国平均水平,深圳已经接近英国的碳生产力水平,但其他城市的碳生产力水平较低,特别是粤东、粤西、粤北地区的碳生产力低于全国平均水平,需要从能源和产业两个维度进行深度调整。

图 3-26 2019 年碳生产力水平横向坐标图

中国和全球碳生产力数据来自世界银行数据库 CO_2 emissions (kt) - World | Data (worldbank.org);城市碳排放数据来自 Shan 等 (2022);城市和区域宏观经济数据来自中国统计年鉴和广东统计年鉴

[①] 图 1-27 中各国 GDP 数据是按照 2017 年购买力平价折算的,图 3-26 中中国和全球的 GDP 数据取值与其他城市存在差异,仅为参考。

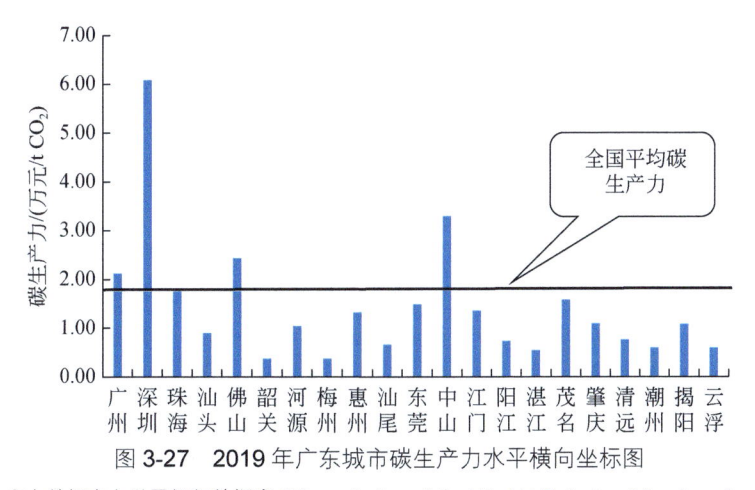

图 3-27 2019 年广东城市碳生产力水平横向坐标图

中国和全球碳生产力数据来自世界银行数据库 CO₂ emissions (kt) - World | Data (worldbank.org)；城市碳排放数据来自 Shan 等 (2022)；城市和区域宏观经济数据来自中国统计年鉴和广东统计年鉴

第四节 广东人口发展与消费模式变化趋势分析

全球气候变化与经济结构调整日益成为关注焦点，人口发展与消费模式变化在应对这些挑战中具有重要意义。广东，作为中国南部沿海地区的经济中心，其人口与消费模式的变化对气候变化和经济结构调整具有显著影响。近年来，广东城市化进程加速，人口流动日益频繁，对消费市场产生深远影响。随着经济快速发展及人民生活水平提高，广东消费需求逐渐从生活必需品向高品质、个性化、绿色环保的商品与服务转变；数字化与网络消费发展为消费者提供便捷、丰富购物体验，推动消费模式创新与变革。

广东人口发展与消费模式变化亦可能给气候变化和经济结构调整带来挑战。如何促进人口与消费模式适应气候变化并推动经济结构调整，已成为广东绿色、低碳和可持续发展的基础条件之一。

一、广东人口变化发展

1）人口规模增长趋势

2010～2020 年，广东常住人口规模持续上升。统计数据显示，2010 年广东常住人口约 1.04 亿人，而至 2020 年攀升至 1.25 亿人，年均增长率大约 1.9%。这一增长趋势源于自然增长与人口迁移的双重作用。在此期间，广东经济稳定发展，对内外劳动力需求旺盛，吸引了大量外来人口涌入，成为推动广东人口增长的关键因素。

广东常住人口规模的增长得益于经济发展与人口政策的相互促进。一方面，广东经济迅猛发展，为吸引人才与劳动力创造了良好环境。广东产业结构调整，逐步从劳动密集型产业向技术密集型产业转型，提高了对高技能人才的需求。另一方面，人口政策调整对广东常住人口增长产生积极影响。2016年，全面二孩政策实施，为广东人口自然增长提供了推动力。此外，广东还推出了一系列引导人口流入的政策，如优化户籍制度、放宽落户限制、提高公共服务供给等，旨在吸引更多人才和劳动力进入广东。

值得关注的是，广东常住人口规模扩大的同时，人口密度逐年提高。珠三角地区作为经济发展较快的区域，对人口具有较强的吸引力，导致人口密度逐年攀升。这对珠三角地区的城市规划、基础设施建设、环境保护等方面提出了更高的要求。

综上所述，2010～2020年，广东常住人口规模稳步增长，得益于经济发展与人口政策的共同推动。然而，伴随常住人口规模的不断扩大，广东未来需要在人口管理、城市规划、公共服务等方面不断优化和完善，以适应人口变化发展趋势。

2）人口自然变动的波动性

在2010～2020年这一阶段，广东人口自然变动表现出一定的波动性，主要受到生育政策、经济发展和社会变迁等诸多因素的影响。其间，广东的出生率、死亡率和人口自然增长率均呈现出一定程度的波动。

第一，在出生率方面，2010年广东的出生率约为12.22‰。随着2016年全面二孩政策的实施，广东生育政策得到放宽。在政策推行初期，出生率短暂上升，但后续逐渐回落。这一现象与国内生育观念的转变、生活水平的提高以及育龄妇女数量减少等因素密切相关。到2020年，广东的出生率降至11.3‰。

第二，在死亡率方面，2010年广东的死亡率约为5.87‰。随着广东人口老龄化趋势的加剧，死亡率呈现出逐步上升的态势。人口老龄化现象与预期寿命延长、医疗水平提高等因素有关。到2020年，广东的死亡率攀升至6.2‰。

第三，在人口自然增长率方面，2010年广东的人口自然增长率约为6.35‰。在经历了全面二孩政策实施后的短暂上升之后，人口自然增长率逐步回落。2020年，广东的人口自然增长率降至5.1‰。

综合考虑，2010～2020年，广东人口自然变动呈现出波动性，受生育政策、经济发展和社会变迁等多重因素共同作用。针对人口老龄化趋势和人口自然增长率的下降，广东需要在政策层面、社会保障、医疗卫生方面多发力，主动作为，全面提升人口综合素质，构建全龄友好型社会。

3）人口结构变迁

2010～2020年，广东常住人口结构发生了显著的变迁，这主要表现在年龄结构、性别结构和家庭结构三方面。

第一，在年龄结构方面，广东人口老龄化的趋势日益明显。广东省统计局数据显示，2010年，广东60岁及以上人口占常住人口的比例为10.3%，而到了2020年，这一比例攀升至16.5%。这一趋势揭示了广东的生育水平下降，老年人口比例不断上升。同时，广东劳动力人口（15～59岁）所占比例逐年减少，2010年为73.9%，2020年降至67.9%，这给广东的劳动力市场和社会保障制度带来了挑战。

第二，在性别结构方面，2010～2020年，广东常住人口性别比逐渐趋向平衡。

2010年广东的总人口性别比为118.17（男性人口比女性人口多），而到2020年这一比例降至113.5。与此同时，广东出生人口性别比也得到了改善。2010年，广东的出生人口性别比为120.2，到2020年降至109.9。这一变化受到计划生育政策调整、生育观念转变以及科技进步等多方面因素的影响。

第三，在家庭结构方面，广东家庭规模缩小的趋势愈发显著。2010年，广东的平均家庭规模为3.19人/户，然而到2020年，这一数字下降至2.91人/户。这一变化与社会经济发展、人口流动和生活方式转变等因素紧密相关。

总结来看，2010～2020年，广东常住人口结构经历了显著的变迁，主要体现在老龄化趋势加剧、性别比例趋向平衡以及家庭规模逐步缩小。这些变化对广东的经济、社会、教育和医疗卫生等方面产生了深远的影响，同时也给未来的人口政策和发展规划带来了新的挑战。

4）人口分布变动

2010～2020年，广东人口分布特征发生了显著的变化，主要体现在城乡人口比例的调整和地区间人口分布的差异。

一方面，城市化进程加速，城乡人口比例发生明显变动。根据广东省统计局数据，2010年广东城镇人口占常住人口的比例为64.6%，而到2020年这一比例提高至71.3%。这表明城市化进程在2010～2020年加快，越来越多的人口涌入城市地区。与此同时，农村人口比例逐年下降，从2010年的35.4%降至2020年的28.7%。这种变化受到经济发展、政策引导和人们对更好生活品质的追求等多重因素的推动。

另一方面，地区间人口分布差异进一步扩大。广东人口集中在珠三角地区，这一现象在2010～2020年越发明显。珠三角地区以广州、深圳、佛山等城市为代表，拥有优越的地理位置、发达的基础设施和较高的经济发展水平，因而吸引了大量人口流入。与此同时，粤西、粤北等地区的人口增长相对较慢，甚至出现人口净流出现象，导致地区间人口分布差异进一步拉大。

综上所述，2010～2020年，广东人口分布变动特征表现为城市化进程加快、城乡人口比例调整以及地区间人口分布差异扩大。这些变化对广东的经济发展、社会治理和区域规划等方面产生了重要影响，也为未来广东人口发展和管理提出了新的挑战。

5）流动人口变动

2010～2020年，广东流动人口的规模和结构发生了较大变化，主要表现为流动人口总量增加、来源地结构调整和流动人口在城市中的比例上升。

首先，流动人口总量呈现持续增长态势。作为中国南部沿海地区的经济中心，广东拥有良好的就业机会和较高的生活水平，吸引了大量外来人口。根据广东省统计局数据，2010年广东流动人口约为2990万人，而到2020年，该数字增长至约3610万人。这一变化说明流动人口在广东人口总量中的比例逐年上升，对广东的经济、社会和人口发展产生了深刻影响。

其次，流动人口来源地结构发生调整。过去，广东流动人口主要来自中西部地区和相邻省（自治区、直辖市）。然而，随着国内经济发展的加速和区域协同发展战略的实施，广东流动人口来源地逐渐呈现多元化特征，包括东部沿海地区和其他一些省（自治区、直辖市）。这一变化反映了广东经济发展对全国范围内人口流动的吸引力增强。

最后，流动人口在城市中的比例上升。随着城市化进程的加快，越来越多的流动人口涌入城市地区，成为城市人口的重要组成部分。据统计，2020年广东城市地区流动人口占城市常住人口的比例达到38%，相较2010年的33%有所提高。这一变化对城市社会治理、公共服务供给和城市发展规划等方面提出了新的要求和挑战。

综合来看，2010～2020年，广东流动人口呈现规模增长、来源地结构调整和流动人员在城市中的比例上升等变化特征。这些变化为广东人口管理、社会治理和经济发展带来了新的机遇和挑战。

6）人口变化对经济增长的影响

2010～2020年，广东人口变化对经济发展产生了显著影响，主要表现在劳动力市场、消费市场和创新能力等方面。

首先，人口变化对劳动力市场产生了深远影响。广东人口规模的增长以及流动人口的持续涌入为广东提供了丰富的劳动力资源。这些劳动力不仅推动了广东产业转型升级，提高了劳动生产率，而且促进了广东经济的持续增长。然而，人口老龄化和劳动力素质的挑战仍不容忽视，需要加强人力资源开发和培训，以提高广东劳动力市场的竞争力和应对人口老龄化的能力。

其次，人口变化对消费市场产生了积极影响。广东人口规模的扩大和消费水平的提高使得广东消费市场持续扩张，推动了消费对经济增长的贡献。随着人口结构的变化，消费需求呈现多样化、个性化和高品质的趋势，为广东消费品市场提供了更广阔的发展空间。此外，数字化和网络消费的快速发展给广东消费市场创新带来了新机遇。

最后，人口变化对广东创新能力产生了重要影响。广东人口素质的提高和人才结构的优化为广东科技创新提供了有力支撑。随着人口规模和教育水平的提高，广东拥有更多的科研人才和创新型企业，推动了科技创新能力的提升。然而，面对人口老龄化和人才流失等挑战，广东仍需加强人才培养和引进，优化人才政策，以提高广东创新能力和竞争力。

总之，2010～2020年，广东人口变化对经济发展产生了多方面的影响。在应对这些影响时，广东需要在劳动力市场、消费市场和创新能力等方面采取有针对性的政策措施，以实现人口与经济发展的协调和可持续。

二、广东消费模式的演变

1）消费需求的变化

在广东消费模式演变的过程中，各类消费品需求也发生了明显的变化。近年来，居民消费品需求从基本生活用品向更多元化、高品质的方向发展。

首先，在生活消费品方面，食品消费需求的变化表现为对食品安全、绿色健康食品的关注逐渐加强。随着居民收入的提高，广东居民对食品的需求从过去的以解决温饱为主向追求品质与口感转变。有机食品、进口食品等高品质产品市场需求不断扩大。服装消费需求的变化体现在消费者对品牌、设计、环保等因素的重视程度上升。随着居民生活水平的提高，广东居民在选择服装时更注重品牌、质量与时尚元素。此外，绿色、环保、可持续发展的理念也逐渐影响到服装消费。

其次，在服务消费品方面，居民对教育、医疗、旅游等服务消费的需求逐年上升。随着居民收入水平的提高和生活质量追求的变化，广东居民对各类服务消费的关注和投入不断增加。特别是旅游消费，近年来成为广东居民消费的重要组成部分，带动了相关产业的快速发展。

最后，耐用消费品需求发生了较大变化。过去的家电消费以大件家电为主，如冰箱、电视、洗衣机等，而汽车消费主要满足基本出行需求。近年来，随着居民收入的增长和消费观念的转变，对智能家电、新能源汽车等高科技、环保型耐用消费品的需求逐渐增强。

总体来看，广东各类消费品需求呈现出多样化、高品质化的趋势，反映了居民消费观念的变化和消费水平的提升。

2）消费结构与消费观念的变化

近年来，广东居民消费结构和消费观念经历了深刻的变革。与过去相比，居民消费不再仅仅关注基本生活需求的满足，而是更加注重生活品质的提升和个性化需求的实现。

第一，在消费结构方面，服务消费和高品质生活消费品比例逐渐上升。居民在教育、医疗、旅游等服务消费领域的支出持续增长。同时，高品质生活消费品，如有机食品、健康保健品等逐渐受到广泛关注。而在耐用消费品方面，随着居民收入水平的提高，对汽车、家电等产品的需求也呈现出多样化和个性化的趋势。

第二，在消费观念方面，居民消费理念从传统的崇尚节俭向追求品质生活转变。这一转变体现在消费者对产品和服务的关注点从价格敏感向性价比、品质和附加价值转移。消费者对环保、健康、时尚等多元价值观的关注程度不断提高，进一步推动了消费市场的升级。

此外，居民消费观念的变化还表现在对传统节日消费的态度转变。与过去狂欢式的购物消费相比，现代消费者更注重消费场景的体验、文化内涵和情感寄托。这使得各类主题性消费活动和文化体验项目在广东居民消费中占据越来越重要的地位。

总之，广东居民消费结构与消费观念的变化反映了社会经济发展水平的提高和居民生活品质追求的升级。这些变化不仅有助于进一步丰富和拓展消费市场，也为新型消费业态的发展提供了广阔空间。

3）数字化与网络消费的影响

随着互联网技术的快速发展，数字化与网络消费已经深刻影响广东居民的消费行为和消费观念。这种影响既体现在消费者购物方式的转变，又表现在消费者对消费品及服务的需求多样化。

第一，数字化与网络消费为广东居民提供了便捷的购物渠道。过去，居民购物主要依赖实体店铺，而现在，越来越多的居民选择通过电商平台、社交媒体等网络渠道购买商品和服务。据统计，2020年广东的网络零售额约为3.02万亿元，占全国的25.7%。这种转变大大提高了消费者的购物效率，丰富了消费选择。

第二，数字化与网络消费促进了消费者需求的多样化。互联网平台汇集了大量商品与服务信息，消费者可以方便地进行比较和选择，从而更好地满足个性化需求。同时，互联网+、大数据等技术创新也为消费者提供了更加精准的个性化推荐服务，有助于进一步拓展消费领域。

第三，数字化与网络消费推动了新业态、新模式的涌现。例如，共享经济、直播带货、短视频营销等新型消费业态在广东得到了快速发展。这些新型消费业态为消费者提供了更加多元化的选择，同时也推动了广东传统消费行业的升级和创新。

除此之外，数字化与网络消费还改变了广东居民的消费观念。在信息透明、评价机制完善的网络环境下，消费者更加注重商品与服务的性价比、品质和售后服务。随着消费者的审美观念逐渐提升，对精致生活、环保、健康等方面的消费观念也日益强烈。此外，网络消费使得居民更容易接触到跨地区、跨文化的商品与服务，进而推动了消费观念的全球化和多元化发展。

综上所述，数字化与网络消费对广东居民的消费行为和观念产生了深刻影响。这种影响不仅表现在购物方式的改变、需求多样化的实现以及新兴业态的发展，还体现在消费观念的转变和升级。展望未来，随着数字化、网络化的趋势持续发展，广东居民消费将进一步呈现出多样化、个性化、智能化等特征。

4）消费环境与消费政策的变化

广东消费环境的改善与消费政策的调整在很大程度上推动了消费模式的演变。近年来，广东省人民政府不断加大对消费环境的优化力度，积极推动消费升级，使得居民消费得到更好的满足。

首先，政府在提升消费环境方面做出了有力的举措。通过加强商业基础设施建设、优化公共服务供给、完善城市绿化等方式，打造宜居、宜业、宜游的城市环境，吸引更多居民参与消费活动。此外，政府还大力推动消费信用体系建设，规范市场秩序，提升消费者权益保护水平，以提高居民的消费信心。

其次，政府出台了一系列消费政策，以刺激消费需求。例如，实施汽车限购放宽、鼓励购买新能源汽车、推动文化旅游消费等政策，促使居民消费向高质、多样化发展。此外，政府还加大对贫困地区、特殊群体的消费扶持力度，通过消费扶贫、惠民消费等政策，提高这些群体的消费水平，促进社会公平、共享发展。

再次，政府着力优化税收政策，以降低消费税负，刺激消费需求。例如，降低部分消费品进口关税、提高免税购物额度等措施，使得进口消费品价格更加亲民，满足居民对高品质消费品的需求。此外，还出台了增值税改革、个税改革等政策，降低居民税负，提高居民可支配收入，从而刺激消费。

最后，政府加强对电子商务、共享经济等新兴消费领域的监管与扶持。通过制定相应法规、政策，规范网络消费市场秩序，保障消费者权益，同时为新兴消费领域的创新发展提供良好的政策环境。这些政策措施的实施，为广东数字化与网络消费的快速发展提供了有力支持，拓展了居民消费领域，提升了消费体验。

三、人口变化对消费模式的影响

1）人口结构变化对消费需求的影响

人口结构的变化在很大程度上影响着消费模式。首先，人口年龄结构的变化直接影响着消费需求。随着生育政策的调整和人口老龄化的加速，广东逐渐形成了以中青年人口为主体的人口年龄结构。这一年龄段的居民消费需求较为旺盛，更愿意接受新事物，进而推动消费升级与多样化。

其次，家庭结构的变化也对消费需求产生重要影响。随着计划生育政策的放宽，广东逐步实现了家庭结构的多元化。尤其在城市地区，核心家庭、单亲家庭、子女独立家庭等多种家庭形态并存，这将导致家庭消费观念和需求的差异化，使得消费品市场日趋多样化和细分化。同时，家庭规模的减小也在一定程度上提高了家庭人均消费水平，促进了消费品需求的增长。

再次，人口教育水平的提高对消费需求产生积极作用。随着社会发展和教育普及，广东居民的整体文化素质和教育水平逐步提高。受过良好教育的人群对消费品的质量、品牌、设计等方面有更高要求，更注重消费体验，这将进一步推动消费品市场的升级和转型。

最后，人口收入结构的变化也对消费需求产生影响。随着广东经济增长，居民收入水平不断提高，特别是中高收入群体的扩大，进一步拉动了消费需求。这些人群具有较高的购买力和消费意愿，有更多的可支配收入投入消费品和服务消费中，从而推动了消费市场的繁荣和消费结构的优化。

2）人口流动与区域消费差异的形成

广东人口流动的两大特点对区域消费差异产生了重要影响。一是农村人口向城市迁移，二是流动人口向珠三角地区聚集。这种人口流动带来了城乡消费差异和地区间消费差异的形成和扩大。

第一，农村人口向城市迁移导致城乡消费差异的扩大。城市居民收入水平普遍高于农村居民，拥有较高的消费能力，使得城市地区消费水平相对较高，消费结构更加多元化。此外，城市消费者更加注重品质、品牌和服务，对高附加值的消费品和服务需求更强烈。相比之下，农村地区消费能力相对较低，消费结构偏向生活必需品和基本服务。农村消费者对于高价值消费品和服务的需求相对较弱，这也加剧了城乡消费差异。

第二，流动人口向珠三角地区聚集加剧了地区间消费差异。珠三角地区作为广东的经济发展中心，吸引了大量外来人口，使得该地区居民收入水平相对较高，消费能力强。这导致珠三角地区消费水平上升，消费结构更为多元化，对高附加值的消费品和服务的需求增长迅速。相对而言，其他地区的经济发展和居民收入水平相对较低，消费能力较弱，使得消费水平和消费结构存在较大差异。

这种人口流动不仅改变了原有地区的消费需求分布，还促使市场调整和优化资源配置。城市和珠三角地区的消费市场日益繁荣，消费品种类和服务项目不断丰富，为消费者提供更多选择。然而，农村地区和其他非珠三角地区的消费市场发展较慢，消费环境和消费便利性较差，这也在一定程度上限制了这些地区消费的发展。

3）城市化进程对消费模式的影响

随着城市化进程的加速，广东的消费模式也发生了明显的变化。这主要体现在以下几方面。

第一，城市化进程推动了消费结构的升级。随着人口从农村向城市集中，居民收入水平提高，消费观念逐渐开放。这使得广东居民对高品质、高附加值的消费品和服务的需求不断增长，推动了消费品市场的升级和转型。同时，城市化进程促进了消费领域的多样化，如休闲娱乐、旅游、教育培训等服务消费成为居民消费的重要组成部分。

第二，城市化进程加快了消费环境的优化。在城市化进程中，城市基础设施和公共服务得到了迅速发展和完善，为居民提供了更加便利的消费环境。商业综合体、大型购物中心、便利店等新型消费场所的出现，为居民提供了丰富多样的消费选择。此外，电子商务和网络消费的快速发展，使得居民可以在家中轻松完成购物和消费，极大地提高了消费便利性和消费体验。

第三，城市化进程促进了消费观念的变革。随着居民生活水平的提高和文化教育水平的普及，城市居民对消费的认识逐渐转变。消费观念由过去以物质消费为主转向注重生活品质和精神文化需求的消费。这使得健康、环保、可持续消费等新兴消费理念在广东得到普及和推广，对消费市场产生深远影响。

4）人口发展与消费模式在经济增长中的作用

人口发展与消费模式在广东经济增长中发挥着重要作用。具体表现在以下几方面。

第一，人口增长为经济增长提供了源源不断的劳动力。根据统计数据，截至2022年末，广东常住人口数量为12 656.8万人，占全国人口总量的8.97%，这为经济增长提供了充足的劳动力储备。人口规模和劳动力资源是经济增长的基础，人口增长带来的劳动力供给有利于保持经济增长的持续性和稳定性。

第二，消费需求是经济增长的重要驱动力。根据统计数据，2022年广东居民人均可支配收入为47 065元，同比增长4.6%。随着人口结构变化和消费模式的转变，广东居民的消费需求不断扩大。消费市场的繁荣为各类企业提供了广阔的发展空间，促进了企业的创新与发展，进而推动了经济增长。

第三，人口发展与消费模式的变化对经济结构调整产生积极影响。随着广东居民收入水平的提高和消费观念的转变，服务消费逐渐成为经济增长的主要支柱。2022年，广东居民服务消费占居民消费总额的比例为44.3%，同比增长1.9%。这表明广东消费结构正逐步优化，为经济结构调整和发展提供了有力支撑。

第四，人口发展与消费模式的变化为经济增长提供了新的动力。在人口老龄化和消费观念转变的背景下，养老、医疗、教育等消费领域出现了新的市场需求。新兴消费领域的发展不仅提高了居民生活品质，还为经济增长注入了新的活力。

四、绿色低碳消费模式的发展与实践

1）绿色消费观念的兴起及推广

随着人们对环境问题的关注度不断提高，绿色消费观念在广东逐渐兴起并得到广泛推广。绿色消费观念主要表现在以下几方面。

第一，广大消费者逐渐认识到绿色消费对环境保护和可持续发展的重要性。在消费过程中，越来越多的人开始关注产品的环保性能、节能性能以及可循环利用的特点，从而在购买决策中将绿色因素纳入考虑范围。

第二，环保意识的普及和提高促使消费者更加关注绿色产品的选择。消费者在购买产品和使用服务时，更加倾向于选择那些具有绿色环保认证或标志的产品，以此来减少对环境的破坏。

第三，绿色消费观念的兴起得益于政府、企业和社会组织的积极推广。政府部门通过制定相关政策、举办宣传活动等手段，引导消费者关注绿色消费。企业则通过生产绿色产品、提高产品的环保性能和公开环保信息，满足消费者对绿色消费的需求。社会组织和媒体也在宣传绿色消费观念方面发挥了积极作用。

2）政策导向对低碳消费的推动

政策导向在低碳消费的推动中起到了举足轻重的作用。广东通过多种政策手段，为低碳消费创造了有利的外部环境，推动了绿色低碳消费模式的发展和实践。

第一，政府对绿色产品和服务实施税收优惠政策，以降低企业的生产成本，使绿色产品价格更具竞争力。此举有利于激发企业生产绿色产品的积极性，并吸引消费者购买。

第二，政府在政策上支持绿色科技创新和产业发展。例如，设立绿色科技创新基金，为企业提供技术研发资金支持；同时，优化产业政策，引导绿色产业转型升级，提高产业整体竞争力。

第三，政府通过实施绿色采购政策，以政府采购的方式推动绿色产品和服务市场的发展。绿色采购政策要求政府部门和公共机构优先购买绿色产品和服务，为绿色产业创造稳定的市场需求。

此外，政府还通过举办绿色消费宣传活动、开展环保教育等措施，增强公众的绿色消费意识。例如，开展"绿色消费月"活动，倡导绿色生活方式，提高人们节能减排的意识。

3）企业绿色转型与可持续消费产品的开发

企业是绿色低碳消费模式发展的关键力量，广东的企业在绿色转型与可持续消费产品开发方面取得了显著成果，对实现经济社会可持续发展产生了积极影响。

第一，广东的企业积极响应政府政策，加大绿色技术研发投入。许多企业通过技术创新，实现生产过程中的资源节约和污染减排。此外，企业还采用循环经济、清洁生产等生产方式，提高资源利用效率，降低环境污染。

第二，广东企业注重开发绿色产品，以满足市场日益增长的绿色消费需求。例如，绿色家电、节能汽车、绿色建筑材料等绿色产品逐渐成为市场的主流。这些产品在降低能源消耗、减少污染排放方面具有显著优势，得到了广泛认可。

第三，广东的企业强化社会责任意识，关注消费者权益。在产品设计、生产、销售等环节，企业积极推广绿色低碳理念，提高产品质量和服务水平。通过举办公益活动、参与环保教育等方式，企业积极传播绿色消费理念，引导消费者形成绿色消费行为。

4）消费者参与绿色低碳消费的现状

随着绿色低碳消费观念的普及和推广，广东消费者在绿色低碳消费方面的参与度逐渐提高。

第一，消费者在购买商品时更加关注产品的环保属性。随着环境保护意识的提升，越来越多的消费者开始购买绿色低碳产品，如节能家电、LED照明、绿色建材等，这些产品在市场上的需求逐年增长。同时，消费者也更愿意选择绿色包装、降低资源浪费的产品，以实现绿色低碳消费。

第二，消费者在选择服务时更注重低碳理念。例如，公共交通、共享单车、电动汽车等低碳出行方式逐渐成为广东消费者的首选，这些低碳出行方式在减少碳排放、节省能源方面发挥了重要作用。此外，消费者对绿色酒店、绿色餐饮等低碳服务的需求也逐渐增加，推动了服务行业向绿色低碳转型。

第三，消费者更加积极参与绿色低碳消费的倡导和推广。许多消费者在社交媒体上分享绿色低碳消费的经验和心得，进一步扩大了绿色低碳消费观念的影响力。同时，越来越多的消费者参与到各种绿色低碳活动中，如垃圾分类、环保公益活动等，以亲身实践推动绿色低碳消费的普及。

第四，消费者对绿色低碳消费的认知程度不断提高。通过政府、企业、媒体等多方面的宣传推广，广东消费者对绿色低碳消费的理解和接受程度不断提高。消费者越来越关注产品的生命周期、能源消耗、废弃物处理等方面的环保属性，从而更加明智地进行绿色低碳消费。

5）广东绿色低碳消费面临的挑战

尽管广东消费者在绿色低碳消费方面的参与度逐步提高，但在进一步推动绿色低碳消费的过程中，仍然面临一些挑战。

第一，绿色低碳消费观念的普及程度有待提升。部分消费者对绿色低碳消费的理解尚停留在表面层次，缺乏深入了解和实践，这在一定程度上制约了消费者对绿色低碳消费的积极参与。

第二，绿色低碳产品与服务的市场供应不足。目前，广东绿色低碳产品与服务市场仍存在供应不足的问题，部分产品在质量、价格、品牌等方面尚存差距，影响消费者的购买意愿。

第三，政策支持与监管力度不够。政府已出台一系列鼓励绿色低碳消费的政策措施，但在实际执行过程中仍存在一些问题，如政策执行力度不足、支持力度有限、监管缺位等。这些问题影响了广东绿色低碳消费市场的健康发展。

第四，绿色低碳消费宣传推广不够充分。目前，广东绿色低碳消费的宣传推广工作尚不充分，缺乏有效的渠道和策略。消费者对绿色低碳消费的理解和认知主要来自碎片化的信息，缺乏系统性的知识普及，使得绿色低碳消费观念难以深入人心。

第五，消费者绿色低碳消费的经济承受能力有限。部分绿色低碳产品和服务在价格上相对较高，可能使一些消费者望而却步。因此，降低绿色低碳产品和服务的价格门槛，提高消费者的经济承受能力，是促进绿色低碳消费发展的关键。

第五节　碳达峰碳中和目标对广东经济高质量发展的需求分析

习近平总书记一再强调，减排不是减生产力。必须坚持人民至上，是党的二十大报告对习近平新时代中国特色社会主义思想的世界观和方法论高度凝练、科学概括提出的"六个坚持"之一。中国式现代化是全体人民共同富裕的现代化。可持续发展的本质是为了人民福祉，确定碳达峰碳中和战略目标，推动经济社会发展，归根到底是为了不断满足人民群众对美好生活的需要。

经济增长与碳排放脱钩是判断经济高质量发展的重要指标，也是碳达峰迈向碳中和的重要保障。《中共中央　国务院关于完整准确全面贯彻新发展理念做好碳达峰碳中和工作的意见》提出了2025年、2030年、2060年不同阶段的发展目标，其中"推动经济社会发展全面绿色转型"被放在首位。基于广东能源消费结构变化特点、现代能源体系建设现状与面临的问题、经济增长与碳排放脱钩状态分析，以及广东碳排放水平的国际国内定位分析，广东要实现《关于完整准确全面贯彻新发展理念　推进碳达峰碳中和工作的实施意见》规定的阶段目标，需要在以下几方面发挥优势、挖潜增效。

一、降碳与增长的区域差异化需求

广东经济总量和碳排放总量双高，从碳达峰到碳中和碳排放落差大、过渡时间短，需要产业和能源快速转型，才能在保障经济安全和能源安全的前提下实现"双碳"目标。2021年，广东人均GDP为1.4万美元，远低于发达国家人均GDP 2.5万～5.6万美元的整体水平。未来经济还需要保持中高速增长，相应能源消费和碳排放还会增加，从碳达峰到碳中和只有30年左右的时间，在此期间，碳排放量要从一个较高的排放水平下降80%左右，需要颠覆性的技术支撑。根据国际能源署的分析，全球实现碳中和目标至少还有50%的技术尚未成熟，甚至于还只是初见端倪，是困难也是机遇。

广东单位GDP能耗和碳强度水平低于国家平均水平，主要来自珠三角城市的降碳贡献，粤东、粤西、粤北大部分城市碳强度水平高于国家平均线，由图3-27可见粤东、粤西、粤北地区经济总量低，碳排放水平相对较高。随着广州、深圳等核心城市减碳潜力的下降，未来节能减碳的重点区域将是粤东、粤西、粤北地区的城市，这些城市的能源结构、产业发展情况各有不同，也将产生差异性的减碳需求，需要结合当地情况开展精细化分析。此外，珠三角城市经济总量大，人口聚集规模大，尽管碳强度水平在三大城市群中处于领先水平（图3-28），但要走向碳中和，碳排放必须实现总量快速下降，除了绿色低碳的能源动力转换给予支撑外，产业结构调整是珠三角城市实现"双碳"目标最需要重视的问题。

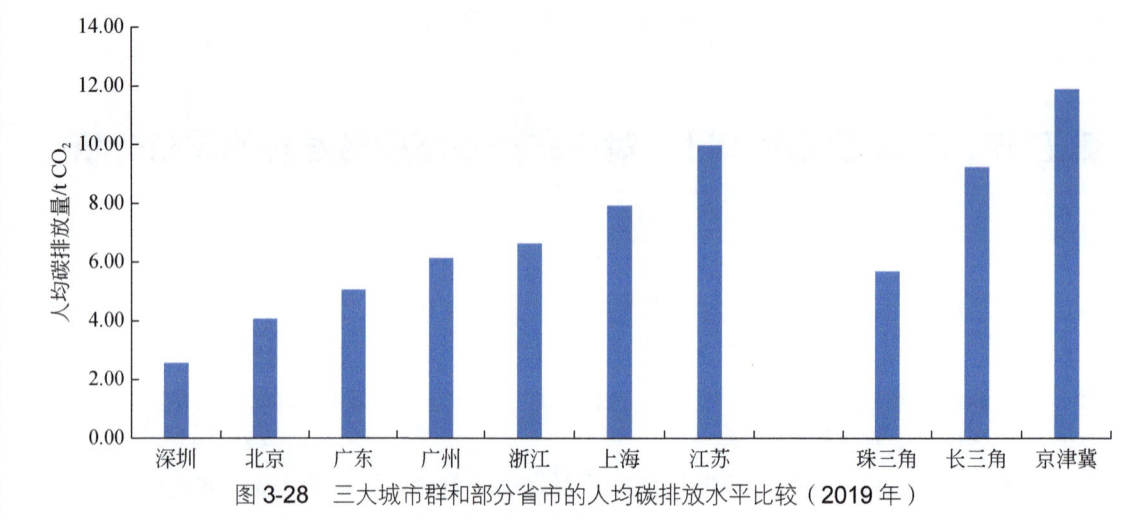

图3-28 三大城市群和部分省市的人均碳排放水平比较（2019年）

中国和全球碳生产力数据来自世界银行数据库 CO_2 emissions (kt) - World | Data (worldbank.org)；城市碳排放数据来自 Shan 等 (2022)；城市和区域宏观经济数据来自中国统计年鉴和广东省统计年鉴

二、"双碳"目标实现需要多维安全的保障

广东是能源消费大省、能源资源禀赋小省，能源自给率低，对外依存度过高不利于广东稳定持续地实现"双碳"目标。如何在保障能源安全的前提下实现能源结构的清洁、低碳、高效转型，是广东构建现代能源体系支撑"双碳"目标实现、保障经济社会和民生福祉必须突破的问题。欧洲作为能源低碳转型的先锋，俄乌冲突的持续使欧洲陷入严重的能源危机，在短期内被迫重启煤电并推迟核电退役，以保障能源供应安全和稳定。这说明在能源"不可能三角"中，能源安全是首要选择，其他都是可能改变的。广东是经济和人口大省，一旦发生能源危机，后果将是灾难性的，因此能源安全保障应该是广东推进碳达峰碳中和行动需关注的首要问题（陈迎等，2022）。

可再生能源开发利用技术的低成本、大规模广泛应用是提高能源安全阈值的关键。广东可再生能源资源丰富，广东辖区海岸线长且海域辽阔，拥有4114.3km海岸线和41.93万km^2辽阔的海域，近海海上风能资源丰富，全省近海海域风能资源理论总储量约为1亿kW，但国内海上风电技术和电化学储能还处于发展初期，发电侧储能应用刚刚起步，市场空间和发展潜力较大；氢能作为一种新能源，广泛应用还有待时日。将广东丰富的可再生能源资源转变为现实生产力，亟须技术突破、成本下降以及循环回收产业配套。欧洲海上风电发展相对成熟，但在10MW级及以上大功率机组方面也还处于摸索阶段，在这方面，广东与欧洲面临相同的能源产业发展机遇。

三、"双碳"产业人才储备需求

无论是在新古典经济学中的柯布－道格拉斯生产函数，还是内生增长理论下的罗默生产函数，劳动都是促进经济增长的核心生产要素。随着科学技术的不断发展，人力资源对经济贡献程度越来越高，罗默生产函数将人力资本从劳动中分离出来，作为单独的生产要素，参与资本分配。无论在工业经济时代，还是数字经济时代，人才是技术创新的源泉。发达国家非常重视对各层级人才的培养和激励，使人力资源发展与产业发展方向和需求层次相匹配，如在基础教育中设置低碳相关通识课程、大力发展职业教育体系，培养合格的低碳产业工人；引导科学、技术、工程、数学（STEM）4个方向的高层次人才投身于低碳领域，培育创新人才。

我国政府也将低碳人才建设作为实现"双碳"目标的重要任务之一，2022年4月和10月，教育部分别印发《加强碳达峰碳中和高等教育人才培养体系建设工作方案》和《绿色低碳发展国民教育体系建设实施方案》，提出加强绿色低碳教育、打造高水平科技攻关平台、加快紧缺人才培养等9项重点任务。2019年，中国社会科学院联合国内十几所知名高校和科研院所，编写了"气候变化经济学"系列教材，以经济学的概念、理论、方法阐释了气候变化问题及其在经济、金融、贸易、生产、消费、城市、国际合作等多个领域的特点和机理。可见对于低碳发展所需的教育资源和制度体系建设，我国已经起步。

广东的教育水平在全国处于前列，从高等院校数量看，广东排名全国第二，仅次于江苏；从本科高校数量看，广东排名全国第五；从专科高校数量看，广东排名全国第二。从质量看，在全国39所985高校2019年四大排行榜中，广东有两所大学进入了前列。广东在通识教育方面发展态势良好，未来需要进一步聚焦广东绿色低碳产业发展需求，以推动高质量发展为主题，形成层次完善、支撑力强的人才培养体系和科研创新体系，为广东经济社会高质量发展提供人才保障和科技支撑。

四、支撑"双碳"行动的碳排放管理政策需求

良好的制度是激励创新发展的动力和保障。广东已经出台了《关于完整准确全面贯彻新发展理念 推进碳达峰碳中和工作的实施意见》，作为碳达峰碳中和行动的地方纲领性文件，编制了《广东省碳达峰实施方案》，并陆续配套出台相关支撑规划和方案，包括总体规划、能源、交通、建筑、环境保护、固废处理、碳市场、金融、碳汇等，形成对"1+N"政策体系的支撑。

在这些相关政策体系中，有两项政策是亟须填补的重要空白，第一是有关碳排放总

量管理的制度体系建设。在碳达峰碳中和目标提出前，从国家到地方主要实行的是强度管理制度，即碳排放强度和能源强度管理，在"十三五"时期，开始实施能耗总量与强度"双控"制度，2021年12月，中央经济工作会议[①]，首次提出要创造条件尽早实现能耗"双控"向碳排放总量和强度"双控"转变。如何实现能源"双控"向碳排放"双控"的转变，在国内尚处于探索阶段，特别是已经能存在碳市场的情况下，碳排放总量管理涉及控排企业配额交易与城市碳排放总量管理关系如何处理的问题，因在能源"双控"制度体系中不存在这个问题，故需对其进行深入研究。第二是碳市场外的碳排放源如何管理。碳达峰碳中和是以区域为边界进行核算，需要对区域范围内的所有碳排放量进行管理控制，而碳市场的效率范围有限，大量小而散的碳排放源游离在碳市场外，采取何种机制将碳市场外的碳排放进行有效管理，也是"双碳"行动必须解决的现实问题，国内目前相关研究还不够丰富和成熟，难以支撑政策制定。

五、金融与"双碳"行动需要更加紧密的结合

金融是实体经济的血液。"双碳"行动是一场广泛而深刻的经济社会系统变革，金融将发挥重要的资金支持和激励作用。《联合国气候变化框架公约》在签署之日就建立了一个向发展中国家提供资金和技术的管理机构：《联合国气候变化框架公约》资金常设委员会(Standing Committee of Finance，SCF)。2022年，在埃及举办的《联合国气候变化框架公约》第二十七次缔约方大会（COP27）就围绕气候融资、气候损失和损害等问题展开了激烈谈判。可见，金融对低碳行动的重要性不言而喻。发达国家将越来越多的资金用于支持"气候中和"行动，例如，英国每年出资3.5亿英镑，支持STEM学科建设；向符合条件的绿色企业提供100万英镑资金支持。日本设立"低碳型创造就业产业补助金"，为企业提供低碳职业培训费用补贴。以色列"首席科学家办公室"为低碳研发活动提供资金支持。

欧盟在俄乌冲突发生后的次月紧急发布了一份文件《欧盟可再生能源(REPowerEU)：欧盟实现经济、安全和可持续能源供应的联合行动》，又称为欧盟的能源独立计划或者能源脱俄计划。为了推进这项方案的顺利实施，欧盟准备启用3000亿欧元的资金，这笔资金被誉为欧盟能源转型的"涡轮增压发动机"。欧盟对这笔资金的来源和用途制定了非常详尽的安排。第一，这笔资金主要来自欧盟复兴措施基金和欧洲基金市场，这两个基金的主要来源是贷款和成员国赠款。第二，基金如何使用、每个领域的分配比例、具体的目标、如何监管等都有详尽的安排，这一点值得我们学习。当前，广东碳达峰碳中和行动还有很多工作等待部署，如何高效率地使用资金、筹集市场资金、激励社会投资，需要进行系统安排和政策部署。

---

① 新华社. 中央经济工作会议举行 习近平李克强作重要讲话[EB/OL]. http://www.gov.cn/xinwen/2021-12/10/content_5659796.htm[2022-11-16].

第四章　全球气候治理新目标对广东经济发展格局的影响

第一节　全球碳定价发展趋势及对广东低碳发展的影响

在应对气候变化、减少温室气体排放的各种政策和行动中，碳定价机制是通过价格信号的作用使经济主体减少排放二氧化碳，并引导生产、消费和投资向低碳方向转型，实现经济增长与碳排放脱钩，碳排放尽早达峰，最终实现碳中和。

一、碳定价机制的两种类型

本质上，碳达峰是经济问题、碳中和是技术问题，温室气体作为经济活动的副产品，在碳排放"天花板"管控下，其排放将被收取费用，这个费用被称为碳价，反映的是该国家/地区减少1t二氧化碳排放所支出的成本，受减碳力度大小、减碳技术成熟度、减碳潜力高低、能源结构对高碳锁定程度、产业结构等多种因素的影响。有研究发现，在区域竞争路径SSP3-RCP6情景（高强度减排目标）下，2100年碳价为90美元/t CO_2 左右，而在中间路径SSP2-RCP6（中强度减排目标）下，2100年碳价为62美元/t CO_2 左右。在没有政策干预的情况下，碳价会随着减排力度的提高而上升，随着减碳及负碳技术的普及应用而下降。碳价由政府确定或市场形成，由此产生不同的碳定价机制，碳排放权交易机制和碳税机制是国际上成熟的两大碳定价机制。

碳排放权交易机制和碳税机制作为全球最主要的两种碳定价机制，依据不同的经济学原理。碳排放权交易机制的理论基础是科斯定理，从性质上看是一种数量导向的政策工具，即通过控制碳排放数量催生碳排放空间（碳配额）的市场交易，在交易中形成碳价；碳税机制是一种价格型政策工具，即通过给碳排放定价，将碳排放造成的负外部性内化到排放者的生产成本中，驱动生产者通过采取各种手段降低碳排放量。全球不同国家和地区对这两种机制均有不同程度的应用。

从经济学角度看，碳排放权交易和碳税两种机制都是为了解决公共产品外部性而采取的政策手段，但在机理上存在一定差异。在我国碳排放权交易试点机制启动时，政府和学界就碳排放权交易机制和碳税机制展开了激烈的讨论，作为碳减排的两种重要政策手段，碳排放权交易与碳税这两种手段在减排目标和减排成本的确定性、调控范围、透明度和管理成本等方面各具相对优势，这种相对优势又会受到具体政策环境、管理水平、实施条件等多方面因素的影响。故在现实中，各国家和地区基于国情区情实际与碳减排的客观需要，会侧重其中之一或者二者并用，并随国际国内经济发展和应对气候变化需要动态调整。

二、碳定价机制的国际化趋势初显

目前，全球尚未形成统一的碳定价规则和碳交易市场。一直积极促进全球低碳发展的欧盟，正在建立以欧盟为核心的全球碳排放定价体系，意图占据全球气候规则制定高地。2021年7月14日欧盟发布了碳边境调节机制（CBAM）的立法议案，将水泥、钢铁、电力、铝和化肥作为首批纳入的行业，并设置了三年过渡期（2023～2025年），随后将正式征税条款的生效日期都提前了一年，意味着从2025年起CBAM就正式开征。

根据项目组前期研究，全球碳市场发展过程中出现的碳定价机制主要有两种：一种是政府主导的碳定价机制，如中国碳市场大部分试点地区；另一种是市场主导的碳定价机制，如欧盟碳市场、加利福尼亚州碳市场，以及中国广东试点碳市场第三个履约期开始的"以二级市场碳价确定一级市场底价"碳定价方式。政府、市场在碳定价机制的不同阶段中发挥着不同作用。碳定价的依据（减排成本或排放成本）、碳定价方式（配额分配或市场交易）、碳市场中的配额供需、市场参与者构成等均对碳价造成影响。

国际上碳税这种碳定价机制的实践非常丰富，碳税发展经历了不同发展阶段。从现有的碳税税制看，可分为两类：单独税制和拟税制。单独税制是指将碳税作为一个明确的税种单独提出，实施单独税制的国家以芬兰、瑞典、挪威、丹麦和荷兰为代表，这也是全球最早推出碳税的五个国家；拟税制是碳税不作为一个单独的税种直接提出，而是在已有税种的计税依据中引入碳排放因素，形成潜在的碳税，以英国为代表。随着2005年欧盟碳市场的建立，碳税不再是唯一的减排定价机制，碳税和碳市场两种减排机制协调配合使用正在成为主要发展趋势。

三、碳定价机制将成为我国重要的碳减排工具

我国现行的碳定价相关机制主要是碳排放权交易市场定价机制，已经积累了10年的试点经验，各试点地区在配额的有偿分配方式、分配的配额规模、竞价主体、定价方式、频次等方面存在较大差异，对国家碳市场定价机制还没有形成强有力的支撑。主要体现在以下几方面。

（1）配额拍卖制度在碳市场中发挥的功能不同。一种是将配额有偿发放作为分配手段，竞价发生在一级市场，如广东试点；另一种是将有偿分配作为市场调控手段，而调控的目标各有不同，如上海、天津和深圳将其作为保障企业履约的工具，湖北将其作为二级市场碳价发现和保障企业履约的工具。

（2）拍卖的配额来源不同。碳市场配额总量是由"拟分配给控排企业的配额"和"政

府预留配额"构成的,其中"拟分配给控排企业的配额"数量直接影响到企业生产活动,因此"拟分配给控排企业的配额"中拨出一部分配额用于拍卖,对企业碳排放约束较强;来自"政府预留配额"的拍卖活动实际上是为企业超排提供了购买空间。在中国碳交易试点机制中,这两种来源同时存在,标志着两种配额有偿分配思路,为全国碳市场未来设计配额有偿分配制度提供了宝贵的经验和参考。

(3)拍卖频率不同。由于各试点机制对碳市场拍卖机制的功能定位不同,有偿分配的竞价频率差别较大。一般而言,在以市场调节为目标的有偿分配制度下,举行拍卖的频率具有不确定性,主管部门根据市场情况的变化组织不定期竞价,如湖北试点;在以分配为目标的配额有偿发放制度下,通常采取定期竞价方式,如广东试点。

(4)配额拍卖的对象有差异。为履约服务的配额有偿分配机制(深圳、上海、天津)对参与竞价者有严格的规定——履约有缺口的控排企业;为分配和市场交易服务的有偿分配机制(广东、湖北)允许控排企业及机构投资者参与配额竞价。这需要在试点碳市场的碳定价实践基础上,结合国外碳定价机制发展现状,进一步对全国碳市场的配额拍卖(碳定价)机制、碳市场与碳税的机制衔接与分类定价、用能权与碳市场的关系等开展研究,分析不同碳定价方式在"双碳"目标实现过程中如何发挥各自的作用。

选择单独碳排放权交易机制、单独碳税机制,或两种机制联合运行,是政府制定碳定价机制需要解决的一个重大问题,关系到全社会减碳成本和"双碳"目标的有效实现,也是我国应对欧盟碳边境调节机制的一项重要举措。我国 2021 年 2 月 1 日起实施的《碳排放权交易管理办法(试行)》已经明确提出,将根据国家有关要求适时引入有偿分配,碳定价已是大势所趋。

第二节 欧盟碳边境调节机制对广东经济社会的影响

一、欧盟碳边境调节机制介绍

2023 年 4 月 18 日,欧洲议会以 487 票赞成、81 票反对和 75 票弃权通过了新的欧盟碳边境调节机制(CBAM)的规则;4 月 25 日,欧盟理事会投票通过了 CBAM。在经过近两年的多方谈判后,CBAM 走完了整个立法程序,正式通过[1]。该机制涵盖的产品包括铁、钢、水泥、铝、化肥、电力、氢气以及特定条件下的间接排放。这些产品的进口商必须支付生产国支付的碳价格与欧盟碳排放交易体系(EU-ETS)中碳配额价格之间的差价。CBAM 将在 2026～2034 年逐步实施,与欧盟碳排放交易体系逐步取消免费配额的速度相同。与欧洲议会先前的草案相比,新的方案减少了纳入行业的范围并缩小了排放范围。纳入行业除了欧洲委员会提出的钢铁、水泥、铝、化肥、电力以外,最终方案

---

[1] https://taxation-customs.ec.europa.eu/carbon-border-adjustment-mechanism_en。

新增氢能、特定情况的间接排放、特定的前驱体、一些下游产品，如螺钉、螺栓和类似的钢铁制品。先前在欧洲议会提出的有机化学品、聚合物等产品暂不纳入 CBAM 范围，需通过欧洲委员会评估后再考虑纳入，并计划在 2030 年涵盖 EU-ETS 下所有的产品。同时仅计算特定情况下的间接排放，以直接排放为主。这极大地缩小了计算的范围，电力等能源的消耗将不再纳入计算范围，将大大降低电解铝等高耗能产业的出口减碳压力。新的欧盟规则下，延缓了广东塑料、化工企业应对这一法规的压力，按照欧洲议会现在的计划，有机化学品、塑料等行业预计 2030 年才会被纳入征税范围。

1）CBAM 来源

欧盟一直以来在应对气候变化工作的目标制定与顶层框架设计方面走在全球前沿，从 2005 年开始推行的碳排放权交易体系，到提出 2020 年"20-20-20"目标（较 1990 年，2020 年能源使用效率上升 20%、二氧化碳排放降低 20%、新能源占比达 20%），到制定 2050 能源路线图与 2050 低碳经济路线图，到 2019 年 12 月出台"欧洲绿色协议"，宣布在 2050 年前实现欧洲地区碳中和。2021 年 7 月，欧盟委员会公布了"Fit for 55"（"减碳 55"）减排一揽子计划（图 4-1）。"Fit for 55"的名字源于欧盟计划到 2030 年，欧盟温室气体净排放量较 1990 年至少减少 55%；到 2050 年，实现碳中和。这一揽子法案旨在增强欧盟气候政策约束力、加速欧盟脱碳进度。

图 4-1 欧盟"Fit for 55"（"减碳 55"）计划概览

"Fit for 55"提案中引入了有关 EU-ETS 的改进措施，碳边境税的提案是其核心的一部分。欧盟称，征收碳边境税旨在解决其不断提高减排目标的过程中所面临的碳泄漏的问题。所谓碳泄漏就是指对于严格执行碳减排计划的国家或地区，其区域产品生产活动（尤其是高耗能产品）可能转移至其他未采取严格碳减排措施的国家或地区。如此一来，将导致欧盟国家在减少国内碳排放的同时，进口商品的碳排放量增加，这些本来应该在其他国家被控制的碳排放转移到欧盟国家，抵消了欧盟为温室气体减排做出的努力。而 CBAM 则通过对进口高碳产品增税的方式，均衡欧盟境内外高碳产品的用碳成本，可以减少碳泄漏的发生。

征收碳边境税在事实上也起到了对欧盟内部本土企业的产品因碳价高而导致竞争力下降的保护作用。欧洲碳市场已经采取配额有偿拍卖机制，大部分企业需要拍卖获得碳排放配额，其中能源行业没有任何免费配额，需要全部通过拍卖获得；制造业的免费配额比例逐年下降，最终将下降到 30%。这就给很多企业增加了成本压力，造成制造业外流和碳泄漏，影响了欧盟制造业的国际竞争力，形成负面的经济影响，因此欧洲希望对进口商品进行同样的碳约束，这也是欧盟在这个时间点开始推动 CBAM 的主要原因。

2021 年 7 月，欧盟委员会通过了 CBAM 提案，首批将对五个（水泥、电力、农药、钢铁和铝相关产品）碳泄漏风险最大的类别征收碳关税，且只限原材料[①]。2022 年 5 月，欧洲议会环境、公众健康和食品安全委员会（ENVI）通过了更为激进的 CBAM 法案，扩大行业范围（新增覆盖有机化学品、塑料、制氢）；在 2030 年之前将 EU-ETS 所有行业纳入 CBAM 机制；为更好地反映工业生产中的二氧化碳排放成本，纳入制造商使用的外购电力、热力产生的间接排放等。2022 年 6 月，欧洲议会表决通过了 CBAM 法案的修正案文本，主要变化是起征日期从 2026 年推迟到 2027 年，扩大了征收范围并纳入了间接排放。2022 年 12 月 12 日，欧洲议会正式发布通告，通告内容显示欧洲议会与欧洲理事会就欧盟 CBAM 已达成一致，来积极应对气候变化和防止碳泄漏。新的方案于 2023 年 10 月 1 日起试运行，比原计划的生效日期 2023 年 1 月 1 日推迟了 10 个月。

2）CBAM 计算方法

对于征收商品，每年 5 月底之前，进口商必须申报上一年度进口产品的排放量，作为缴纳 CBAM 电子凭证数量的依据。排放量是"税基"，计算公式如下：

排放量（tCO_2）= 质量（t、MW·h）× 排放强度（tCO_2/t、$tCO_2/MW·h$）

原则上，排放量的计算应基于进口产品的实际排放强度。但是，如果充分确定实际排放强度，则套用默认的排放强度。同时默认排放强度采用出口国行业平均值，没有数据时套用欧盟最差表现。根据规定，出口企业可一次性核算自己产品的排放强度，注册厂商可核算自己产品的实际排放强度，再由第三方核查确认。

在初始提案中，碳边境税适用于所覆盖的进口商品在其生产制造过程中直接产生的温室气体排放。这样的定义与碳排放范围一致。CBAM 敲定版与初始提案保持一致只计算直接排放。

根据 CBAM 敲定版，CBAM 税负的计算公式为

CBAM 碳关税 =（碳强度 – 欧盟同类产品企业获得的免费排放额度）× 进口量 ×（EU-ETS 碳价 – 出口国碳价）

碳强度表示产品在出口国生产过程中的碳排放强度（范围一）。欧盟将进口的产品

---

① European Commission. European Green Deal: Commission proposes transformation of EU economy and society to meet climate ambitions. https://ec.europa.eu/commission/presscorner/detail/en/ip_21_3541.

区分为简单产品和复杂产品,并以不同的方式进行计量,具体如下。

简单产品:即生产制造过程中仅需要使用隐含碳排放量为零的材料和燃料的产品,如直接以自然界中材料进行加工的产品。这样的初级品有食物、饮料、烟类、矿物燃料等。简单产品的碳排放量即其生产过程中的直接和间接排放总量。

复杂产品:生产制造过程中需要投入简单产品进行制造的产品。一般而言,工业产品基本都是复杂产品。复杂产品的碳排放量为生产过程的碳排放量和所消耗的简单产品隐含的排放量之和。

欧盟鼓励生产厂商请第三方核查并申报产品生产过程中的实际排放强度数据,相当于企业的"单独税率"。经过欧盟官方认定的实际排放强度可以在5年内直接使用,不必每年再经过第三方核查。若企业没有申报登记经核查的碳强度数据,则需要依据出口国的实际数据确定默认排放强度,即出口国同类产品生产企业中排放最差者(倒数10%)的平均排放强度。若上述数据仍然存在缺漏,则采用欧盟同类产品生产企业中排放最差者(倒数5%)的平均排放强度。

根据CBAM正式公布的法案,对简单产品和复杂产品分别给出了隐含碳排放的计算公式。具体如下:

$$SEE_g = \frac{AttrEm_g}{AL_g} \quad (4-1)$$

式中,SEE_g 为产品 g 的具体隐含排放量,以每吨 CO_2-eq 计;$AttrEm_g$ 为产品 g 的归属排放;AL_g 为产品 g 的活动水平,指报告期内该装置生产的产品的数量。"归属排放"是指在应用根据CBAM第7(7)条通过的实施行为所定义的生产过程的系统边界时,在报告期内由生产过程导致产品 g 的装置排放的部分。归属排放应使用式(4-2)计算:

$$AttrEm_g = DirEm + IndirEm \quad (4-2)$$

复杂产品的隐含碳排放的计算公式如下:

$$SEE_g = \frac{AttrEm_g + EE_{InpMat}}{AL_g} \quad (4-3)$$

式中,EE_{InpMat} 为在生产过程中消耗的输入材料的隐含排放。只有根据CBAM第7(7)条通过的实施法案中规定的与生产过程的系统边界相关的输入材料(前体)才能被考虑。

free allocation 表示欧盟产业在 EU-ETS 下得到的免费配额,用基准化分析法下的标杆碳强度衡量。为了防止碳泄漏,目前欧盟针对高碳强度且贸易暴露行业(EITE)执行100%的免费配额分配,主要基于基准法进行计算,即欧盟同类产品生产企业中排放最优者(前10%)的碳排放强度。此外,若出口生产厂商在国内获得了免费配额,也需要将其纳入考虑,从而确保欧盟境内外生产厂商的碳成本保持一致。值得注意的是,这一部分扣减随着 EU-ETS 免费配额逐步取消,扣减额度也将逐步降为0,具体时间计划与 EU-ETS 免费配额比例下降规划保持一致。

import volume 表示进口产品的数量。除了电力以外,目前拟纳入 CBAM 征收范围的产品多以吨为计量单位。

CBAM price 表示 CBAM 证书的价格。针对进口产品中所含的碳排放，进口商都必须向 CBAM 行政机关购买一张 CBAM 电子凭证。CBAM 行政机关将计算每周欧盟拍卖排放额度的平均结算价格，并在每周的最后一个工作日公布，该价格即作为下一周出售的 CBAM 电子凭证的价格。每张 CBAM 电子凭证都有独立的编号。进口商购买 CBAM 电子凭证的数量、价格和日期均记录在 CBAM 系统账户里。

origin carbon cost 表示产品在原产地支付的碳成本。欧洲议会的草案中已经明确规定碳交易市场中的碳价格和国内碳税这两种显性碳成本可以用于抵扣，至于其他的隐性碳成本是否能抵扣关税，欧盟目前留有较大的自由裁量权。

二、CBAM 与 WTO 框架兼容性分析

在气候变化深刻影响着人类生存和发展的背景下，低碳日益成为全球的热点和世界潮流。尤其是国际金融危机爆发以来，推动低碳发展正成为许多国家转变发展方式、争夺发展空间、争取竞争优势的重要途径。随着碳要素附着于世界经济的各个领域，低碳势必对国际贸易产生重大影响，国际贸易摩擦及贸易壁垒也将更多地与低碳结合起来。全球产业竞争加剧叠加国际政治博弈导致欧美等国家贸易保护主义加剧、市场准入壁垒提高、地缘政治目标增强。欧盟 CBAM 机制既延续了其贸易防御政策，又呈现出以"共同应对气候变化挑战"为名设置贸易壁垒的新趋势。

关注度较高的是 CBAM 是否违反 GATT（关税与贸易总协定）规定。目前大多数学者认为 CBAM 是一种边境措施，其目的是欧盟为了阻止国际贸易中因各国碳减排措施的实施差异引发的碳泄漏问题。其中部分学者将 CBAM 视为碳关税，该机制对同类进口商品在生产过程中产生温室气体排放量征收关税，也有学者认为 CBAM 视为国内税可能会更合适。因此，进一步分析需要放在 GATT/WTO 框架体系中具体分析（武哲，2022）。

目前双方争议主要存在于 CBAM 本身是否违反非歧视原则而不具有合法性，以及 CBAM 是否违反 GATT 第 20 条（b）款和（g）款（魏庆坡，2022）。

非歧视原则的核心主要涉及"同类产品"的问题。对于 CBAM 来说，CBAM 的推出本身就是单边贸易行为，在立法制定的过程中并没有考量相关贸易国可能存在非碳定价型减排措施的情景。此外，CBAM 证书价格与 EU-ETS 高昂碳价的挂钩机制也说明欧盟想通过 CBAM 对其他贸易国施加抬高碳定价的压力，并没有考虑到不同发展阶段的国家对碳定价的承受能力存在不同，因此很有可能构成"武断的或不合理的歧视"。同时，GATT 第 20 条（b）款要求措施应符合为了"保护人类、动物、植物的生命或健康"和"必须的"两个要求，控制气候变化与碳排放毋庸置疑符合保护全人类的生命健康的共同利益；（g）款要求措施应保护可用尽自然资源，以及措施应与限制国内生产共同实施。如果 CBAM 措施可以确保欧盟内外碳税均按欧盟法律同等实施，那仍有很大可能被认定为符合（g）款例外原则。否定说则认为，根据 WTO 的争端解决案例和实践，（b）款中"必须的"应解释为在相应情况下产生最小的贸易限制效果，而 CBAM 并不符合这一要求。一方面，碳泄漏对气候变化影响的严重性在实证角度往往被认为是很有限的；另一方面，

碳关税的贸易限制作用是显著的,与欧盟现行的鼓励减排措施相比,征收关税显然不符合最小的贸易限制效果。

支持CBAM属于碳关税的学者认为CBAM与最惠国待遇或国民待遇相违背,并且认为碳关税之类的贸易壁垒措施与GATT第20条不相符。一方面,碳泄漏对气候变化影响的严重性在实证角度往往被认为是很有限的。企业的布局考量涉及众多方面,碳排放标准在企业考量中占比不高。另一方面,实施此类绿色贸易壁垒措施会对国际经济贸易产生较大的阻碍,与欧盟现行的鼓励减排措施相比,显然不符合最小的贸易限制效果。另一部分学者基于GATT第20条规定,就目前来说还没有找到其他阻止碳泄漏而对贸易有更小的限制效果的替代措施,CBAM可以通过设计与WTO规则相一致。CBAM维护的是人类、动植物生命健康的利益,这种利益要远远超过其所带来的对贸易造成损失的经济利益。碳关税要符合WTO框架体系,虽然要受到一定的限制,但是并不违反WTO规则。

在WTO框架下,围绕环境相关政策是否符合世界贸易组织相关条约曾发生多次诉讼,这些历史判例的结论显示,相关环境规则必须符合两个原则,才能被认为具备WTO体制下的正当性:一是该措施不可以属于非正当歧视;二是该措施不可以变相限制贸易。具体正当性的判断取决于特定案例。从表面上看,CBAM旨在促进全球减排目标的实现,但其与增强本国碳密集产业竞争力也密不可分。此次欧盟出台CBAM的时机,更使其具有贸易保护主义色彩。

广东作为我国改革和对外开放的前沿阵地,是典型的外向型经济区,自改革开放以来,一直是我国的出口大省。据相关统计,广东的出口总额在全国一直排在前列,包括农产品、机电产品、玩具等出口都排在全国前列。广东作为外贸大省,外向型经济在经济社会发展中起着举足轻重的作用,贸易领域出现的低碳壁垒必将会给出口贸易带来一定的冲击,影响产品的国际竞争力。因此,应提早准备,以应对这一新形势。

对于豁免条款方面,首先在碳排放政策机制方面,中国的能耗双控政策也为减少二氧化碳排放做出了重要贡献,但就目前的欧盟CBAM机制设计来看,能耗双控政策并不适用于CBAM豁免条款。欧盟并非主权国家,只有依靠欧盟立法设立碳市场,才能约束各成员国企业的碳排放。而中国采用"1+N"体系,尤其在"十四五"规划和2030年前碳达峰实施方案中,为能源和工业部门提供了清晰的信号、明确的目标和有力的政策引导,并不依赖于碳市场这一单一工具。在碳定价方面,欧盟CBAM豁免条款的设计是以碳价评判其他国家气候政策的力度,这意味着其他国家首先得有一个被欧盟认可的碳定价政策。对于中国而言,虽然有了全国碳排放权交易市场,但它只涵盖发电企业,根据现有CBAM豁免条款,还需扩大碳市场的覆盖范围,将钢铁、铝等行业纳入进来同时收紧碳配额。欧盟CBAM将迫使他国提高碳价,以使其接近欧盟碳价水平。目前,中国碳排放权交易市场的成交价明显小于欧盟碳市场的碳价。2022年欧盟平均碳价为81欧元/t,而2022年中国碳市场碳配额交易加权平均价为55.3元/t,远低于欧盟碳价格。这意味着,即便是中国对欧出口的商品已经在国内承担了碳成本,但因为中欧碳市场的碳价不对等,欧盟进口商仍需购买CBAM证书。因此,欧盟CBAM一旦落地实施,中国碳排放权市场的碳价预计会上涨。

由此可见，中国碳市场的运行机制和定价均与欧盟碳市场存在显著差异。因此，应该谨慎评估 CBAM 直接豁免路径的作用，不应高估其影响。由于中国并不属于欧盟给予特惠待遇的对象，一旦 CBAM 正式推行，必然会对中国的出口产业等造成较大的影响，需要尽快就相关问题进行全面研究。未来，一方面可以通过 WTO 上诉机制，从国际贸易法方向提出挑战；另一方面，可以在国内碳市场完善的基础上，探讨与欧盟进行双边谈判的选择，如达成 CBAM 项目互认。鉴于中国对于全国范围内的碳市场相关制度尚在建立当中，可以在配额初始发放、核算规则、目标设定等方面尽量考虑到中欧协调的因素，以此来有效抵消 CBAM 的负面影响。

三、CBAM 对广东主要出口行业的影响

本部分梳理广东对欧盟出口贸易的现状，并就欧盟碳边境调节机制出台对广东出口贸易的影响进行理论分析，本部分将从实证的角度进一步展开分析。欧盟碳边境税的征收是以进口商品中的直接碳排放量为基础，因此首先测算广东出口欧盟的主要产品中的贸易隐含碳排放量，其次利用投入产出模型定量测度黑色金属（钢铁）、塑料行业、有色金属（铝业）、非金属矿物制造业（水泥）等行业受影响后对广东劳动就业的直接效应和间接效应。然后在此基础上，估计在三种不同碳价水平下，碳边境税征收将导致出口贸易额下降的幅度。

1）数据说明

数据选取方面，由于统计局每五年编制一次（非竞争型）投入产出表，因此本节以 2022 年为研究年，选取上一个 5 年数据，其中 2017 年投入产出表为 2020 年最新公布的数据。数据来源方面，广东投入产出数据来源于各年广东省统计局发布的《广东省投入产出表（142 部门）》[1]，各部门的就业数据来源于广东统计年鉴[2]，用以计算进口比例的进口数据取自海关统计数据在线查询平台[3]，此外，从《广东经济普查年鉴 2018》[4]可获取当年广东各部门的就业数据，结合广东统计年鉴进行校准。

数据处理方面，本节结合国家统计局发布的《统计用产品分类目录》、《国民经济行业分类》（GB/T 4754—2017）和《中华人民共和国海关统计商品目录》制作出广东省（非竞争型）投入产出表的部门对照表，同时以 2017 年投入产出部门分类为标准预估 2018～2021 年出口影响。

利用非竞争型投入产出表的优势体现在：

（1）弥补传统测算方法的不足，为政策提供较为科学、合理的数据支持。投入产出法可以精确衡量消费、投资和出口三大需求对国内经济增长的拉动作用及其变化趋势，

---

[1] 《广东省投入产出表（142 部门）》（http://stats.gd.gov.cn/trcc/）。
[2] 广东统计年鉴（http://stats.gd.gov.cn/gdtjnj/index.html）。
[3] 海关统计数据在线查询平台（http://stats.customs.gov.cn/）。
[4] 《广东经济普查年鉴 2018》（http://stats.gd.gov.cn/gkmlpt/content/3/3579/post_3579165.html#3717）。

识别国民经济体系中哪些产业部门存在高对外依存度和可能的"卡脖子"问题。

（2）重新测算广东出口贸易增加值，能够判断广东贸易出口结构的合理性。对于传统的竞争型投入产出表，在广东加工贸易下进口中间产品投入较多的情况下，传统测算方法忽略了中间产品的国外附加值，从而在一定程度上高估了广东的实际出口规模。应用贸易增加值统计方法对广东出口规模进行重新测度可以为政策制定者的行业和贸易结构调整方案提供一定的参考。

非竞争型投入产出表的编制顺序是先计算进口产品的矩阵，接着计算省外产品的矩阵，最后计算省内产品的矩阵，具体步骤如下。

步骤1：根据《统计用产品分类目录》、《国民经济行业分类》（GB/T 4754—2017）和《全部经济活动国际标准行业分类》分别制作出广东（非竞争型）投入产出表部门对照表。

步骤2：对官方的竞争型投入产出表进行预处理，结合就业等相关信息制作非竞争型投入产出表。

步骤3：计算出当年进口中间产品和最终产品的比例关系，由此得出广东非竞争型投入产出表中进口的中间产品合计列向量和最终产品合计列向量。

步骤4：根据竞争型投入产出表的中间产品和最终产品的比例关系，推算各元素列向量。至此，已沿着思路完成对合计量统计，即完成对省外流入产品和进口产品的去向进行判断。

步骤5：根据竞争型投入产出表的各部门作为中间产品和最终产品时投入其他部门的比例关系应用到进口产品、省外产品的流入数据中；同时省内产品在各部门的投入等于竞争型投入产出表中该省内产品所在部门投入对应部门的投入量减去进口产品和省外产品已投入对应部门的总和。

步骤6：推算投入产出表中各元素值，结合上述推算过程，完成对广东2017年非竞争型投入产出表的编制工作。

2）广东对欧盟出口的规模分析

广东对欧盟国家（27国）出口发展快速增长，由表4-1所示，2017~2021年广东对欧盟出口总额从4831亿元增长到7184亿元，增长48.7%。其中，除2020年同比增长较低外，均保持较快的增长趋势。对欧盟出口占比从2017年的11.4%上升至2021年的14.2%。广东对欧盟贸易额2017～2021年一直处于稳定增长态势。欧盟成为日趋重要的贸易伙伴。2021年广东对欧盟出口机电产品4928亿元，相较于2017年增长25.1%；其中，家用电器、电工器材、自动数据处理设备及其零部件、电子元件、照明装置及其零件、音视频设备及其零件出口值均超过百亿元。上述贸易商品成为广东对欧盟出口最主要商品。

3）广东对欧盟出口CBAM征税商品分析

欧盟CBAM会对广东相关产业的竞争力造成影响。广东少有高能耗产业的产品能够满足欧盟的标准并达到同类产品的水平，理由是广东高能耗企业在向低碳转型时缺乏精湛的技术以及充实的资金。若企业增加在气候减排方面的技术和设备，定会令该企业因产品生产的成本增加导致出口成本的增加，那么将严重影响该类企业的生产与发展。

表 4-1 广东出口值及出口比例

项目	2017 年	2018 年	2019 年	2020 年	2021 年
欧盟 / 亿元	4 831	5 141	5 648	5 823	7 184
同比增长 /%	—	6.4	9.9	3.1	23.4
总出口 / 亿元	42 193	42 744	43 416	43 493	50 525
占比 /%	11.4	12.0	13.0	13.4	14.2

注：根据广东统计年鉴整理得到。

欧盟通过实施 CBAM 降低广东相关产品在欧盟市场中的竞争力。此外，广东作为制造业大省，与许多国家有重工业与低端制造业方面的贸易往来，可以预见广东相关企业在很大程度上会失去其产品在这些国家的市场份额，甚至有些产品不堪重负，选择退出它们的市场。而且欧盟在 CBAM 草案中规定了国别豁免制度，简单来说享有豁免权的国家是加入 EU-ETS 的国家或是与 EU-ETS 相关联的国家。可以看出欧盟想要将自己内部的 EU-ETS 标准推广至全球的目的。一旦被突破，则会丧失对气候标准制定的自主权。

表 4-2 梳理了 CBAM 各版本的主要指标等内容，由于 CBAM 各版本之间存在不少差异，为统一分析我们选取 2022 年 6 月提案版本（以下简称 CBAM 提案版）和三方对话 2022 年 12 月最终敲定的版本（以下简称 CBAM 敲定版）作为分析基础。

表 4-2 CBAM 主要指标与内涵

主要内容	2021 年 7 月提案	2022 年 5 月提案	2022 年 6 月 22 日提案	2022 年 12 月 12 日敲定版
征收产品	水泥、电力、化肥、钢铁和铝	水泥、电力、化肥、钢铁、铝、有机化学品、塑料、氢和氨	水泥、电力、化肥、钢铁、铝、有机化学品、塑料、氢和氨	水泥、电力、化肥、钢铁和铝
征收范围	范围 1（直接排放）	范围 1（直接排放）范围 2（企业用电导致的间接排放）	范围 1（直接排放）范围 2（企业用电导致的间接排放）	范围 1（直接排放）
实施时间	3 年过渡期，2026 年起直接强制征税	2 年过渡期，2025 年起强制征税	4 年过渡期，2027 年起强制征税	2023 年 10 月 1 日起适用，过渡期待定
执行机构	各成员国 CBAM 主管机关	欧盟设立统一执行机构	欧盟设立统一执行机构	欧盟设立统一执行机构

注：根据 CBAM 相关说明整理。

CBAM 提案版表明欧盟将以 EU-ETS 的拍卖价格为参照来收取碳排放费用，2021 年以来，欧洲碳交易市场空前活跃，碳价从年初的每吨二氧化碳 33.7 欧元一路涨到年底的近 90 欧元 /t，碳价上涨近 170%。据预测，由于俄乌边境紧张局势的升级以及天然气价格上涨，未来两年碳价可能突破 90 欧元 /t。如果欧盟要到 2050 年实现净零目标，EU-ETS

将承担重任。2022 年欧盟平均碳价为 81 欧元 /t，2023 年平均碳价为 83 欧元 /t，预计后续会大概率大幅上涨，到 2030 年达到 160 欧元 /t，而 2027~2030 年的平均价格为 136 欧元 /t。

由于对广东产品碳含量计算的主要目的是计算出每个主要部门的碳排放强度，进而得到每个部门进出口碳量和将会征收的碳关税量，而且本书旨在研究广东出口的碳含量及在此基础上征收碳关税后对广东经济的影响。本书中广东出口贸易数据都将取自广东统计年鉴与海关数据，所以最终进行计算的部门数据也要与广东统计年鉴相对应，结合投入产出表和《广东经济普查年鉴 2018》计算分析。根据 CBAM 敲定版方案，先前在欧洲议会提出有机化学品、聚合物等产品暂不纳入 CBAM 范围，需通过欧洲委员会评估后再考虑纳入，并计划在 2030 年涵盖 EU-ETS 下所有产品。因此本部分研究将有机化学品和塑料纳入计算中，并做出区别。

由于欧盟 CBAM 征税产品包含水泥、有机化学品等较小行业部门，因此需要对选取部门进行重新组合，与投入产出表、经济普查和海关中出口部门可以对应，核算较小部门的上级部门碳排放与产值，从而得到该部门的碳排放强度，选取的部门如表 4-3 所示。从而计算各个部门出口的碳排放强度，并且以此为基础推算出欧盟征收碳关税后对广东经济的影响。

表 4-3 欧盟碳边境调节机制涉及商品

产品	海关商品目录 (HS 代码)	经济普查	广东省投入产出表
水泥	矾土水泥 (252330)、水泥熟料 (252310)、白水泥 (252321)、硅酸盐水泥 (252329)、水凝水泥 (252390)	非金属矿物制品业（30）	水泥、石灰和石膏 (30054) 石膏、水泥制品及类似制品 (30055)
化肥	红发烟硝酸 (280800)、硝酸钾 (283421)、矿物氮肥 (3102)、氮磷钾化肥 (3105)	化学原料和化学制品制造业 (26)	肥料 (26044)
钢铁	钢铁 (72)、钢铁板桩 (7301)、铺轨用钢材 (7302)、铸铁管 (7303)、无缝钢铁管 (7304)、圆形钢管 (7305)、其他钢铁管 (7306)、钢铁管附件 (7307)、钢铁结构体 (7308)、大于 300L 的钢铁容器 (7309)、小于 300L 的钢铁容器 (7310)、液化气用钢铁容器 (7311)	黑色金属矿采选业 (08)、黑色金属冶炼和压延加工业 (31)	黑色金属矿采选产品 (08008)、钢 (31061)、钢压延产品 (31062)、铁及铁合金产品 (31063)
铝	未锻轧铝 (7601)、铝粉 (7603)、铝条 (7604)、铝丝 (7605)、铝板 (7606)、铝箔 (7607)、铝管 (7608)、铝管附件 (760900)	有色金属矿采选业 (09)、有色金属冶炼和压延加工业 (32)	有色金属矿采选产品（09009）、有色金属及其合金 (32064)、有色金属压延加工品 (32065)
有机化学品	有机化合物 (29)、氢 (280410)、氨 (281410)、氨水 (281420)	化学原料和化学制品制造业 (26)	基础化学原料 (26043)
塑料	塑料及制品 (39)	橡胶和塑料制品业 (29)	塑料制品 (29053)

注：根据海关产品、投入产出表、经济普查行业分类整理。

4）欧盟 CBAM 征税商品碳排放量测算

因为广东对欧盟出口产品中不涉及电力、氢和氨等，因此研究的主要产品如表 4-3 所示。

第四章 全球气候治理新目标对广东经济发展格局的影响

本节将借助能源平衡表、投入产出法、进出口数据等模型和数据，首先测算出CBAM征收行业的直接与完全碳排放强度、广东出口产品的隐含碳排放总量和对欧出口的隐含碳排放量，并就测算结果深入分析产品的碳排放量、碳排放强度的变化趋势。

利用2017年广东投入产出表、能源平衡表、海关出口等数据，核算这一期间各产品直接碳排放强度（范围1）与完全碳排放强度（范围1+范围2）。因为欧盟对产品隐含碳排放征收范围扩大至企业用电导致的间接排放，因此后续研究碳排放使用完全碳排放强度。

对于直接碳排放（范围1），主要包含煤炭、天然气、石油等化石能源燃烧活动和工业生产过程等产生的温室气体排放，其计算公式为

$$燃料的碳排放量 = 活动数据 \times 排放因子$$

活动数据对于能源类的碳排放是指原料用量乘以它的低位发热值，再乘以排放因子（排放因子是将煤、石油、天然气转化为碳排放的系数）。另外，像水泥等行业生产过程的碳排放主要来自其生产过程中使用的燃料和石灰石分解所释放的二氧化碳。燃料的碳排放量可以依据上述公式计算，加上自身化学反应的碳排放，两者之和则为生产活动中产生的直接碳排放量。

间接碳排放则指外界输入的电力、热力包含的碳排放，在电力、热力的直接使用过程中不涉及碳排放，而在这两类能源生产过程中，所消耗的煤炭等化石能源所产生的碳排放，即碳排放核算体系中的范围2。

直接碳排放与间接碳排放之和（范围1+范围2）则为目前欧盟碳排放交易配额下碳排放征收范围。由于对广东出口产品碳含量计算的主要目的是计算出每个主要部门的碳排放强度，进而得到每个部门进出口碳量和将会征收的碳关税量，计算碳排放强度如表4-4所示。

表4-4 广东出口欧盟CBAM产品直接碳排放强度与碳排放强度 （单位：t/万元）

征收产品	直接碳排放强度	间接碳排放强度	碳排放强度
水泥	3.55	0.61	4.16
化肥	0.81	0.73	1.54
钢铁	2.06	0.27	2.33
铝	0.08	0.08	0.16
有机化学品	0.81	0.73	1.54
塑料	0.02	0.18	0.20

注：根据中国碳核算数据库（CEADs）相关数据整理。

可以看出，水泥行业具有较高的碳排放强度。水泥产业的碳排放主要来源于水泥熟料的生产过程，这一过程中作为原料的石灰石、黏土和其他杂质会先被研磨成粉末，之后被送入锅炉中高温煅烧，而原料中的大量碳元素会在整个熟料生产过程中与氧结合，

释放出二氧化碳。从炉温加热到炉内煅烧，水泥熟料生产过程导致的碳排放量占据了水泥行业碳排放量的 90%。其次钢铁行业具有较高的直接碳排放强度，约为 2.33t/ 万元，塑料产品与铝制品等具有较低的碳排放强度。

自中国加入世界贸易组织以来，欧盟始终是广东重要的外贸合作伙伴，2021 年对欧盟出口额达 7183.57 亿元，仅次于东盟、中国香港、美国，占总出口额的 14.21%，欧盟在广东对外贸易格局中占据十分重要的位置。

广东对外出口产品集中在机电产品、电工器材等下游消费品，除塑料制品外，水泥、化肥、电力、钢铁、铝和化学品等受 CBAM 管制的产品相对较少（图 4-2），统计数据显示受管制产品金额占全部输欧产品金额的比例不足 4%，2021 年有所下降，受管制产品 3.8%。其中，塑料制品是广东出口欧盟产品中涉及 CBAM 的最主要产品（表 4-5），2021 年输欧贸易金额为 201.4 亿欧元，约占总出口金额的 2.8%。其次为钢铁、铝以及有机化学品。除此之外，受限制征收产品水泥、化肥总计不足 0.001%。广东对欧盟出口中，不涉及电力产品，因此核算碳排放时，不考虑电力产品生产中所产生的碳排放。根据 CBAM 敲定版方案，将有机化学品和塑料等排除在外，2017～2021 年，广东征收产

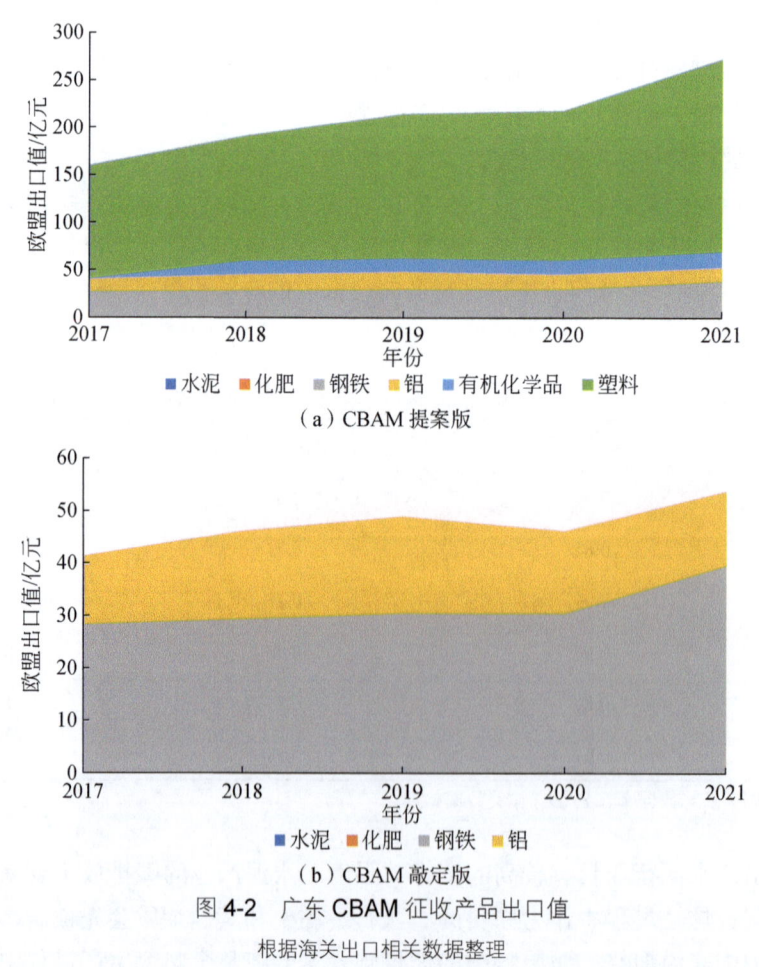

（a）CBAM 提案版

（b）CBAM 敲定版

图 4-2　广东 CBAM 征收产品出口值

根据海关出口相关数据整理

品出口额 41.54 亿~53.99 亿元，占总出口额的比例不足 0.9%。

表 4-5　广东征收产品所占欧盟出口比例　　　　　　　　（单位：%）

征收产品	出口所占比例				
	2017 年	2018 年	2019 年	2020 年	2021 年
水泥	0.00	0.00	0.00	0.00	0.00
化肥	0.00	0.00	0.00	0.00	0.00
钢铁	0.59	0.57	0.54	0.53	0.55
铝	0.27	0.33	0.33	0.27	0.20
有机化学品	0.02	0.29	0.27	0.27	0.25
塑料	2.44	2.53	2.67	2.68	2.80
CBAM 提案版产品清单	3.33	3.73	3.81	3.75	3.80
CBAM 敲定版产品清单	0.86	0.90	0.87	0.80	0.75

注：根据中国碳核算数据库 (CEADs) 相关数据整理。

从表 4-6 可以发现，出口商品中钢铁出口量最大，相应碳排放量也最高，从 2017 年的 66.44 万 t 上升至 2021 年的 92.69 万 t。根据 CBAM 敲定版，由于仅核算直接碳排放，广东出口欧盟商品碳排放将从 2017 年的 58.73 万 t 上升至 2021 年的 81.95 万 t，相比 CBAM 提案版下降约 12%，但钢铁行业仍是受 CBAM 影响最大的部门，约占总碳排放量的 98%（图 4-3）。因此，广东钢铁行业是受欧盟 CBAM 影响最大的行业。

表 4-6　广东出口欧盟征收产品碳排放　　　　　　（单位：万 t CO_2）

征收产品	2017 年	2018 年	2019 年	2020 年	2021 年
水泥	0.11	0.28	0.05	0.03	0.00
化肥	0.08	0.05	0.03	0.08	0.08
钢铁	66.44	68.78	71.43	71.39	92.69
铝	2.07	2.68	2.95	2.51	2.27
有机化学品	1.83	23.28	23.32	24.56	27.29
塑料	23.60	26.06	30.18	31.25	40.28
CBAM 提案版产品清单	94.12	121.12	127.96	129.81	162.60
CBAM 敲定版产品清单	59.91	62.42	64.69	64.45	83.12

注：根据中国碳核算数据库 (CEADs)、海关出口相关数据整理计算。

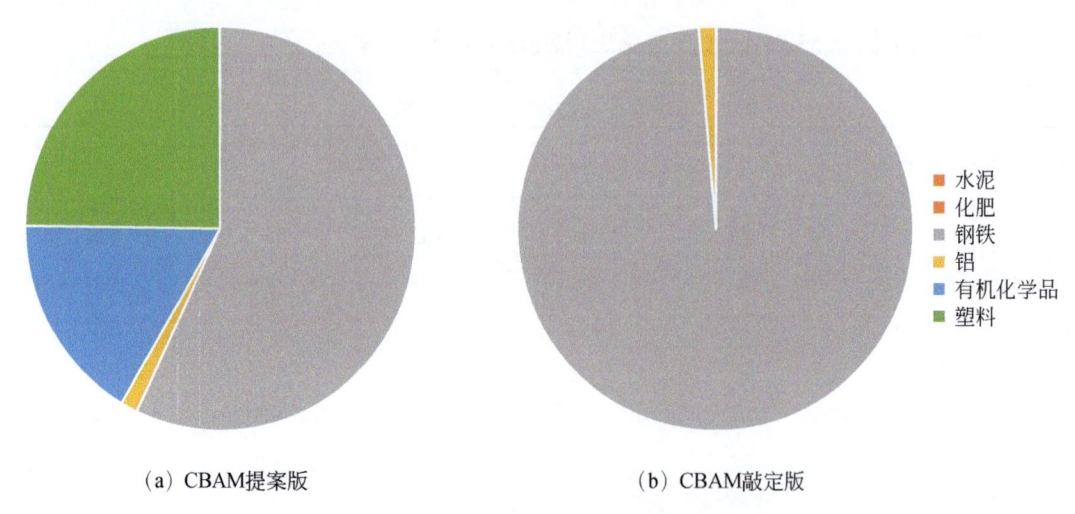

(a) CBAM 提案版　　　　　　　　（b) CBAM 敲定版

图 4-3　广东出口欧盟相关产品碳排放比例

根据中国碳核算数据库 (CEADs)、海关出口相关数据整理计算

5）不同欧盟 CBAM 税率情景下的广东出口行业的税负分析

根据广东相关部门年出口贸易额以及出口 CO_2 排放强度，可以分别估算出口欧盟产品 CO_2 排放量，如表 4-6 所示。为了便于研究，本节将征收碳关税的强度细分为低、中、高三个档次，假定其强度分别为 70 欧元 /t CO_2、80 美元 /t CO_2、100 美元 /t CO_2。已知每出口万元 CO_2 排放量，分别计算在以 2021 年为例，三个档次下各个工业部门可能遭遇的碳关税税率，CBAM 提案版和敲定版的计算结果如图 4-4 所示。

2017～2021 年，出口的碳排放量随着出口量的扩大呈明显上升的趋势。按 CBAM 提案版计算，碳关税维持 70 欧元 /t CO_2，则征税在 8.96 亿元，占对欧盟总出口量的 0.12%。如果碳关税提高至 100 欧元 /t CO_2，征税 12.79 亿元，则占欧盟总出口量的 0.18%。

按 CBAM 敲定版计算，碳关税维持 70 欧元 /t CO_2，则征税在 4.58 亿元，占对欧盟总出口量的 0.06%。如果碳关税提高至 100 欧元 /t CO_2，征税 6.54 亿元，则占欧盟总出口量的 0.09%。可见相较 CBAM 提案版，按 CBAM 敲定版出口碳关税削减约 49%。短期来看，在广东对欧盟的出口产品结构中，欧盟 CBAM 覆盖的钢铁、铝、化肥、水泥对

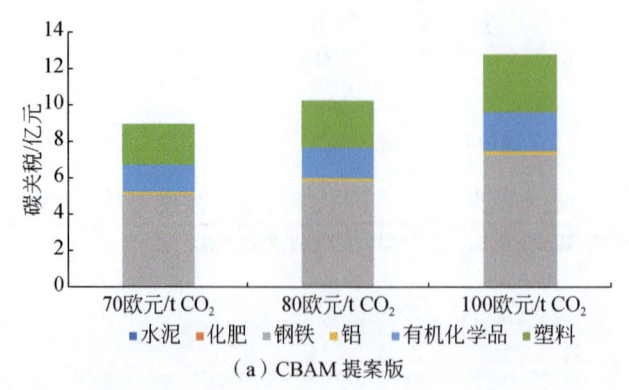

(a) CBAM 提案版

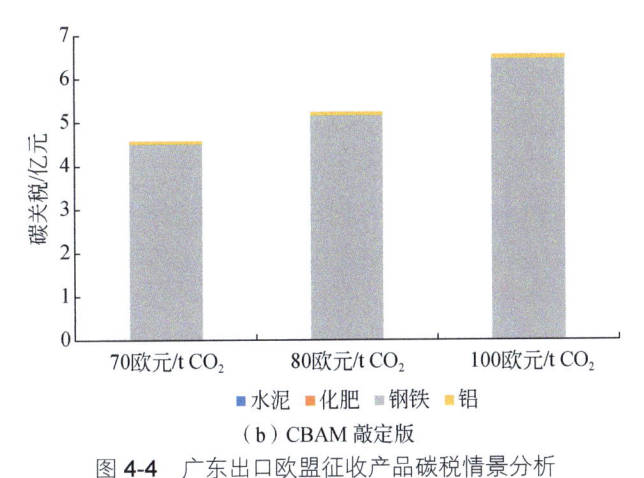

第四章 全球气候治理新目标对广东经济发展格局的影响

（b）CBAM 敲定版

图 4-4 广东出口欧盟征收产品碳税情景分析

根据中国碳核算数据库（CEADs）、海关出口相关数据整理计算

欧盟的出口额与碳排放影响较小。长期来看，广东与欧盟双方碳排放权交易市场碳价差别较大且短时间内难以大幅缩小。欧盟 CBAM 的实施将要求中国企业支付高额碳边境调节费用，致使出口产品增加额外交易成本和出口成本，进而抬高出口产品在欧盟的市场价格。价格竞争优势丧失将直接影响高碳排放产业在欧盟等国际市场的竞争力，甚至失去原有市场份额，直至退出欧洲市场。

如果按照欧盟 CBAM 提案中所涉及的行业对全球除豁免国家以外的所有国家和地区征收 70 欧元 /t 碳关税，模拟结果显示广东 GDP 损失为 2.5 亿元，也将造成大部分碳排放支付税额流失到欧盟。碳税机制对于增强减排主体责任感、扩大减碳产业领域、避免资金外流具有重大意义，而目前中国尚未建立完善的碳税机制，无法为有效应对欧盟 CBAM 提供充分的保障。

根据碳价、出口额和出口隐含碳含量可以得到每欧元出口的钢铁将被征收的碳边境税，即为碳边境税的税率或价格增长幅度，公式如下：

$$碳边境税税率（\%）= 碳价（欧元 /t\ CO_2）\times 出口隐含碳排放量（t）/ 商品出口额（美元）\times 100\%$$

则以 2021 年为例，三种碳定价下，碳边境税税率如表 4-7 所示。

表 4-7 CBAM 提案版欧盟碳边境税税率 （单位：%）

产品	70 欧元 /t	80 欧元 /t	100 欧元 /t
钢铁	12.8	14.7	18.3
铝	0.9	1.0	1.3
有机化学品	8.5	9.7	12.1
塑料	1.1	1.3	1.6
总量	3.3	3.7	4.7

注：根据中国碳核算数据库（CEADs）、海关出口相关数据整理计算。

从 CBAM 提案版计算结果可以看出，总体来看四类产品征收的关税税率分别是 3.3%、3.7% 及 4.7%。值得注意的是，相对其他产业而言，钢铁行业碳边境税税率高达 12.8%～18.3%，对广东钢铁行业出口的影响要严重得多。

从 CBAM 敲定版方案计算结果（表 4-8）可以看出，总体来看四类产品征收的关税税率分别是 1.69%、1.89% 及 2.40%。钢铁行业碳边境税税率高达 6.54%～9.36%，即便是大幅削减碳边境调节税的 CBAM 敲定版方案对广东钢铁行业出口的实质负面影响依然存在。

表 4-8　CBAM 敲定版方案欧盟碳边境税税率　　　　　　（单位：%）

产品	70 欧元 /t	80 欧元 /t	100 欧元 /t
钢铁	6.54	7.51	9.36
铝	0.46	0.51	0.66
总量	1.69	1.89	2.40

注：根据中国碳核算数据库（CEADs）、海关出口相关数据整理计算。

上述的实证结果表明，出口下降幅度大的产品是钢铁等碳排放密集型产品，相对而言铝材产品与其他产品出口下降幅度小，属于非碳排放密集型产品。一旦欧盟扩充征收碳关税产品范围与碳排放边界，广东出口贸易乃至广东工业产业将不可避免地遭受打击。因为两种情境对广东整体经济影响均相对有限，为面对未来不可知风险，接下来按照 CBAM 敲定版，对广东就业岗位与经济发展进行研判。由于水泥、化肥产品在广东对欧盟出口产品的出口值与碳排放比例（<0.05%）较小，因此后续研究中着重考虑钢铁、铝产品。

四、CBAM 对广东就业岗位的影响研判

采用投入产出法测算就业带动系数，因为它可以揭示国民经济部门之间的相互联系，能提供不同行业对劳动力需求的直接效应和间接效应，在外贸领域，商务部也通过投入产出表来测算外贸对就业的拉动。使用投入产出表实际上是利用表中所客观反映出的国民经济中的结构关系，具体来看主要用到 GDP、消费、资本形成总额、进出口、最终使用、中间使用以及总产出之间的数量结构关系。

在竞争型投入产出模型中，没有将中间投入区分为国内品中间投入和进口品中间投入，进而在计算就业影响因素时，把拉动的外国就业视为国内就业，这在一定程度上高估了与中间投入相关的就业影响因素对国内就业的拉动作用。加工贸易在对外贸易中占有重要地位，且加工贸易生产与其他生产的投入结构不同，进而导致创造就业的影响因素存在一定差别。基于以上两点考虑，本研究选用反映加工贸易的非竞争型投入占用产出模型对 CBAM 征收产品出口就业增长的影响因素进行结构分解分析。

本部分根据单位产量所依附的就业数据就可以计算出除去出口对各产业就业的直接损失。再根据投入产出关系就可以测算出钢铁和煤炭产业产量去除对中间投入行业产量的影响，进而根据其他行业单位产量所依附的就业数据测算出对其他行业就业的间接影响。一方面，这几个产业的出口减少，会导致其中间投入产业产量减少，同样也会使这些行业失业。也就是说，既会带来直接影响，又会通过产业拉动带来间接影响。需要借助投入产出分析方法计算产业拉动带来的间接影响。

投入产出分析的基本思想是以矩阵形式，描述国民经济各部门在一定时期（通常为一年）生产中的投入来源和产出使用去向，揭示国民经济各部门间相互依存、相互制约的数量关系。投入产出表由中间产品矩阵、最终使用矩阵和最初投入矩阵三部分组成，三大部分相互连接，从总量和结构上全面、系统地反映国民经济各部门从生产到最终使用这一完整的实物运动过程中的联系。国民经济各部门之间复杂的内在联系，首先表现为各部门之间相互耗用产品的数量关系，反映这一数量关系的参数有直接消耗系数和完全消耗系数。直接消耗系数，是指在生产经营过程中，单位总产出所直接消耗的各种中间投入的数量。全部直接消耗系数所组成的矩阵，称为直接消耗系数矩阵，记为 A。通过直接消耗系数表，能一目了然地得到各个产业每生产一单位生产物，需要投入多少原材料。

在对省内产品、进口产品和省外调入产品进行拆分时，是按照一致性假设进行比例分配的，表 4-9 为拆分后非竞争型投入产出表。

表 4-9　非竞争型投入产出表

项目	中间使用 1, 2,…,n	最终使用 消费	投资	省外调出	出口	合计	省外调入	进口	总产出
省内中间投入	x_{ij}^d	C_i^d	IN_i^d	FI_i^d	EX_i^d	Y_i^d			X_i
进口中间投入	x_{ij}^m	C_i^m	IN_i^m	FI_i^m	EX_i^m	Y_i^m		M_i	
省外调入中间投入	x_{ij}^f	C_i^f	IN_i^f	FI_i^f	EX_i^f	Y_i^f	F_i		
增加值	v_j								
总投入	x_j								

注：根据 2017 年广东投入产出表整理计算。

表 4-9 中带上标 d 的表示省内本地产品，带上标 m 的表示进口产品，带上标 f 的表示省外调入产品，小写字母表示流量，大写字母表示合计。在非竞争型投入产出表中，国内总产出的模型为

$$\sum_{j=1}^{n} x_{ij}^d + Y_i = X_i \tag{4-4}$$

令国内产品的直接消耗系数为

$$a_{ij}^d = \frac{x_{ij}^d}{X_j} \tag{4-5}$$

代入式（4-4）为

$$\sum_{j=1}^{n} a_{ij}^d X_i + Y_i = X_i \tag{4-6}$$

将式（4-6）写为矩阵，进而可得

$$X = (I-A)^{-1} y^d \tag{4-7}$$

式中，$(I-A^d)^{-1}$ 是国内产品的里昂惕夫逆矩阵，其系数表示 j 部门产品增加 1 单位（国内）最终使用时，对 i 种产品的完全需要量。某一产业部门的生产发生一个单位的变化时，计算各个产业部门由此引起的直接和间接地使产出水平发生变化的总和。

逆阵系数表描述的是产业之间产出和投入之间的联系，要分析给其他所有行业带来的就业影响，CBAM 的实施可能会增加某些行业（特别是高碳排放行业）的生产成本，进而影响它们的产出和就业情况。这种影响不会局限于单一行业，而是会通过产业链传递到其他行业。在分析 CBAM 推行对其他所有行业带来的就业影响时，逆阵系数表（也称为 Leontief 逆矩阵）发挥了关键作用。逆阵系数表是经济学中投入产出分析的一个重要工具，它用于描述一个经济系统中不同产业部门之间在产出和投入上的相互依赖关系。

$$L^D = L(I-A^d)^{-1} y^d \tag{4-8}$$

首先按照《广东经济普查年鉴 2018》，结合《广东统计年鉴 2017》，核算出 2017 年广东相关行业从业人员数，如表 4-10 所示。

表 4-10 征收商品行业直接就业人口与比例

征收商品	工业总产值/亿元	工业增加值/亿元	从业人员平均人数/万人	就业系数/（人/亿元）
钢铁	2 570	441	7.5	29
铝	1 103	185	8.1	73
影响行业合计	3 673	625	15.6	42
行业总计	140 399	31 557	1 341.3	96
影响行业占比/%	2.6	2.0	1.2	—

注：根据《广东经济普查年鉴 2018》数据整理计算。

可以看出，受到 CBAM 影响到的几大行业，其所占经济系统就业人口的比例总计为 2% 左右，直接影响相对有限。从就业系数看，即从单位总产值下工业企业中从业人数看，各行业就业系数均小于总体就业系数，这一趋势反映劳动生产率相对较高。

接下来，本部分将进一步从总量和单位变动量的角度，分贸易大类、分需求地来源、分部门研究 CBAM 对省内就业的影响。

计算出口欧盟碳关税冲击后给广东就业带来的影响，出口是最终需求的组成部分，可以利用非竞争型投入产出表分析出口对就业的影响。

出口减少直接带来的就业减少，即出口作为产出品直接占用的直接影响劳动力的减少，计算公式如下：

$$\Delta L_1^D = L \Delta y^d \tag{4-9}$$

出口减少所带来的就业的完全减少,即考虑出口产品生产过程中对其他产品的消耗,同样会造成非出口部门就业间接影响的变化,计算公式如下:

$$\Delta L_2^D = L(I-A^d)^{-1} \Delta y^d \tag{4-10}$$

利用非竞争性投入产出表核算,根据 CBAM 敲定版,如果碳关税提高至 100 欧元/t,欧盟碳关税导致出口减少带来的就业人口影响钢铁行业和铝行业分别为 2852 人和 1847 人,合计占相关行业就业人口的比例为 3.01%(表 4-11),对就业冲击在可控范围。

表 4-11 CBAM 征税对征收产品行业就业的影响分析

征收商品	70 欧元/t		80 欧元/t		100 欧元/t	
	就业人数减少/人	占该行业比/%	就业人数减少/人	占该行业比/%	就业人数减少/人	占该行业比/%
钢铁	1145	1.53	1707	2.28	2852	3.81
铝	821	1.01	1026	1.27	1847	2.28
合计	1966	1.26	2733	1.75	4699	3.01

注:根据广东非竞争性投入产出表数据整理计算。

五、CBAM 对出口行业产值、出口地区的经济影响分析

本部门基于本书编制完成的非竞争型投入产出表和商务部课题研究中对出口贸易拉动的国内产值进行计算的方法,将该方法拓展到对省内产值的计算。

基于非竞争型投入产出表,分析出口对产值的影响作用,最后计算出口的实际弹性系数,分析出口每减少 1% 对经济变化的影响。

国内产品的最终使用由消费、投资、省外调出和出口构成。代入公式,可得消费、资本形成和出口对总产出的拉动模型:

$$\begin{aligned} X &= (I-A^d)^{-1}(C^d + IN^d + FI^d + EX^d) \\ &= (I-A^d)^{-1}C^d + (I-A^d)^{-1}IN^d + (I-A^d)^{-1}FI^d + (I-A^d)^{-1}EX^d \end{aligned} \tag{4-11}$$

由式(4-11)可知,由各部门消费引致的各部门总产出为

$$X_{EX} = (I-A^d)^{-1} EX^d \tag{4-12}$$

从表 4-12 的计算结果可以看出,欧盟碳边境税的征收将对广东出口产生一定影响。由于出口商品尤其是钢铁中的隐含碳排放量相对较高,以至于在三种税收标准下,模拟分析结果可以发现,当欧盟对相关产品征收的碳边境关税分别为 70 欧元/t CO_2、80 欧元/t CO_2 和 100 欧元/t CO_2 时,广东相关产业合计减少产值分别下降 0.09%、0.11% 和 0.13%。其中对出口产值较多的钢铁行业影响较为严重。总体来说,相关行业面临的碳边境税税率水平是很高的,在目前碳价水平迅速增长的态势下,到 2027 年落实碳边境调节机制的征税要求时,若尚未达到欧盟碳排放标准,极有可能会置出口于不利的处境之中。因此各行业的超低碳化改造需要加速进行,以应对碳边境税的挑战。

表 4-12 CBAM 征税影响下出口对经济发展的影响

征收商品	70 欧元/t 产值减少/万元	70 欧元/t 变化率/%	80 欧元/t 产值减少/万元	80 欧元/t 变化率/%	100 欧元/t 产值减少/万元	100 欧元/t 变化率/%
钢铁	286.7	0.11	327.66	0.13	409.58	0.16
铝	69.95	0.06	75.79	0.08	94.49	0.09
合计	356.65	0.09	403.45	0.11	504.07	0.13

注：根据广东非竞争性投入产出表数据整理计算。

六、CBAM 对主要出口城市的影响分析

由图 4-5 可见，2020 年，东莞的出口依存度为 85.8%，位于广东首位。茂名的出口依存度为 5.2%，是广东出口依存度最低的城市，两者的出口依存度相差 80.6 个百分点，这表明广东城市间的进口和出口开放度存在较大的差异。考虑不同区域的贸易开放情况，可以看出珠三角地区整体的进口依存度和出口依存度均要高于非珠三角地区。

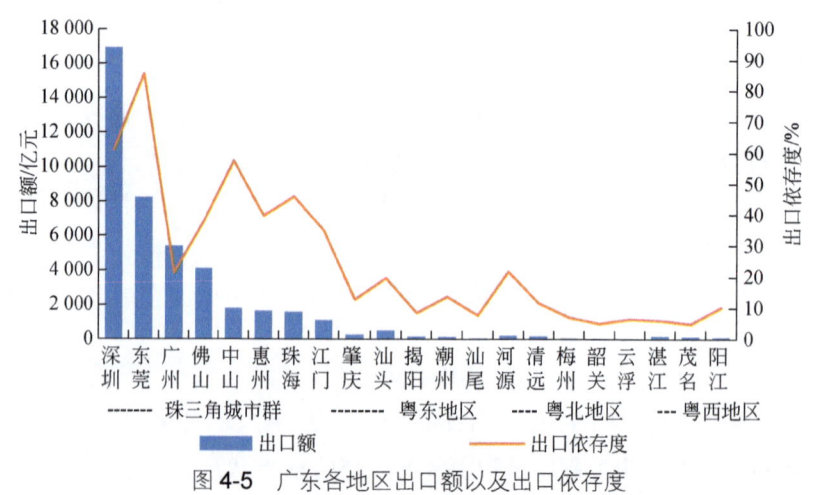

图 4-5 广东各地区出口额以及出口依存度
根据广东统计年鉴数据整理计算

图 4-6 表明深圳、东莞、广州、佛山四地出口额高，出口依存度也高，所以主要对其进行分析。深圳是中国外贸第一城，出口这一数据已经连续多年位居全国第一。从深圳统计局披露的数据来看，深圳的出口产品最多出口给了香港，其次是美国和东盟。出口的产品集中在机电产品、高新技术产品。对于东莞而言，欧盟为东莞仅次于东盟、美国的重要贸易出口伙伴，占比约 15.6%。相对出口产品而言，机电产品出口占七成，其他出口产品包括劳动密集型产品如玩具、家具、塑料制品、服装、纺织纱线、箱包、鞋类。智能制造、生物医药、新能源等逐渐成为外贸出口新同比增长点。对于广州，对欧盟与东盟出口较高，其次为美国、日本、中国香港、韩国等，出口商品方面，机电产品和劳

动密集型产品出口占据主要贸易门类。对于佛山，出口合作伙伴中，欧盟仅次于东盟与美国，出口产品主要为机电产品。

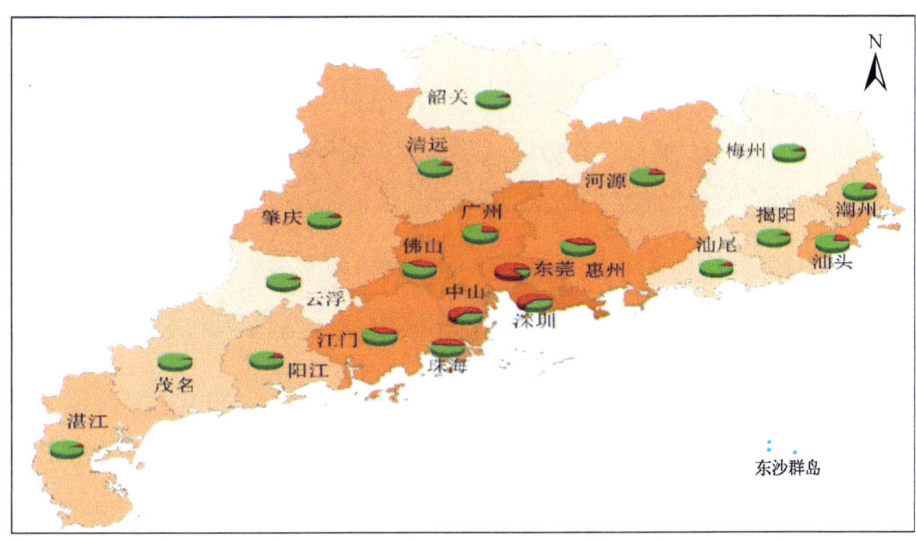

图 4-6　广东各市出口额以及出口依存度空间分布
根据广东统计年鉴数据整理计算

可以看出，广东的出口产品，向来以价格优势打开国际市场，然而这些出口产品大多有高耗能、高排放的特点。随着碳关税的开征，广东的出口产品如钢铁和铝制品将不可避免地面临一次成本的非正式增加。欧盟碳关税征收范围包括铝、钢铁、水泥、化肥、电力等商品，广东各城市几乎不对欧盟出口水泥、电力和化肥产品，欧盟碳关税对各市出口产品影响最大的是钢铁和铝制品。一旦欧盟碳关税正式推行，以欧洲碳价与中国碳价的差值为计算方式征收碳关税，相关产品可能会被迫调整产品出口地区。欧盟碳关税对广东以欧盟国家为主要的甚至唯一出口对象的企业将产生重大影响。这些企业将面临两种选择：一是接受欧盟碳关税机制，进一步完善碳足迹、促进工艺改进，提升产品竞争力与"市场认可度"，但也将被迫投入额外的生产成本；二是拒绝欧盟碳关税机制，将产品出口目的地转移至非欧盟国家，但可能会使企业陷入"贸易转移"的困境，承受失去原有合作伙伴和开拓新市场的双重压力。无论如何，这些企业将在未来面临更大挑战。

七、CBAM 对广东区域均衡发展的影响分析

针对欧盟碳关税主要影响的两大部门——钢铁和铝制品，通过分析广东各地区主要产品产量，分析欧盟碳关税对各产品生产所造成的潜在影响。

1）钢铁行业

广东钢铁行业集中分布在广州、韶关、湛江、揭阳等市，四城市的钢铁产量约占全省钢铁年产量的 50% 以上（图 4-7）。广东粗钢产量为 3000 多万吨，在全国各省粗钢产量排名中，2020 年排名第九，2021 年排名第十。其 2020 年粗钢产量 3382.34 万 t，2021

115

双碳目标下广东经济高质量发展之道

年因淘汰落后产能，压减粗钢产量至 3178 万 t。广东成品钢材产量在 4800 多万吨，因此，广东成为我国成品钢材及钢坯外购大省。广东钢铁产业发展较滞后的原因是先天性，广东缺少炼钢主要资源煤炭和铁矿石，影响了广东的钢铁产业发展。

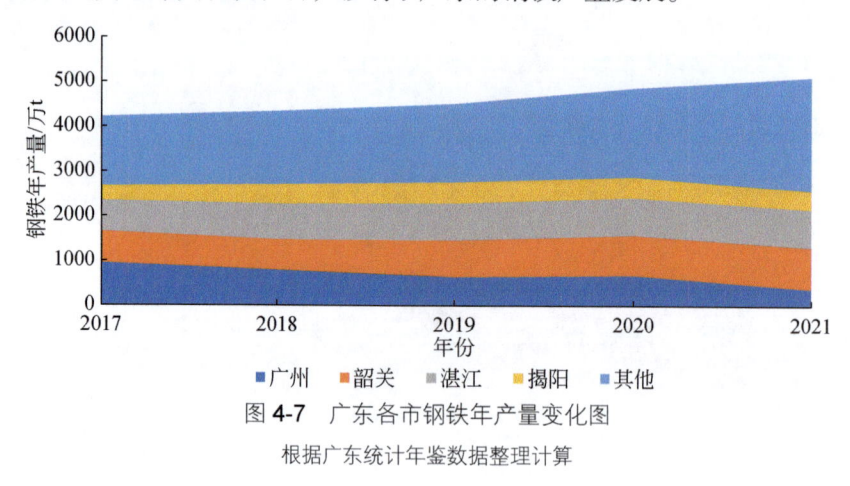

图 4-7　广东各市钢铁年产量变化图

根据广东统计年鉴数据整理计算

目前广东钢铁工业布局呈现多元化趋势，如图 4-8 所示，佛山产值排名第一，但借助便利的西江水系和顺德乐从钢铁市场等载体，佛山的钢铁产业以加工和贸易为主，第二是广州，第三是揭阳，第四是韶关。河源及阳江也达到一定规模，随着湛江钢铁的投产，粤西将形成另一钢铁工业增长极。落实《国家钢铁产业调整和振兴规划》，广东打造湛江、广州和韶关三大钢铁生产基地，生产高等级钢铁产品，全面替代进口钢材，全方位满足以珠江三角洲为中心的钢材市场需求，实现资源与市场的优化配置，提升全省钢铁产业的整体竞争力。

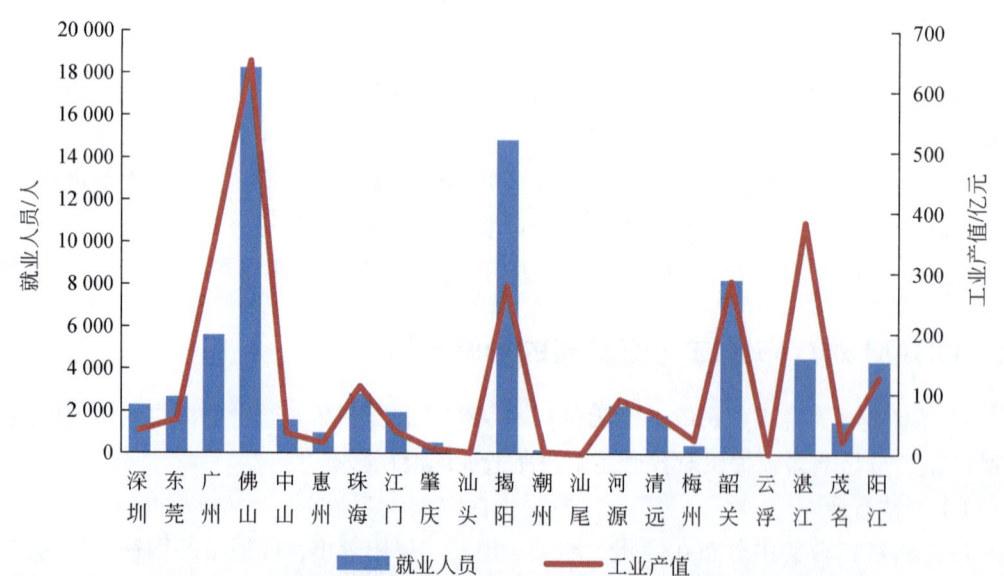

图 4-8　广东各市钢铁行业就业人口与工业产值

第四章 全球气候治理新目标对广东经济发展格局的影响

广东向欧盟出口的钢铁企业，按照 CBAM 计算方法中定义的复杂产品的计算方法，只考虑初级产品的碳排放。为了简化分析，这里按照每千克钢材从原材料生产到制成产品，释放 2.06kg 二氧化碳直接碳排放进行计算。广东 2021 年向欧盟出口钢铁制品的质量为 25.5 万 t，贸易额达 5.9 亿美元。钢铁制品行业将为 CBAM 额外付出 3400 万美元左右的成本，每吨产品多付出 134 美元的 CBAM 成本，等效于 5.8% 的碳关税税率。

国家统计局数据显示，2021 年广东钢铁和钢铁制品产量为 5111 万 t，出口欧盟钢铁制品约占 0.5%；而根据广东统计年鉴，广东钢铁制品行业规模以上企业工业增加值约为 470 亿元，折美元约 67 亿美元，CBAM 对钢铁行业经济产生不到 1% 的影响。

从长期看，广东钢铁要想在欧盟市场扩大份额，要从降低碳排放强度入手。相关研究显示，2021 年广东二氧化碳排放强度为 1.7 t 二氧化碳/t 产品，这比欧盟国家的二氧化碳排放强度高 0.5 t 二氧化碳/t 产品。未来，广东要不断优化钢铁产业结构，提升生产技术，重塑钢铁产品的出口竞争力。目前，广东钢铁产量已处于国内前列，但是钢铁产品的附加值还需进一步提升。尤其是欧盟碳边境调节税实行后，附加值较低的产品失去价格优势，竞争力被大幅削减。因此，钢铁企业要以市场需求为导向，调整产业结构。其次，欧盟碳边境调节税的实行迫使广东钢铁企业在含碳量测算方面与时俱进。欧盟碳边境调节税的进一步推行给广东钢铁行业带来重大挑战，这也将倒逼钢铁行业积极采取行动，加快低碳转型，重塑产品出口竞争力。

2）铝材

广东铝材制造业集中在佛山（图 4-9）。佛山铝型材生产企业 200 多家，主要分布于大沥、官窑、狮山、罗村、丹灶等镇（街道），年产量 400 多万吨，占全国市场份额的 25% 以上，是中国铝型材产业基地。佛山铝材产业是"佛山制造"的重要组成部分，佛山已成为全国乃至全球最大的铝型材加工生产基地之一。到目前为止，佛山市内保留铝材企业 157 多家，规模以上的企业 60 多家，总产能超过 450 万 t/a，占全国建筑铝型材总产量的 50% 以上，其中出口比例约占 20%。并带动 2000 家左右上下游企业的发展，创造超过 10 万人的就业岗位。由图 4-9 中可见，2021 年佛山全年铝材产量 263.04 万 t，同比下降 13.1%，占广东总产量的比例从 2017 年的 71% 下降至 2021 年的 52%。由于环保压力，佛山的一部分铝材企业转移或拓展到清远、肇庆、云浮等地，甚至在外省建厂发展，但总部仍保留在佛山，如新合、兴发等，因此，由于存在统计口径的不同，统计数据也存在一定的差异。但根据佛山铝材企业对外公布数据和本协会对部分铝材企业的抽样调研分析，2017 年佛山铝材企业生产总量约为 418 万 t，同比增长 9.9%，产值约为 710 亿元，同比递增约 13%。

在原材料方面，佛山不具备铝矿的采选与冶炼环节，缺乏本地原材料生产供应，需要通过贸易商购入。佛山铝型材制造业发展的同时，装备制造业、辅助材料制造业、铝深加工产品制造业蓬勃发展起来，铝型材制造、装备制造、辅助材料制造、铝深加工产品制造，构成了佛山铝加工产业集群的四大核心力量。当前，铝加工行业面临着需求不足、"双碳"目标、安全生产等各种挑战，正处于一个新的转型期，佛山铝加工行业需要围绕加快结构调整和优化提升，持续推进高质量发展。

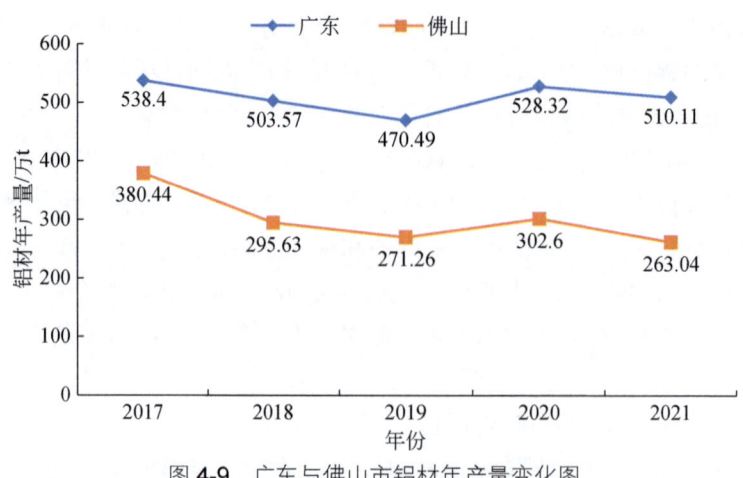

图 4-9　广东与佛山市铝材年产量变化图

根据广东统计年鉴数据整理计算

广东没有电解铝企业，主要为铝制品加工企业，企业购买外省的电解铝在本地加工生产铝产品。铝制品属于 CBAM 计算方法中定义的复杂产品，因此铝制品的碳排放量等于生产制造过程中的直接碳排放量加上所使用的简单产品隐含的直接碳排放量，而铝制品绝大部分都是由铝组成的，为了简化分析我们将铝制品看作相同质量的电解铝（未锻造铝），每单位质量铝制品的碳排放量等于每单位电解铝的碳排放量。根据 2019 年 11 月中国有色金属工业协会发布的《电解铝企业碳排放权交易技术指南》审定稿，我国电解铝的基准值为 9.1132t CO_2/t 铝液。广东 2021 年向欧盟出口铝制品的质量为 5.5 万 t，贸易额达 2.2 亿美元。计算得出铝制品行业将为 CBAM 额外付出 3270 万美元左右的成本，每吨产品多付出 592 美元的 CBAM 成本，等效于 14.9% 的碳关税税率。

2021 年全年广东铝材产量达到了 510.11 万 t，出口欧盟铝材约占 1%；而根据广东统计年鉴，广东有色金属行业规模以上企业工业增加值约为 543 亿元，折美元约 77 亿美元，CBAM 对铝制品行业产生不到 1% 的影响。

八、广东对 CBAM 应对之策

广东应紧抓"碳达峰碳中和""应对气候变化国际贸易变革"重要窗口期，在推进碳交易、调整出口结构等方面，分析相关措施的科学性、紧迫性、必要性和可行性。针对欧盟碳关税带给广东的经济影响，提出以下建议。

1）推进国内碳定价机制建设，应缩小与欧盟间的碳价差异

建设和完善碳市场时要借鉴欧盟的建设经验，应缩小与欧盟间的碳价差异，并逐步稳定碳价，并配备合理的配额储备。需要加快建立统一规范的碳排放统计核算体系，与国际标准衔接。优化完善广东碳排放权交易定价机制，丰富碳市场交易品种和方式，逐步推行配额有偿分配机制，在碳关税征收方面争取主动权。

2）完善主要行业钢铁/铝碳排放核算体系，增加国际钢铁碳排放核算方法制定中的

话权

为提高碳排放数据的准确性和时效性,需要严格按照欧盟 CBAM 的测算准则进行测算,建立一个与国际接轨且符合国情的碳钢铁出口市场排放计算系统。应积极主动参与国际钢铁碳排放核算的制定,增加国际钢铁碳排放核算方法制定中的话语权,提高碳排放核算体系的精确性,积极引导国际钢铁碳排放核算向更加合理的方向发展。推动出口贸易相关企业开展环境信息披露,健全绿色项目库,发挥绿色金融助推出口企业低碳技术创新的作用,为钢铁、铝制品等高碳排且受碳关税正面冲击的行业开展降碳工作创造良好环境。

3)提高钢铁、铝生产技术水平,进一步推动能源结构优化以及再生、原生、加工融合发展

创建零碳国际供应链示范,从全生命周期降低出口产品"过程碳"。依托现有产业链配套能力,注重自主创新与外部引进相结合,全面提升出口产品的高端化和绿色化水平。目前的钢铁生产模式为"高炉—转炉"的长流程,每个独立单元的生产以化石能源燃烧和电力消耗为主;发达国家主要采用电弧炉短流程炼钢,电弧炉短流程以废钢为主要原材料,以电能为主要能源,通过电弧热作用来生产钢铁,从而达到节能降碳的目的。调整电解铝用能结构,提高再生铝利用比例,需要进一步推动电解铝能源结构优化以及再生、原生、加工融合发展。

4)积极拓宽钢铁出口市场,面向全球,继续开辟国际新市场、新客户

建立绿色贸易壁垒的预警机制,优化产业结构,调整市场结构。对欧盟全球门户计划和美国气候融资计划等国际金融政策的变化进行密切跟踪,实时了解,及时掌握变动信息,对国外的环境标准进行广泛收集,加强技术团队研究和分析,为企业提供有效信息,及时改善生产技术,做好出口产品受限的防范。钢铁、铝材出口应积极依靠各种现有政策,加强与"一带一路"共建国家的贸易往来,拓宽出口市场,分散出口风险,减少欧盟 CBAM 对出口的影响。

第三节 绿色低碳循环产业全球化发展对广东经济社会的影响

一、全球气候治理新目标下的国际绿色贸易壁垒分析

随着全球经济一体化的不断发展,在关税及贸易总协定、世界贸易组织等组织的推动下,关税的总水平明显下降。为了保护本国的国内市场,本国经济的发展以及国际收支平衡,各国以非关税壁垒保护手段为主。面对一系列环境污染、气候变暖、水污染、臭氧层破坏等环境问题,为了解决环境外部性问题,绿色壁垒成了发达国家贸易保护的重要手段,同时出现了各种以环境保护为名而采取的各种贸易保护行径。例如,美国对碳关税的立法很是积极,美国众议院于 2009 年 6 月通过了《清洁能源安全法案》和《限

量及交易法案》两部法律，规定美国政府可以对从不实行碳减排限额国家进口的产品征收碳关税，此法案于 2020 年起开始实施。

在气候变化深刻影响着人类生存和发展的背景下，低碳日益成为全球的热点和世界潮流。尤其是国际金融危机爆发以来，推动低碳发展正成为许多国家转变发展方式、争夺发展空间、争取竞争优势的重要途径。随着碳要素附着于世界经济的各个领域，低碳势必对国际贸易产生重大影响，国际贸易摩擦及贸易壁垒也将更多地与低碳结合起来。

广东作为我国改革和对外开放的前沿阵地，是典型的外向型经济区，从改革开放以来，一直是我国的出口大省。根据相关统计，广东的出口总额在全国一直排在前列，包括农产品、机电产品、玩具等出口都排在全国前列。广东作为外贸大省，外向型经济在经济社会发展中起着举足轻重的作用，贸易领域出现的低碳壁垒必将给出口贸易带来一定的冲击，影响产品的国际竞争力。因此，应提早准备，以应对这一新形势。

随着自由贸易原则被广泛接受，以自由贸易为宗旨的世界多边贸易体制得到了进一步加强，传统贸易保护主义措施的作用逐渐被削弱，以保护环境为名的绿色贸易壁垒逐渐兴起。近年来，全球经济的不景气更加坚定了各主要发达国家使用绿色壁垒的决心，而以碳关税、碳标签等为代表的隐性绿色壁垒正逐渐成为国际贸易壁垒未来发展的主要趋势。

碳关税可能演变为新的贸易保护措施。碳关税是指对高耗能产品进口征收特别的二氧化碳排放关税。碳关税的提议最早源于欧盟，其用意是试图针对低碳壁垒：国际贸易中浮现的新绿色壁垒来自未履行《京都议定书》国家的进口产品征税，以消除欧盟碳排放交易体制运行后欧盟国家的碳密集型产品可能遭受的不公平竞争。

2009 年 6 月，美国众议院通过了《限量及交易法案》和《清洁能源安全法案》，其中提出：如果美国没有加入相关国际多边协议，从 2020 年美国政府将对来自不实施碳减排限额国家的钢铁、水泥等碳排放密集型产品征收碳关税。此外，加拿大和日本等国政府也开始计划在碳关税方面采取一些举措。

目前，碳关税虽尚未真正实施，但作为碳关税的前期准备，许多发达国家已经在国内征收碳税，例如，荷兰与英国分别于 1996 年和 2001 年开始对气候变化征税；芬兰、瑞典、挪威和丹麦在 20 世纪 90 年代初开始对家庭与工业行业征收二氧化碳排放税等。

虽然碳关税被认为主要违反了 WTO 的非歧视原则而未能真正实施，但是为了维护本国碳密集型产品的国际竞争力，降低发展中国家出口商品的比较优势，发达国家的主流政治力量均倾向于对未承担减排义务的国家实施碳关税。这预示着未来这些国家在碳关税问题上很可能达成一致立场，在 WTO 框架下寻找依据，或采取变通方式，实现碳关税在内容与形式上的合法化和多样化。

广东的经济具有典型的外向型经济特征，可以预见，一旦遭遇低碳壁垒，广东将有可能面临经济总量下滑、失业等一系列经济社会问题。从出口贸易现状来看，广东遭遇低碳壁垒的风险极大。以加工资源密集型产品为主的贸易方式极易受到低碳壁垒阻拦。

广东加工贸易的规模虽然很大，但技术含量低、附加值低、拥有自主知识产权的产品所占比例低，相当一批企业在加工贸易过程中，赚取的仅仅是微薄的加工费，而高附加值的产品的研究和销售都在国外。尤其要引起重视的是广东加工贸易企业集中在低技术、高耗能、高污染的劳动密集型和资源密集型产业上，如化工、有色金属及钢铁、塑料、纺织印染、非金属矿物制品业等。目前广东加工贸易产业尚未在国内得到充分延伸，产业链条短，国内配套能力不足，仍然处于"一进一出、单一工序"型发展阶段；而从全球生产网络来看，广东的出口加工业总体处于国际生产链的加工制造环节，产品的研发和营销均为外商掌控。因此，即使近年来广东加工出口的商品结构已大为改观，高新技术产品、资本、技术密集型产品大幅增加，但由于其主要从事污染比较集中的生产环节的活动，还属于低端加工产业链条中环境污染密集型、能源耗费密集型产业。

低碳壁垒针对的正是高能耗、高污染的资源密集型产品，因此以加工资源密集型产品为主的贸易方式，极易受到低碳壁垒阻拦。广东的主要出口市场在发达国家和地区，极易遭遇这些地方严格的低碳标准。

发达国家的科技水平较高，处于技术垄断地位。它们在保护环境的名义下通过立法手段，制定严格的强制性技术标准，限制国外商品进口。这些标准都是根据发达国家生产和技术水平制定的，对发展中国家来说很难达到，必然会把发展中国家的产品排斥在国际市场之外。当前，发达国家正积极研究制定低碳相关的技术标准，所涉及的产品越来越多，标准越来越高，内容越来越细。

把低碳作为广东产业转型升级的重要方向加快发展方式转变是广东应对国际规则变化、跨越新贸易保护障碍的根本之策。面对国内外日益紧迫的低碳形势，广东必须走一条科技含量高、经济效益好、资源消耗低、环境污染少、人力资源得到充分发挥的新型工业化道路。建立可持续发展的对外贸易战略通过抑制高耗能、高排放行业的过快增长，实行严格的市场准入限制，严格控制"两高一资"产品出口，鼓励科技含量不足，广东应对低碳壁垒的战略性思考高新技术产品出口，优化货物贸易出口结构。抓住当前全球经济发展的重点正在向服务产业转移，国际服务贸易迅猛发展的有利时机，大力发展服务贸易，加快促进出口发展方式转变。

二、广东绿色制造体系在国际产业链的层级分析

广东省人民政府印发了《关于加快建立健全绿色低碳循环发展经济体系的实施意见》（以下简称《意见》），提出分阶段主要目标：到2025年，产业结构、能源结构、交通运输结构、用地结构更加优化，生产生活方式绿色转型成效显著，绿色低碳循环发展经济体系基本建成。到2035年，绿色生产生活方式总体形成，生态环境根本好转，美丽广东基本建成，率先建成绿色低碳循环发展经济体系。

2020年12月25日，中国工程院发布的《2020中国制造强国发展指数报告》显示，美国制造业处于全球第一阵列，德国、日本处于第二阵列，中国、韩国、法国、英国处于第三阵列。

广东制造业高质量发展"十四五"规划，"十三五"时期制造业发展取得巨大成就，

产业发展水平位居全国前列，总体处于全球制造业第三阵列向第二阵列跃升阶段，但与世界先进水平相比仍有不小的差距。资源要素配置效率有待提升，平台载体整体水平不高，珠三角地区部分工业区与居民区混杂，工业用地被逐步侵蚀，东西两翼沿海经济带和北部生态发展区的工业园区基础配套设施落后。广东制造业发展对国家重大需求、重大战略部署的技术攻关、产业发展等项目支撑作用有待进一步增强。

国际环境日趋复杂，不稳定性和不确定性明显增加。当前，经济全球化遭遇逆流，保护主义上升、世界经济低迷、全球市场萎缩，世界进入动荡变革期，国内制造业出口增长受到抑制，发达国家在关键核心领域对国内制造业发展进行限制升级，企业加速调整全球产业布局和全球资源配置，国内产业链和供应链安全和稳定面临前所未有的压力。

广东作为我国制造业发展的排头兵，更需要全力做好产业基础再造和产业链提升工作，进一步夯实制造业发展根基和现代化经济体系的底盘，提升产业链供应链的稳定性、安全性和竞争力。中国制造、广东制造向全球价值链中高端升级所面临的国际竞争形势更加严峻，亟须加快重塑竞争优势，保障国内战略性产业供应链安全稳定发展，提升制造业发展的质量和效益。

三、广东引领中国绿色制造技术和标准体系可行性分析

近年来，广东加快培育十大战略性支柱产业集群和十大战略性新兴产业集群，着力振兴实体经济，初步形成了国内领先、具备国际竞争力的现代产业体系，加速引领中国绿色制造技术和标准体系。

1）坚持规划引领，绿色制造走在前

早在2017年，广东就印发实施了《广东省绿色制造体系建设实施方案》，明确提出以绿色工厂、绿色产品、绿色园区、绿色供应链为绿色制造体系的主要内容。加强政府引导，发挥政策推动和示范引领作用，提升绿色制造专业化、市场化公共服务能力，逐步构建高效、清洁、低碳、循环的绿色制造体系，促进广东工业绿色发展。

广东围绕家电、日化、建材、汽车、电子、纺织等特色行业，推动企业开展绿色化改造，推行产品全生命周期和生产制造全过程绿色化管理，开展绿色制造示范创建，在各行业树立绿色制造示范标杆，推动制造业绿色发展。截至2021年底，广东累计创建国家级绿色工厂241家、绿色设计产品871种、绿色工业园区10家、绿色供应链管理企业41家，绿色制造示范数量居全国首位。累计推动134家园区开展循环化改造，列入国家开发区目录的省级以上工业园区开展循环化改造比例超80%，"十三五"时期超额完成国家规划下达的目标任务。深入挖掘"两高"行业节能潜力，持续开展重点行业能效对标，全省单位工业增加值能耗仅为全国工业能耗强度的一半。广东成为新能源汽车动力蓄电池回收利用试点省，建设1467个回收服务网点，实现21个地级以上市全覆盖；废旧动力蓄电池综合利用行业规范企业8家，数量位居全国第一。

2）重点产业绿色突破，核心产业作表率

战略性支柱产业是广东经济的重要基础和支撑、对广东制造业发展具有稳定器作用

的产业，包括新一代电子信息、绿色石化、智能家电、汽车、先进材料、现代轻工纺织、软件与信息服务、超高清视频显示、生物医药与健康、现代农业与食品；"十四五"时期，十大战略性支柱产业加快转型升级，合计营业收入年均增速与全省经济社会发展增速基本同步。重点领域中高端产品供给能力增强，稳固并提升广东制造在全球产业链价值链中的地位，进一步强化对全省制造业发展的基础支撑作用。在重点领域，积极推动绿色制造体系建设示范项目建设，汽车、新一代电子信息制造、绿色石化三大支柱产业和有色、电力等高耗能行业均创建了绿色制造示范项目。一批行业领军企业纷纷响应号召，积极申报创建国家级绿色制造项目。绿色制造发展取得明显成效。

全省累计推动132家园区开展循环化改造，广东列入国家开发区目录的省级以上工业园区开展循环化改造比例达82.5%，超额完成国家"十三五"规划的目标任务。广东成为新能源汽车动力蓄电池回收利用试点省，截至2020年底，已实现21个地级以上市回收服务网点全覆盖。

3）碳市场助力碳减排，节能减排全覆盖

广东是全国最早试点碳排放交易的省市之一。数据显示，广东碳排放配额累计成交量1.91亿t，居全国首位；累计成交金额42.37亿元，成为国内首个配额现货交易额突破40亿元大关的试点碳市场。2013年12月，广东正式启动碳排放权交易，将钢铁、石化、电力、水泥、航空、造纸六大行业250家左右的控排企业纳入碳市场范围，覆盖全省约70%的能源碳排放量。碳市场在广东取得实实在在的效益。同时，广东还在全国首度试点配额免费和有偿发放相结合制度。《广东省2020年度碳排放配额分配实施方案》明确2020年度配额总量为4.65亿t，其中，控排企业配额4.38亿t，储备配额0.27亿t，储备配额包括新建项目企业有偿配额和市场调节配额。目前广东现代产业体系初步形成，2020年三次产业比例为4.3∶39.2∶56.5，全省先进制造业增加值占规模以上工业增加值的比例达56.1%，高技术制造业增加值占规模以上工业增加值的比例达到31.1%，现代服务业增加值占服务业增加值的比例达64.7%，新经济增加值占地区生产总值的比例达25.2%。能源结构进一步优化，能源清洁化水平不断提高，2020年全省一次能源消费结构中，煤炭、石油、天然气、一次电力及其他能源的比例约为33%、26%、11%、30%，全省非化石能源占一次能源消费的比例为29%，较2015年提高4.4个百分点。

四、新型国际绿色贸易壁垒对广东外贸经济的影响

结合广东对外贸易现状，从"短期与长期""整体与局部""挑战与机遇"三方面对广东外贸形势作具体研判。

1）短期影响可控，长期不确定性不容忽视

短期来看，欧盟碳关税对广东外贸影响可控。其一，欧盟碳关税的推出引起了国际社会的普遍质疑，尤其是俄罗斯、印度、英国、澳大利亚等国都曾公开表示反对并称碳关税是一种"贸易保护措施"，该机制在国际贸易中的被接受程度将影响其推行实施的

范围和力度。其二，欧盟碳关税将设置过渡期，为企业调整对外贸易格局、优化生产方式、促进技术升级保留了缓冲空间。其三，从纳入欧盟碳关税征收行业范围来看，受影响的行业产品对外出口额占广东对外出口总额的比例（2021年为3.5%）较小，短期内不会对广东整体对外贸易经济产生较大影响。

然而，长期来看，欧盟碳关税对广东对外贸易的不确定性不容忽视。其一，虽然目前欧盟碳关税征收范围仅覆盖钢铁、铝、水泥、化肥、电力五类商品，但文件中指出，未来欧盟会考虑扩大征收范围，如覆盖机电类产品，这类产品是广东主要的出口产品，可能会对广东对外贸易产生较大影响。其二，欧洲理事会曾表示，将实施"除碳定价机制之外，同样有效的减碳措施"，鉴于目前欧美等国家在"双碳"进程上的优势地位，未来欧盟可能推广商品"碳标签"，进一步引导全球绿色消费，造成广东部分海外市场丧失，这将对广东出口产品提出更高要求。其三，欧盟碳关税能促使国际碳同盟的成立与扩大，如美国和欧盟正在筹划针对钢铁和铝产品贸易的"安排"，未来这种绿色壁垒可能造成广东面临的对外贸易环境加剧恶化。其四，虽然广东对外贸易经济总体所受影响较小，但仍有较大规模企业将受到欧盟碳关税直接冲击，且这部分企业是广东塑料、钢铁行业发展的重要支撑，这些企业针对碳关税机制的应对能力高低将直接影响广东塑料、钢铁等行业乃至整个对外贸易经济的平稳有序发展。

2）整体影响有限，局部高碳产品出口受挫

整体来看，欧盟碳关税对广东对外贸易的影响有限。目前欧盟碳关税覆盖范围为钢铁、铝、水泥、化肥、电力等商品，对于涉及上述原材料的复合终端产品（如汽车、机械零件、铝制品等）和其他产品近期都不会被纳入。就广东而言，目前受欧盟碳关税影响最大的为塑料和钢铁，其他产品（如汽车、电子品、机械零件、家具、玩具、服装等复合终端产品）当下不会受到影响。就出口流向来看，广东塑料制品、钢材等产品仍以东南亚、美国等地区为主要出口地区，出口欧盟占比较低，整体影响颇为有限。

局部来看，欧盟碳关税对广东高碳产品出口竞争力将产生较大影响。根据相关研究分析，假如欧盟碳关税全部生效，在广东塑料和钢铁出口企业现有生产模式不变的情况下，该机制会导致广东向欧盟出口的塑料制品和钢铁成本增加至少10%。这将直接增加出口企业的税费负担，倒逼企业为达到进口国的低碳技术标准，需要在短期内投入大量人力、财力、技术进行升级改造，再次增加了生产成本。税费负担和生产成本的叠加影响将导致出口产品价格被迫提升，削弱了产品的价格竞争优势。

3）面临全新挑战，也存在历史机遇

两大挑战。一是目前碳交易市场仍不完善。我国现有碳市场仅包括电力部门，缺乏高碳行业产品（如钢铁、水泥、化工、铝）碳定价机制，尤其是中欧有贸易往来的钢铁等产品，可能导致广东出口欧盟的钢铁和塑料产品等不具有享受上述抵扣政策的机会，进一步影响产品价格竞争力。二是广东企业碳衡量标准尚不成熟。企业在产品碳足迹核算、碳排放体系建立、应对第三方碳排放审核、跨境贸易合规、生产工艺改善、节能减排技术引入等方面都将面临全新挑战，亟须提前布局和应对。

三大机遇。一是促进地方积极参与规则制定，协助建立和完善全领域的碳市场和碳定价机制，如主动参与国际协调机制，加快融入全国碳市场，探索开展碳税试点城市的可能。二是促进企业加大科技创新力度，如加强节能技术与清洁技术的攻关，探寻对风能、水能、氢能等清洁能源的综合运用。三是促进企业构建多元化贸易策略，加速开辟国际新市场，尤其是增加对发展中国家等新兴经济体的出口份额，通过贸易转移效应缓解压力。

第五章　广东经济结构调整方向与思路

新时期，广东不仅要继续保持经济总量第一的强省地位，还要在新经济形势下率先走好低碳发展道路，加快制定碳中和行动方案，带动其他地区为国家早日实现碳中和目标做出表率和贡献，以更大魄力、在更高起点上推进改革开放。

广东具备率先实现碳中和的潜力和优势，但是仅有潜力和优势是不够的，构建面向碳中和的经济高质量发展的低碳行动目标和方案，通过制度协同、技术攻关、机制创新，将潜力变为实力，在新一轮产业革命中抢占战略新机遇制高点，全面建设绿色低碳循环的产业体系，使绿色成为经济增长主要动能，才是对"可持续发展"完整、准确、全面的理解。

第一节　经济动能转换

一、将数字化、绿色化产业打造为拉动广东经济增长的新动能

数字化、绿色化孪生转型是"双碳"背景下产业发展的必然途径。在工业经济时代，主要是非通用技术引领创新，生产函数由资本、劳动力构成，再如纺织机、蒸汽机的发明，提高了生产效率，但没有改变生产函数；在数字经济时代，生产函数增加了数字要素，信息化、智能化作为通用技术广泛应用于基础设施，改变了产业组织方式，由传统的垂直分工演变为网络化、平台化分工，市场组织模式由工业经济时代的纵向一体化和寡头、垄断竞争方式向网络化和平台化的共生共赢的生态系统方向演化。数字经济时代下产业升级的方向就是工业生产力向信息生产力的转变（史丹，2022）。由表5-1可见，发达国家数字经济在三次产业中的渗透率显著高于发展中国家，数字经济渗透率越高，收入水平越高。

根据世界银行发布的《全球价值链发展报告2021》，以自动化和3D打印为标志的智能化、数字化产业数据表明，数字经济平台使小企业更容易走出本土市场、向全世界销售商品和服务，促进国家或地区的对外贸易发展，同时平台公司日益增强的市场势力正在对贸易收益的分配产生影响。

第五章　广东经济结构调整方向与思路

表 5-1　数字经济渗透率（2020 年）[①]

国家类型	第一产业渗透率	第二产业渗透率	第三产业渗透率
发达国家	10.0	31.2	51.6
发展中国家	6.4	13.3	28.7
高收入国家	12.5	28.8	48.4
中高收入国家	7.9	16.7	33.9
中低收入国家	3.3	6.4	19.5

数字经济的发展，使制造业出现从"微笑曲线"向"武藏曲线"的反转（图5-1和图5-2），组装制造将成为制造业高价值区，数字经济赋能是价值转换的关键。我国高度重视数字经济的发展，2022年12月2日，中共中央、国务院印发了《关于构建数据基础制度更好发挥数据要素作用的意见》（简称"数据二十条"），提出要做强做优做大数字经济，增强经济发展新动能，构筑国家竞争新优势。

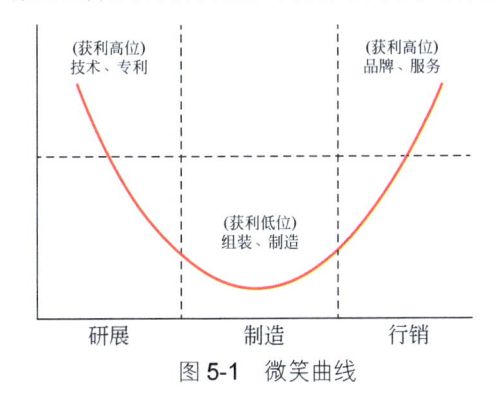

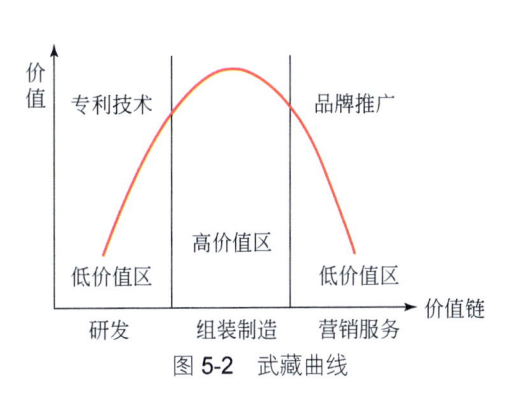

图 5-1　微笑曲线　　　　　　图 5-2　武藏曲线

由图5-3可见，中国数字经济发展初期与美欧等发达国家有一定差距，到2021年中国数字经济规模已经达到7.1万亿美元，位居世界第二[②]，在可以预见的未来，中国数字经济强劲增长，在全球价值链中的位置将不断攀升，广东是制造业大省，数字经济基础设施建设走在全国前列，绿色低碳产业发展态势良好，以数字化、智能化推动制造业和现代服务业发展具备显著优势，在全球数字经济和中国数字经济不断增长的过程中，广东应加速推进数字化、绿色化孪生转型，以创新型产业为核心立足于全球价值链高端。

---

① 中国信息通信研究院．2021．《全球数字经济白皮书——疫情冲击下的复苏新曙光》。
② 中国信息通信研究院．2022．《全球数字经济白皮书（2022年）》。

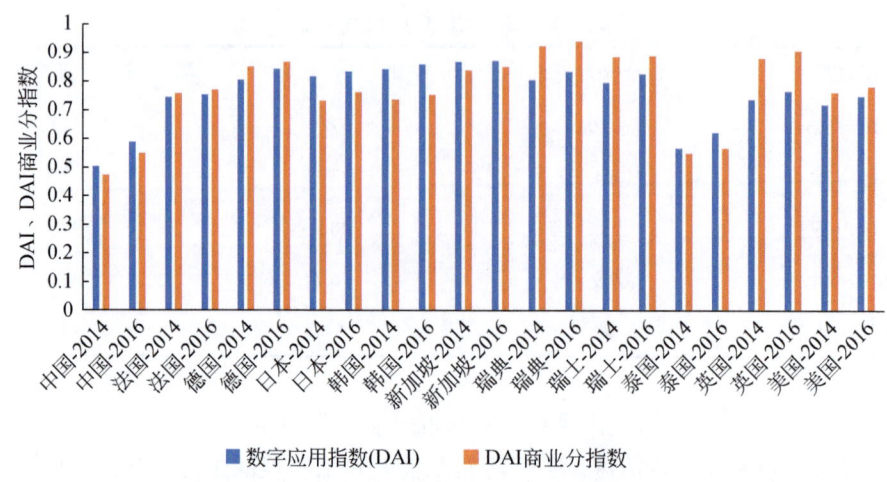

图 5-3 中国与其他代表性国家经济数字化指数比较

根据世界银行数据整理绘制，https://www.worldbank.org/en/publication/wdr2016/Digital-Adoption-Index

在全球应对气候变化、全面推进经济绿色低碳转型背景下，数字经济持续健康地发展离不开绿色产业的支撑。低碳的电力结构、废旧新能源器件的循环回收利用等绿色低碳产业的发展，将使数字经济的绿色化发展成为可能；另外，数字产业的发展通过提高各行各业的生产效率，降低环境负面影响，数字化和绿色化相互赋能，成为促进经济高质量发展的新动能。2022 年 11 月 21 日，中共中央网络安全和信息化委员会办公室、国家发展和改革委员会、工业和信息化部、生态环境部、国家能源局联合印发通知，确定在包括广东深圳在内的 10 个地区开展首批数字化绿色化协同转型发展综合试点，重点围绕数字产业绿色低碳发展、传统行业双化协同转型、城市运行低碳智慧治理、双化协同产业孵化创新、双化协同政策机制构建等方面探索可复制、可推广经验。广东可以此为契机，组织多个城市/企业开展底层共性技术创新和应用场景创新，以零碳和负碳技术研发和应用为先导，在绿色交通、超低能耗建筑、碳金融、高端制造、智能系统等方向上，以共建共享的方式打造绿色低碳技术链、产业链和价值链，将数字化、绿色化产业打造为拉动广东经济增长的新动能。

二、大力培育第四产业，为广东经济高质量发展装配新引擎

我国对三次产业的划分始于 1985 年，国家统计局向国务院提出了《关于建立第三产业统计的报告》，报告中首次规定了我国三次产业的划分范围，并分别于 2003 年、2013 年和 2018 年对三次产业的划分范围进行了调整[①]，三次产业的划分主要依据《国民经济行业分类》（GB/T 4754—2017），体现的是物质生产和人的劳动这两个环节以及它们之间的联系，但忽视了环境生产和人的劳动以及它们之间的关系，没有将这类劳动品纳入经济体系，生态环境的生产与消费活动被摒弃在经济系统外，是工业经济时代高污染、

---

① 国家统计局，https://www.stats.gov.cn/zs/tjws/tjbz/202301/t20230101_1903768.html。

高排放、高消耗的根本原因。

随着社会发展由工业文明迈向生态文明，经济"稀缺"模式已经由人造资本和劳动力稀缺转变为自然资本稀缺，这使得生态环境作为一种生产要素进入生产函数，传统三次产业范畴已经不能涵盖和体现这种新的生产关系，以王金南（2021）、谷树忠（2020）为首的生态学家、经济学家提出建立"第四产业"获得了学界普遍认可，第四产业是指以生态资源为核心的投入要素、以最终生态产品和服务为产业形态，从事生态产品的生产、开发、经营、交易等经济活动集合的产业体系。截至2022年10月，生态环境部环境规划院、中国科学院、清华大学、浙江大学等研究单位已相继成立了第四产业研究专家组、生态产品与自然资本联合实验室，目前第四产业的基本原理、实践基础、体系框架、价值核算、供给需求、交易机制、产业模式及发展政策体系等已初步形成。国家生态文明试验区、生态产品价值实现机制试点、"绿水青山就是金山银山"创新基地等也有大量的实践案例，但还没有一个地区形成完整的第四产业及产业链、价值链体系。

广东有65%左右土地属于生态发展区，基本位于北部山区和西翼地区，生态产品应该成为这些地区的主要收入来源。从目前情况看，工业仍然是大部分生态发展区的主要经济支柱和收入来源，例如，辖区内有七个县被划为重点生态功能区的韶关市，2021年第二产业对经济增长的贡献率为35.7%，第一产业对经济增长的贡献率仅为22.09%，城镇居民的可支配收入几乎是农村居民的两倍[1]。又如，河源全市（除源城区外）划为国家/省重点生态功能区，但河源经济发展仍然以工业为主，2021年第二产业对经济增长的贡献率为47.9%，六大高耗能行业增加值比上年增长12.0%[2]，而第一产业对经济增长的贡献率为12%。

作者课题组前期在这些城市的调研发现，绿水青山是这些地区的优势资源，但难以直接进入产品市场中实现其价值，缺乏完整的生态产业链是重要的原因。部分处于生态功能区的城市直言有"投资饥渴症"。大力发展以生态产品为核心的第四产业体系，包括生态保护和修复、生态产品经营开发、生态产品监测认证、生态资源权益指标交易、生态资产管理等产业形态，构建生态敏感性产业目录，重点引进能够提升生态资源本底价值的相关产业，推动一批生态敏感型产业主动落户广东北部生态发展区，逐步形成以生态产品为核心的第四产业。

生态产品同农产品、工业品和服务产品一样，都是维持人类生存发展所必需的。广东的市场化程度较高，创新意识强，与港澳和海外市场联系紧密，省政府也正在这些地区开展生态产品价值实现机制试点，具有率先发展第四产业的市场优势和基础条件，可以此为契机，大力发展以生态产品为核心的第四产业，使其成为生态发展区的主要财政收入来源，与第一产业、第二产业、第三产业相互融合，共同构成推进广东经济高质量发展的现代产业体系新引擎。

---

[1] 韶关市2021年国民经济和社会发展统计公报 (http://www.tjcn.org/tjgb/19gd/37123.html)。

[2] 河源市2021年国民经济和社会发展统计公报 (http://www.heyuan.gov.cn/zwgk/tjsj/tjnb/content/post_489581.html)。

三、将区域落差变为发展势能,驱动经济绿色低碳循环均衡发展

第三章分析发现广东区域差异体现在多方面,珠三角和省内其他地区之间的差异还在进一步扩大,无论从经济数据还是人口数据看,首位度指数都超过了合理水平,且"虹吸效应"大于"扩散效应",如果不采取有效措施,区域发展不均衡将成为制约广东经济高质量发展的最大短板。缩小区域差距的路径是多样的,科学选择最优协调发展路径可能起到事半功倍的效果。

历届广东省委、省政府高度重视区域均衡发展问题,出台和实施了一系列促进区域协调发展的相关政策和举措,特别是 2019 年发布的《关于构建"一核一带一区"区域发展新格局促进全省区域协调发展的意见》(以下简称《意见》)可以视为广东各地区到 2035 年发展格局的总方案,《意见》对如何推进区域均衡发展提出了明确的目标和方案:以功能区战略定位为引领,着力增强珠三角地区辐射带动能力及东西两翼地区和北部生态发展区内生发展动力,并对如何实现区域协调发展提出了科学的分类指导建议。例如,将沿海经济带作为新时代全省发展的主战场,这个区域包括珠三角沿海 7 市和东西两翼地区 7 市,有利于物质资料和劳动力从广州、深圳等核心城市中"扩散"到其他城市,降低城市首位度指数,缩小城市发展差距。

值得注意的是,从区域协调发展模式看,《意见》提出的基本上是"强强联合"模式,利用区域发展落差的势能方面有待增强。"把东西两翼地区打造成全省新的增长极,与珠三角沿海地区串珠成链",这个产业链条中没有北部生态发展区,珠三角与北部山区的发展落差最大,发展势能也最高,如果将北部生态发展区从全省区域产业链条中独立出去,发展落差带来的势能就难以利用。当然,从产业链相关性来看,珠三角与东翼和西翼地区的产业衔接更紧密、产业承接度更高,短期来看,缩小东翼和西翼地区与珠三角的发展差距有助于快速提升广东区域协调发展水平,但也存在产业同质化竞争等问题。而在发展落差较大的区域,基本不存在产业同质化竞争问题,更多的是产业互补关系,更大程度地提高社会总体福利水平。例如,通过各类技术应用场景拓展等方式,将先进的绿色低碳技术应用于生态产业发展,可以快速提升北部生态发展区的生产效率和溢价水平,也有利于广州、深圳等科技创新中心实现技术多样化发展,通过这种方式,北部生态发展区的产业可以作为全省产业体系中的一环参与价值分配。

四、建设现代能源产业体系支撑广东经济增长与碳排放稳定脱钩

能源是经济资源,更是战略和政治资源。当前世界正处于百年未有之大变局,气候变化等影响能源安全的要素、作用机制将给能源体系的正常运行带来更大的不确定性,例如,能源高端装备、关键产品、核心技术、复杂系统、重要零部件、先进材料等方面的供应链风险增高将引发能源供需发生新的变化。因此,在建设现代能源体系的过程中,必须坚守能源安全和成本可控两条底线,以"清洁、低碳、安全、高效"为核心,构建坚强韧性、低碳智慧的现代能源体系,支撑广东"双碳"目标如期实现。

对广东而言，构建现代能源产业体系有如下三方面需要特别注意。

第一，加快推动能源技术革命。广东能源消费量大，能源对外依存度高，发展可再生能源潜力大，定位为国际科技创新中心，具备以新能源为主流的现代能源体系发展所需的数字信息、电子电气、智能制造等新兴配套产业显著优势。在能源结构低碳化过程中，亟须加快推进可再生能源、新能源、核能、储能、智慧能源等领域诸多新兴技术攻关和取得重大突破，跨越技术商业化临界点实现产业化发展，补强产业链供应链短板，加快信息领域新技术与能源技术深度交叉融合，将先进信息技术应用到能源生产、传输、存储、消费以及能源市场等各环节，创新数字能源系统建模理论和孪生技术、能源系统或能源过程数字模化技术、多约束目标下多尺度能源系统仿真模化和智慧管理技术等，形成数字能源技术支撑的政策设计方法和商业模式新体系。

第二，加强退役新能源器件循环利用研发工作。广东新能源产业相对发达，部署新能源器件退役处理相关工作，包括科学研究、制度细则、政策激励等，使新能源产业发展形成闭环非常重要。在科学研究上，以多学科交叉融合为特色，重点以退役储能系统、光伏组件、风电机组叶片为对象，研究精细智能拆解、有机废材高效热转化、废杂金属清洁回收及综合支撑等关键科学问题，构建涵盖基础研究、技术开发、装备研制和技术测试验证的全链条综合性研发平台；在制度上，规范新能源退役器件管理，使每种有机固废都有自己的"身份证"；同时，开展政策机制研究，通过市场之手激励新能源企业主动回收循环利用退役器件，全方位构建绿色低碳循环的社会经济体系。

第三，强化以区域为单元建立能源安全预警机制。在能源安全方面，要顺应各城市能源结构和供需格局差异变大的趋势，以及数字化、智能化发展带来的电力需求超预期增长给电力供应安全带来的冲击，以区域为单元建立能源安全的预警机制，增强各地风险防范能力，有利于提升现代能源体系韧性。在这个过程中，需要平衡好煤电、气电兜底保供和可再生能源电力发展的关系，使新能源、可再生能源与化石燃料相互调剂，实现传统能源向现代能源体系转变平稳过渡。

第二节　产业空间布局调整

广东省委、省政府发布的《关于构建"一核一带一区"区域发展新格局促进全省区域协调发展的意见》和广东省人民政府印发的《广东省主体功能区规划》是产业空间布局的方向性文件，基于两份文件精神，结合本课题相关研究发现，对广东碳达峰碳中和背景下产业空间布局调整方向提出以下建议。

一、同一功能区内不同城市的产业发展差异化与互补性要兼容共济

根据《关于构建"一核一带一区"区域发展新格局促进全省区域协调发展的意见》

和《广东省主体功能区规划》，不同的主体功能区有明确的发展定位和产业发展方向，例如，以珠三角城市为核心的优化开发区产业朝着高端化方向发展，以新产业、新业态、新模式为引领，推动互联网、大数据、人工智能和实体经济深度融合，重点对标建设世界级城市群，打造国际科技创新中心，培育世界级先进制造业集群；重点开发区城市主要分布在沿海经济带，包括珠三角沿海7市和东西两翼地区7市，重点布局临港产业、重化产业集群、海上风电整机组装基地等新能源装备产业；北部生态发展区以提供生态产品为首要任务，主要发展绿色低碳新型工业、数字经济、文化生态旅游、健康养生、绿色食品、生物医药、运动休闲、现代农林业等绿色产业。

对于优化开发区和重点开发区内城市的产业发展方向，《关于构建"一核一带一区"区域发展新格局促进全省区域协调发展的意见》提出了较为详细的指导建议，如产业疏解与产业共建如何开展，对不同城市的重点产业如何开展差异化布局——珠海、佛山重点发展高端装备制造业和智能制造产业，惠州重点发展高端电子信息和石化产业，东莞重点发展智能制造和新材料产业，中山重点发展高端装备制造业和健康产业，江门重点发展轨道交通产业，肇庆重点发展新能源汽车和节能环保产业等。差异化的产业布局可以有效避免同质化竞争，但过大的差异可能造成功能区内城市产业零散分布在不同产业链中，难以形成产业体系，如果不幸处于某个产业链的价值低端，就难以成为支撑城市经济持续增长的优势产业。因此，对于城市而言，在具体产业的布局选择上至关重要，也需要省政府相关部门的指导，从全省产业体系建设战略层面，对全省重点产业的完整产业链建设进行部署。

对于北部生态发展区城市产业的差异化发展的指导还需要加强，在《关于构建"一核一带一区"区域发展新格局促进全省区域协调发展的意见》中提出，支持韶关、河源、梅州、清远、云浮等地立足北部生态发展区资源环境优势，积极发展生物医药、大数据等战略性新兴产业，依托农产品生产保护区、特色农产品优势区等，打造现代农业产业园等。北部生态发展区城市的自然资源条件较为类似，上述生物医药、大数据等产业均可进入，如何预防产业同质化是这些地区需要深入研究的问题。

二、结合粤港澳大湾区发展规划和国家"一带一路"建设拓宽广东产业空间布局

广东地理位置优越，靠近东南亚，毗邻港澳，又处于太平洋、印度洋、大西洋航运的枢纽位置上，是中国重要的海上交通要冲、沟通海外的通道和主要对外通商口岸之一。在粤港澳大湾区建设和"一带一路"共建国家经贸关系中具有重要地位和得天独厚的条件，广东产业布局不应只局限于省内四大区域，要站在全球高度寻找产业发展机会，参与全球产业链分工。

深化广东与"一带一路"共建国家在绿色技术、绿色装备、绿色服务、绿色基础设施建设等各方面的交流与合作，积极推动广东产业发展"走出去"，支持清洁可再生能源开发利用，支持发展中国家应对气候变化能力建设。建立"一带一路"绿色投融资合

作机制,引导整合境内外资金投向绿色低碳项目。

深度推动粤港在基础研究和技术应用方面的交流合作。在新能源技术研发、电动车产业发展、绿色建筑、碳市场合作等方面开展深度合作。在低碳产业发展方面,粤港澳具有较大的优势互补,例如,广东以电力结构转型、工业节能与清洁能源替代(工业能耗占广东能源消费总量的57.3%)为主进行低碳产业培育;澳门聚焦提高城市电气化水平、交通减碳开展能源转型(澳门交通能耗占比32.7%);香港以建筑领域的能源转型为重点(香港建筑碳排放占比60%),以此为基础带动粤港澳三地形成各具优势的低碳产业。

参考落马洲河套区(又名港深创新及科技园)模式,建立大湾区"双碳"示范区,跨越粤港澳地理界线,通过能源领域的制度创新和先行先试,打通三地政策协调和规划衔接方式,以合作模式增强低碳科技、研发、转化能力,达到优势互补。示范区内组织培训课程、研讨会、交流活动等,促进人才、机构间的交流。例如,香港的金融和市场服务走在全国前列,已为全港学校提供一条龙太阳能服务、资金配套等,为广东和澳门加快建筑减碳行动提供模式借鉴;广东碳普惠制度已经成功运行多年,并与9家国家级碳排放权交易平台共同启动"碳普惠共同机制",可在示范区内创建适用于大湾区的自愿减排机制,搭建大湾区统一碳排放数据报送系统、碳排放权注册登记系统、碳排放权交易系统和结算系统;发挥广东、深圳碳市场试点优势,逐步放开外汇管制,探索碳市场跨境交易机制和渠道,与境外碳市场连接,吸引海内外碳市场参与者,刺激碳市场活跃性和有效度,共同开展国际碳市场的规则、标准和路径,在中国碳市场的国际化进程中发挥重要作用。

三、将"碳生产力"指标作为科学布局产业空间的重要标准

经济持续稳定的增长是实现碳达峰碳中和目标的必要条件,碳生产力水平的高低是重要的评价指标。广东地区差异较大,21个地市在主体功能定位、产业结构、能源结构、人口总量、发展趋势等方面存在较大差异,碳排放空间分布不均衡(图5-4),不同城市的碳生产力水平差异巨大(图3-27),广东碳强度最低的是深圳(0.18t CO_2/万元,2020年数据),最高的是韶关(1.91t CO_2/万元,2020年数据),即同样排放1t CO_2深圳创造了5.6万元的增加值,韶关仅创造了0.52万元的增加值,碳生产力相差10倍多;碳强度低于广东平均水平的城市仅有5座(深圳、广州、佛山、珠海、汕尾),大部分粤东、粤西、粤北地区的城市碳生产力水平低于全省平均线。

围绕提高区域的碳生产力水平进行产业布局,可更为精准地实现减碳与增长的协同。以生态发展区为例,能源结构高碳、产业增加值偏低是导致韶关经济增长与碳排放负脱钩的主要原因,引进低碳高附加值的产业对韶关这类生态发展区而言具有特别重要的意义,相对于将这些产业布局在其他功能区,对全省经济增长与减碳贡献具有更大边际效应。在《关于构建"一核一带一区"区域发展新格局促进全省区域协调发展的意见》中提出,"支持韶关、河源、梅州、清远、云浮等地立足北部生态发展区资源环境优势,积极发展生

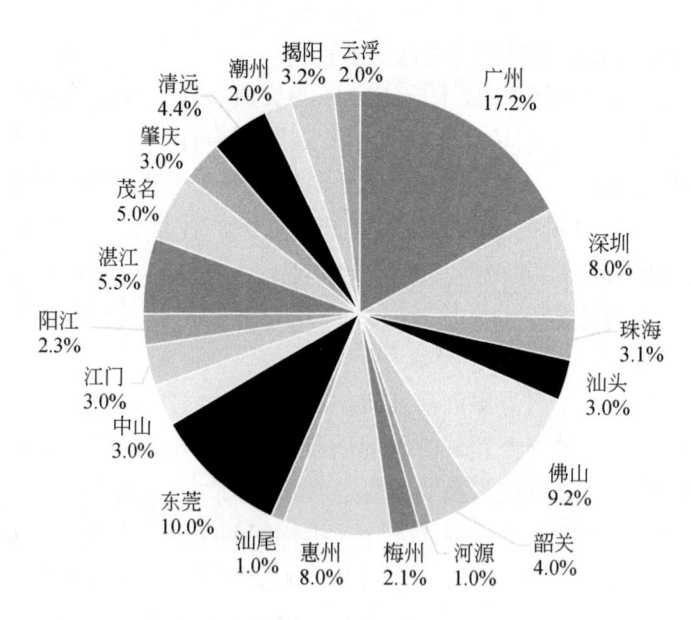

图 5-4　2020 年广东城市碳排放总量分布

广东省能源研究会提供

物医药、大数据等战略性新兴产业，发展对接珠三角地区的高端制造、智能制造和生产性服务业"，使北部生态发展区城市参与到数字产业链中，可增加当地财政收入，同时数据中心高耗能的产业特征也是生态发展区需要应对的现实，生态发展区能源结构高碳，而且数据中心对就业和产业带动较为有限，需要围绕数据中心形成一个产业，而不仅仅是建一个数据中心，成为珠三角的数据储备基地，同时大力调整能源结构，形成低碳能源产业，有助于快速提升生态发展区的碳生产力水平，成为全省碳达峰贡献者。

第三节　产业结构调整

产业结构调整包括产业内行业结构的调整和三次产业间的结构调整，实质上是从量变到质变的过程。当传统行业逐渐被新兴行业替代，第一产业、第二产业、第三产业结构才会发生转变。在农业经济时代，第一产业是经济支柱；在工业经济时代，第二产业拉动经济快速发展；在后工业时代，以服务业为代表的第三产业成为经济主导；在生态文明时代，第四产业崛起，并与三次产业融合发展，在本章第一节提出了培育第四产业可为广东经济高质量发展装配新引擎。下面主要对行业结构调整方向提出建议。

一、打造"绿碳系"生态产业价值链，提升第一产业对全省 GDP 增长贡献率

依托生态发展区各城市的优势资源和产业基础，将具有生态服务价值的资源性产品、

有市场开发价值的环境产品、已有市场但溢价水平不高的农产品进行集成开发，运用现代营销手段，打造以"数字碳汇+智慧农业+绿色金融衍生品"为主体的生态产业链，形成多个效益发力点，实现经济效益"从空气中来，从水里取，从地里生，在市场中变现"，培育多个生态产业拳头产品，形成"绿碳系"生态产业价值链，提升广东生态发展区整体绿色溢价水平，降低市场风险。在"两山""双碳"政策风口上抓住时代机遇，持续、稳妥地培育生态发展区的"造血功能"，以生态产业化小变局谱写生态发展大文章。

"绿碳系"生态产业价值链主要由5～10个价值节点构成，每个价值节点底层分别依托了"森林""水资源""农产品""清洁电力""文化产品"5类资源产品，每类产品产生1～2个价值节点，节点之间通过产品链接形成新的价值节点，构成"绿碳系"生态产业网状价值链，通过智慧技术构造数字交易平台，打造生态产业元宇宙空间，使虚拟世界与生态产业相互映射与交互，形成现实市场与虚拟市场并存的生态产品价值实现方式。

二、以数字经济为基底加速广东制造业向智能化、高端化方向发展

全球制造业发展格局加快调整，新一轮科技革命和产业变革深入发展，工业化和信息化融合向更大范围、更深层次、更高水平拓展，催生出更多新技术、新产业、新业态、新模式。在新能源、新材料等新兴领域，中国等后发国家与日德美等发达国家大致处于相同起跑线，可以获得"换道超车"新契机。数字经济在新冠疫情防控中发挥巨大作用，日益成为经济发展的重要驱动力，将推动制造业产业模式和企业形态根本性变革，促进全省制造业加速向数字化、网络化、智能化、绿色化、服务化转型。

全球产业链和价值链正在加速重构，面向国内国际两个市场分别布局技术创新和生产力资源，将成为企业应对国际经贸形势变化的新选择，这更有利于广东发挥制造业门类齐全、市场空间广阔、应用场景丰富、生产能力强大的优势，在加速补齐短板、重构产业链供应链等方面获得新机遇，瞄准国际先进标准提高产业发展水平，培育形成一批产业链条完善、辐射带动力强、具有全球竞争力的战略性产业集群，加快进入全球产业链价值链中高端，成为世界先进水平的先进制造业基地。

三、重点推进广东新能源、可再生能源技术攻关和产业化发展

碳达峰是发展问题，碳中和是技术问题。在全球经济向零碳迈进的过程中，率先抢占科技制高点就站在了全球产业价值链高端。面向碳中和的未来能源，亟须以一系列颠覆性、变革性能源技术为支撑，它们也是未来世界各国竞相角逐的科技制高点。建议依托大湾区在氢能、信息技术、半导体材料、人工智能、高端装备制造等方面的技术研发和产业发展优势，围绕广东能源转型组建专攻方向聚焦、产业培育目标明确的国家级变革性碳中和技术研发平台，集前沿科学研究－核心技术攻关－集成方案提供－行业标准制定－战略研究支撑于一体，为解决广东绿色高质量发展提供整体解决方案。

能源产业是全球应对气候变化的第一个阵地,而能源技术的研发和创新则会成为引领能源产业变革的内在动力。世界主要国家和地区都会抢占能源技术创新的先机,作为新一轮科技革命和产业革命的突破口,从增强国家国际影响力的战略高度来制定各种能源技术规划,加快能源科技创新。"十四五"期间,大国能源系统科技竞争将更加激烈,集中在绿色低碳能源技术、小型模块化反应堆、能源区块链技术、电池储能技术、5G与能源深度融合技术、3D打印技术应用于太阳能电池制造工艺等领域。从当前的发展情况看,我国能源领域的一些核心设备和关键零部件主要依靠进口,一些关键核心技术仍掌握在美国、日本、德国等国家手中,在能源细分产业的多个环节上仍存在"卡脖子"技术问题。

建议在能源重点领域和关键环节进行技术攻坚,聚焦能源清洁化、电气化、智能化、集成化等事关能源转型发展全局的关键领域,推动能源开发、转换、配置、使用全环节技术和装备创新,解决一系列"卡脖子"技术问题,提升能源产业链供应链现代化水平,如在电力基础设施网络安全、智能电网、先进核电、智慧矿山、煤炭清洁利用和新能源核心技术研发等重点领域取得突破,在氢能产业链关键技术和装备、天然气上游勘探开发环节、能源工业软件等方面进行技术攻关,建立中国自主技术品牌,发展壮大民族工业,以技术驱动产业,以产业提升技术,保障现代能源体系建设行稳致远。

四、提前部署"短期气候污染物"减排相关工作和"固碳"类产业,支撑碳中和与其他减排目标协同实现

减排温室气体只是可持续发展的一个维度,如果仅解决高碳排放问题,忽视了经济增长、资源高消耗、高生态环境足迹等问题,也难以真正实现可持续发展。我国已经签署了《<蒙特利尔议定书>基加利修正案》,对氢氟碳化物的绝对量削减已经提上日程,实现碳中和是六种温室气体排放近零状态,不仅仅是二氧化碳零排放,如甲烷排放主要来自包括化石能源(煤炭、天然气)开采、废弃物处理、农业活动等,在部分领域可以自动实现减排的协同效应,如减少化石能源利用可以降低包括二氧化碳、甲烷、六氟化硫等温室气体排放。对无法自动实现协同减排的领域,如甲烷在农业活动、废弃物处理过程中的排放,氢氟碳化物在工业制冷剂、发泡剂生产过程中的排放等,需要及时部署这类温室气体和短期气候污染物的减排工作,在减排行动过程中形成新的环保类产业。

在"三端发力"实现碳中和目标的过程中,能源的生产和消费将朝着低碳化、智能化方向不断演进,工业、建筑、交通、电力等部门的能源消费需求结构和消费方式也在不断变化,在这个过程中新产业、新业态、新商业模式(简称"三新")不断涌现,如能源生产电力/热力供应端以化石能源为主的电力生产系统需要改造为以风、光、水、核、生物质、地热、氢能等可再生能源和非碳新能源为主,太阳能、风电、氢能等新型能源产业已经崛起,但固碳端的产业体系尚未形成,以CCS或CCUS为代表的工程技术还不具备大规模商业推广的条件,生态增汇相关产业尚处于萌芽阶段。从技术/产业发展规律看,从试验研究、试点示范到商业运行,最后是大规模商业竞争应用是一个漫长的过程,

自我国第一批风电机组在 1989 年商业运行以来，经过了 20～30 年才形成了较为成熟的风电产业，大力培育"固碳类"产业可支撑碳中和目标实现，同时拉动经济增长和就业。

五、以资源循环利用技术研发为核心，打造绿色低碳循环产业生态

以新能源与可再生能源为主的现代能源体系行稳致远，带动新能源装备制造业快速发展，从构建绿色低碳循环经济体系的视角，退役光伏组件、废弃风电叶片、退役动力电池的循环利用和安全处理问题不解决，新能源产业将无法避免带来新的环境风险，发展退役新能源器件循环利用方面的技术和产业，才可以真正体现出新能源产业的可持续性和与自然和谐共生。大湾区聚集了境内外大量科技人才，在大湾区内有全球顶尖学府，科技力量雄厚、创新产业链完整，各类金融资本集聚，应率先开展退役新能源期间循环利用技术的研发和应用，重点以退役储能系统、光伏组件、风电机组叶片为对象，研究精细智能拆解、废杂金属清洁回收及综合支撑等关键科学问题，引导、凝聚粤港澳三地科技力量，共同完成包括基础研究、技术开发、装备研制和技术测试验证、跨境培育技术和产业的全链条布局，这个产业的培育也可为香港、澳门的交通电气化、储能业务发展解决废弃物处理的后顾之忧。

六、以现代服务业和生产性服务业为核心发展第三产业

现代服务业是以现代科学技术特别是信息网络技术为主要支撑，建立在新的商业模式、服务方式和管理方法基础上的服务产业[①]。随着工业化、信息化、城镇化、市场化、国际化深入发展，现代服务业对经济增长的贡献程度不断提高，以广州和深圳为例，在"十三五"期末，深圳现代服务业占服务业增加值的比例达 76.1%，年均增速 7.5%；广州现代服务业增加值占服务业增加值的比例为 65.1%，年均增速 6.6%，有力地拉动了两个城市的经济增长。但从总体上看，广东现代服务业发展还有待加强，2021 年现代服务业占服务业总量的比例为 53.4%。现代服务业既包括随着技术发展而产生的新兴服务业态，又包括运用现代技术对传统服务业的改造和提升。在"十四五"期间进一步拓展现代服务业对传统服务业的改造，同时培育新兴服务业态，提升现代服务业对广东经济增长的贡献和拉动。

制造业是实体经济的基石，先进制造业是增强产业链供应链自主可控能力的关键所在。而推动先进制造业高质量发展，重点之一是要解决生产性服务业发展不平衡、融合程度不高、支撑能力不足的问题。广东第三产业相比第二产业，更容易受到外部经济变化的影响，聚焦生产性服务业，让产业链供应链更安全。转变经济发展方式、调整产业结构的加快推进，将对发展生产性服务业提出新的要求。2020 年江苏生产性

---

① 国务院关于印发服务业发展"十二五"规划的通知国发〔2012〕62 号 (http://www.gov.cn/govweb/zwgk/2012-12/12/content_2288778.htm)。

服务业增加值占服务业增加值的比例达到55%[①],广东也要围绕产业链供应链的安全稳定,促进生产性服务业发展,做好专业化高端化服务,进一步带动产业结构和消费结构升级。

第四节　广东需求动力转换

最终消费、资本形成总额、净出口是拉动经济增长的需求动能,"三驾马车"均衡发力可对经济形成强劲而良性的增长需求,不同地区的区位条件不同,需求结构的均衡状态略有差异,广东作为沿海地区,外贸是重要的需求动能。本书第三章第二节对广东历年的消费结构分析发现,目前广东净出口对经济增长的拉动略显乏力,需要从出口产品结构、出口地理格局、外资利用引导等多方面进行调整。

一、强化广东制造业对外资的吸引,以绿色消费扩大内需

2010~2020年,投资和消费是拉动广东经济增长的主要驱动力,在广东经济发展切换赛道的过程中,投资和消费格局也要相应改变,从需求侧为经济平稳转型提供拉动力。从资本形成总额看,广东2020年的资本形成总额是4.93万亿元,江苏的资本形成总额为4.34万亿元;从外商投资领域看,2021年外商在江苏制造业企业的投资总额为6342亿美元,在广东制造业企业的投资总额为3743亿美元;从外商投资领域看,在广东主要投向资源型产业和服务业,在江苏主要投向制造业。人才跟着资金走,资金跟着项目走,在制造业领域,高比例的外资介入将为江苏先进制造业的快速发展提供有力的技术支撑,广东应强化制造业对外资的吸引,通过更多的国际技术和资金合作参与全球产业升级换代过程,利用好这个机遇期推动广东制造业尽快在全球产业链价值链中处于高端。

最终消费作为"三驾马车"之一,近年来对经济增长的贡献越来越大。2022年12月,中共中央、国务院印发了《扩大内需战略规划纲要(2022—2035年)》,将绿色低碳消费作为扩大内需的一项重要举措,在市场建设、产品推广、消费制度等方面提出了多项措施。建议广东尽快根据规划纲要部署相关工作,加大政府对低碳绿色产品的采购力度,引导全社会绿色消费。随着广东居民生活水平不断提高、常住人口数量持续增长以及服务业的进一步发展,建筑领域能耗和碳排放在未来一段时间内仍将处于增长趋势,需要尽快全面执行更严格的绿色建筑标准,合理控制建筑面积增长、推广超低能耗建筑,强化公共建筑节能管理,大力发展节能低碳建筑。建立健全绿色产品标准、标识、认证体系和生态产品价值实现机制,推动生态产品交易市场的形成,促进绿色低碳消费。

---

① 江苏省人民政府 政府办公室(厅)文件 省政府办公厅关于印发江苏省"十四五"现代服务业发展规划的通知(www.jiangsu.gov.cn)。

二、保持对外贸易畅通，凸显广东经济特色

应对气候变化是全球性行动，广东作为中国改革开放的前沿阵地、粤港澳大湾区的重要区域，在开展国际合作方面有地理优势和市场基础。近年来，世界百年未有之大变局加速演进，全球经济低迷，产业链、供应链受非经济因素影响面临冲击，国际经济、科技、文化、安全、政治等格局都在发生深刻调整，全球性问题加剧，世界进入动荡变革期（杨洁篪，2022）。在新形势下，广东需要积极开拓进取，积极建设覆盖全球的伙伴关系网络，持续推动产业链、创新链、供应链、价值链深度融合的国际合作新秩序和新模式。

（1）建立"强强联合、优势互补"的战略伙伴关系推动能源变革和低碳合作。重点推动我国太阳能、风能、海洋能、天然气水合物等可再生能源和新能源领域"全行业""全要素""全链条"的国际合作，有效利用"外化平台"，拓展合作支持渠道、夯实合作关系。

（2）开辟"一带一路"合作新空间。依托"一带一路"倡议和广东的产业和技术优势，引导具备条件的项目通过国际合作实现科技成果的转化输出和境外资源的输入型利用，不断为境外能源合作开辟新空间。对"一带一路"沿线上较为依赖传统能源的国家，重点推动广东新能源领域企业"走出去"。

（3）积极参与国际标准与规则制定，警惕发达国家通过主导国际规则，给全球能源绿色低碳发展"带节奏"，打破美欧"绿色包围"。做好能源领域碳排放数据测算，完善相关数据库建设，为我国与国际碳市场衔接夯实基础。支持省内科研院所、高校及企业建立相关联盟，加强与国外政策研究机构的合作，借助国际论坛、官方对话、学术交流等方式，对外加强沟通，强化国际宣传。

粤港澳大湾区以广东和港澳地区为广阔发展腹地，在"一带一路"高质量发展中扮演着重要角色，借助"双循环"增强对"一带一路"高质量发展的引领力，推动构建新发展格局。近年来，粤港澳大湾区与"一带一路"共建国家的经贸投资合作已经取得较大成就。但作为中国先进技术、优质产能和对外开放高地，大湾区整体对促进"一带一路"高质量发展的引领潜力远未得到完全释放。

建议发挥港澳国际化、专业服务发达的优势，通过"政府搭台、多方奔赴"的平台运行实现科技成果的转化输出和境外资源的输入利用，为我国企业和研发机构在"一带一路"国家开展清洁能源开辟新空间，打造先进技术、优质产能、绿色投资和发展理念的开放窗口。积极参与国际规则制定、争取绿色能源与应对气候变化问题的理论阐释权和规则话语权；着力建设大湾区链接"一带一路"的绿电交易通道，加快大湾区碳交易市场体系、碳标签和碳认证互认机制建设，为我国与国际碳市场衔接开路搭桥，为企业应对碳关税、突破美欧设置的"绿色壁垒"做好技术工具和应对策略上的准备。

第六章 结论与展望

应对气候变化不是别人要我们做,而是我们自己必须要做,是中国推动可持续发展的内在要求。中国实施积极应对气候变化国家战略,取得了显著的成效,在电动汽车销售和可再生能源装机规模方面处于全球领先地位,已经成为全球气候治理进程的重要参与者、贡献者和引领者,在2022年11月举办的UNFCCC COP27上,公约秘书处执行秘书西蒙·斯蒂尔对中国应对气候变化的实际行动给予高度评价。

在应对全球气候变化和推动新冠疫情后经济复苏的背景下,以绿色增长、低碳发展、数字经济为典型特征的新经济正在快速替代传统经济增长方式,形成全球经济新赛道。中国各省、自治区、直辖市可从领域、行业、技术、机制等方面提出了重点方向,为各地区根据自身的现实条件制定长期行动计划提供了详细的指引;"双碳"目标引领经济社会全面绿色转型,以减污降碳协同增效作为促进经济社会发展全面绿色转型的总抓手,紧盯环境污染物和碳排放主要源头,突出工业、城乡建设、交通运输、农业、生态建设等重点领域,优化大气、水、海洋、土壤、固体废物等环境治理和技术路径,辅以机制创新,共同发力推动新时期中国高质量发展。

一、UNFCCC 和 IPCC 是构建全球气候治理格局的两大支柱

在全球气候治理领域,减排温室气体与适应气候变化行动目标的设定和任务分摊主要来自UNFCCC缔约方经过气候谈判签订的各种国际协定,如《京都议定书》《巴黎协定》,签署这些国际协定的国家和地区必须按照其承诺采取应对气候变化行动,例如,我国向国际社会做出的国家自主减排贡献承诺(减排目标)。除了UNFCCC外,还有一个重要的科学组织——IPCC,IPCC下设三个专家工作组和国家温室气体清单专题组,三个专家工作组每六年发布一次全球气候变化评估报告,分别对气候变化的科学认知、减排温室气体政策与行动、适应气候变化行动与政策进行评估,国家温室气体清单专题组的主要目标是制定和细化国家温室气体排放和清除的计算和报告方法。简而言之,UNFCCC负责组织缔约方气候谈判,促进国际社会共同应对气候变化行动目标的达成,IPCC提供科学和技术支撑。因此,这两个组织出台的目标、政策、措施共同构成了全球气候治理格局。从这两个组织最新发布的国际条约、评估报告中梳理全球气候治理新目标和重要举措,以及主要发达国家经济增长与碳排放脱钩过程中提炼经济转型经验和教训,明确广东经济转型面临的国际形势,为广东在碳达峰碳中和背景下的经济转型提供

其他国家经验参考。

二、碳达峰是阶段性目标，碳中和是全球气候治理终极目标

碳排放达峰并不是全球气候治理的目标，只是碳中和的必然阶段，截至2022年4月国际上已有127个国家（包括欧盟）以立法、法律提案、政策文件等不同形式提出或承诺提出碳中和目标，碳中和（又名"零碳排放""气候中和"）是全球气候治理目标，是大势所趋。统计发现，截至2022年1月，全球已有54个国家和地区实现碳排放达峰，包括大部分发达国家和一些发展中国家。2020年，OECD成员国中已经实现碳达峰国家的碳排放总量占所有成员国碳排放总量的90%左右（表1-2）。

1997年通过的《京都议定书》首次为发达国家规定了定量减排目标，日趋严格的气候政策促进了发达国家更加注意化石能源替代，采取了更多的能源减排措施；在2016年通过的《巴黎协定》中，越来越多的国家提出了碳中和时间表。这里特别需要注意的是，碳中和并不是二氧化碳零排放，而是温室气体近零排放，这就意味着我国需要在二氧化碳、甲烷、氧化亚氮、氢氟碳化物等六种温室气体减排上做出努力。因此，协同减排行动被提上日程，成为政策优先支持项。

三、应对气候变化、资源节约与环境保护协同治理是全球趋势

IPCC第三工作组发布的第六次评估报告和UNEP发布的最新报告中，均提出了一个新的概念"短寿命气候污染物"（SLCPs），包括气溶胶、颗粒物、甲烷、氢氟碳化物、黑碳、近地面O_3等大气物质，SLCPs在大气中停留的时间较短，但造成的全球增温潜势却不容忽视，对气候与环境具有双重负面影响。《<蒙特利尔议定书>基加利修正案》提出了氢氟碳化物减排目标旨在保护臭氧层，而氢氟碳化物也是实现《巴黎协定》目标的重要减排对象之一。对SLCPs的治理不容忽视，欧盟、美国、加拿大等已经在开展相关协同减排行动，我国正在积极出台相关政策，2022年6月，《减污降碳协同增效实施方案》的通知，提出探索开展大气污染物与温室气体排放协同控制改造提升工程试点，国家自然科学基金委员会、国家社会科学基金委员会也在部署相关理论研究工作，说明我国气候治理目标与国际社会一致，但仍需细化，例如，在碳达峰阶段和碳中和阶段的重点减排对象和领域是什么需要明确，以氢氟碳化物减排为例，《<蒙特利尔议定书>基加利修正案》提出了氢氟碳化物在2030年前的减排要求，在《巴黎协定》下氢氟碳化物与其他五种温室气体，在2060年前降到近零排放即可，如何部署不同阶段减排行动，需要省、市政府层面制定详细行动计划。

四、国际碳关税和绿色贸易壁垒愈演愈烈

构建绿色低碳标准是后疫情时代规则体系，引导供应链从高碳国流向低碳国，重塑全球产业竞争格局。以欧美为首掌握低碳核心技术的国家企图凭借构建产品碳排放标准、

双碳目标下广东经济高质量发展之道

循环利用率标准等建设符合自身利益的国际碳壁垒体系,以 CBAM 为代表的国际碳关税壁垒或碳关税联盟正在形成,2022 年 12 月 22 日,欧洲议会正式发布通告,欧洲议会与欧洲理事会就 CBAM 已达成一致,确定 CBAM 将于 2023 年 10 月 1 日起试运行,纳入行业包括钢铁、水泥、铝、化肥、电力、氢能、特定条件下的间接排放、特定前体及一些下游产品,如螺钉和螺栓等类似钢铁的制品等,将对本土尚未开展碳定价机制或碳定价较低的国家和地区对欧出口造成较大影响。此外,欧盟《循环经济行动计划》(CEAP)于 2020 年 3 月正式发布,2022 年 12 月 9 日电池法规基本敲定,主要是针对电池产业全生命周期设定 13 项措施,开展碳足迹核查(预计 2024 年 7 月 1 日起实施)、设定最大碳足迹限值(预计 2027 年 1 月实施)、碳足迹性能分级(预计 2025 年 7 月实施);同时鼓励再生材料使用,对电池使用再生材料设置最低门槛:钴(16%)、铅(85%)、锂(6%)、镍(6%),预计到 2024 年底,欧盟将编织成一张循环经济"规则网",覆盖欧盟市场几乎所有产品,形成欧盟市场的准入绿色门槛[①]。

CBAM 和 CEAP 等共同构成欧盟绿色壁垒,其中,CBAM 主要通过对初级产品的碳排放征税形成针对初级产品的贸易壁垒,CEAP 通过对工业制成品全生命周期碳排放和材料循环利用率设定标准,形成对工业制成品的贸易壁垒,CBAM 和 CEAP 共同构成对进口欧盟产品的绿色贸易壁垒。

除欧盟外,美国碳定价及碳边境调节相关立法进程在美国第 116 届、第 117 届国会期间表现活跃,2022 年 6 月 7 日,美国参议员 Sheldon Whitehouse 联合其他三位参议员 Chris Coons、Brian Schatz 和 Martin Heinrich 在国会上提出了一项基于窄幅边界调整的碳税立法,也就是美国版的碳边境调节机制,该法案名为《清洁竞争法案》。除此以外,还有《拯救我们的未来法案》《市场选择方案》《美国胜利法案》等议案,不同议案在建议的碳定价方式、定价水平、收费对象等关键环节有所差异,碳初始定价为 15~59 美元 /t CO_2-eq。2022 年 12 月 7 日,美国向欧盟委员会提交议案,推动建立"绿钢俱乐部"等多边贸易协同措施。尽管目前各项议案尚未成为正式法律,但以欧美为首的发达国家拟通过碳关税的方式构建新型贸易壁垒的意图已经昭然若揭。

作者课题组根据欧盟网站发布的 CBAM 最新方案、中国海关数据、广东各行业碳排放数据,分析了广东与欧盟之间的进出口贸易结构和主要对欧出口产品的碳排放水平,测算了广东出口欧盟的主要产品中的贸易隐含碳排放量,利用投入产出模型定量测度黑色金属(钢铁)、塑料行业、有色金属(铝业)、非金属矿物制造业(水泥)等行业受影响后对广东劳动就业的直接效应和间接效应。在此基础上,运用情景分析法,估算在三种不同碳价水平下,CBAM 机制可能导致广东出口贸易额下降的幅度。采用非竞争性投入产出法测算就业带动系数,计算除去出口对各产业就业的直接损失与间接影响,同时拓展到对省内产值的影响计算。针对欧盟碳关税主要影响的钢铁和铝制品两大部门,通过分析广东各地区主要产品产量,分析欧盟碳关税对各产品生产所造成的潜在影响。

[①] 查浩,莫龙庭,于炳麟,等. 碳中和政策系列报告二:欧盟循环经济行动加速推进. 我国循环经济及绿电企业全面受益 [EB/OL]. http://www.tanjiaoyi.com/article-43895-1.html。

研究发现，若CBAM不持续扩大范围的前提下，在2030年前对广东整体经济影响较小。按照目前覆盖范围，对于重点行业，CBAM的推出将对广东钢铁产品和铝制品的出口产生一定影响。由于欧盟对CBAM设定了过渡期，广东的政府部门、相关行业、企业如果能够从现在开始对CBAM进行研究，并做好准备，则CBAM对广东的相关行业影响都处于可控范围。

总体上，欧盟碳边境调节机制对广东经济活动短期影响可控，长期不确定性不容忽视。在欧盟的出口产品结构中，欧盟CBAM覆盖的广东钢铁、铝、化肥、水泥对欧盟的出口额与碳排放影响较小。若未来欧盟会考虑扩大征收范围，如覆盖广东主要的出口产品的机电类产品可能会对广东对外贸易产生较大影响。模拟结果显示，广东钢铁部门与铝制品部门损失不足1%，一部分碳排放支付税额流失到欧盟。对宏观整体影响有限，局部高碳产品（钢铁部门等）出口受挫。可以看出，受到CBAM影响的行业，其所占经济系统就业人口的比例总计为2%左右，影响相对有限。当欧盟对相关产品征收碳边境关税时，广东相关产业合计减少产值下降不足0.1%，其中对出口产值较多的钢铁行业和铝行业影响相对严重。根据相关研究分析，假如欧盟碳关税全部生效，在广东钢铁出口企业现有生产模式不变的情况下，该机制会导致广东向欧盟出口的钢铁成本至少增加10%。

目前广东碳交易市场仍不完善，碳定价水平与欧盟碳市场相比偏低，强化碳定价机制是应对国际碳贸易壁垒的重要举措。欧盟碳边境调节税的进一步推行给广东钢铁行业和铝行业带来重大挑战，这也将倒逼行业积极采取行动，加快低碳转型，提升产品出口竞争力。

五、联合碳定价是支撑碳中和目标实现的重要机制

在应对气候变化、减少温室气体排放的各种政策和行动中，碳定价机制是通过价格信号的作用使经济主体减少排放二氧化碳，为碳排放买单，从而引导生产、消费和投资向低碳方向转型，以期实现经济增长与碳排放脱钩，促进碳排放尽早达峰，实现碳中和。碳市场和碳税是全球两大碳定价机制，在推进气候行动以及向低碳经济过渡中得到广泛应用，截至2022年4月1日，实施碳定价的国家和地区有70个，遍布北美洲、欧洲、非洲、南美洲、大洋洲、亚洲等地区。

碳交易机制是一种数量型政策工具，即通过控制碳排放数量（碳配额）产生碳排放空间稀缺和对碳配额的供需关系，形成碳价；碳税机制是一种价格型政策工具，即通过建立每单位碳排放的价格标准，将碳排放造成的负外部性内化到排放者的生产成本中，驱动生产者通过采取各种手段降低碳排放量。碳税和碳排放机制有不同的适用对象和范围，运用单一机制均难以取得最优管理水平，越来越多的国家和地区，如英国，法国、丹麦等欧盟国家采取了碳市场和碳税联合管理碳排放的方式。

六、经济绿色转型和数字化发展是发达国家经济转型主旋律

将低碳产业作为新的经济增长引擎驱动经济切换赛道，激发经济活力，使经济增长

与碳排放脱钩，实现经济社会的可持续发展。各国各地区有关促进经济增长与碳排放脱钩的政策各有侧重，但共同之处都是加快推进经济绿色转型和数字化发展（"孪生转型"），使数字成为生产要素进入生产过程，从基底上改变传统的生产生活方式，以数字化赋能产业发展，极大地提高了生产效率，但数字经济并非天生具有绿色低碳性质，事实上，数字技术及其数字产业是高耗能产业，例如，阿里服务器每天耗电量占杭州的1/8，随着5G技术、AI计算能力的发展，建设规模不断增加的数据中心被称为"吃电怪兽"，电力行业的绿色低碳发展是经济实现孪生转型的关键。

主要发达国家将绿色发展与数字化作为推动经济增长的新动能，《欧洲绿色协定》将"绿色化"和"数字化"并列为促进欧盟经济转型升级现代化的动力；美国《基础设施投资和就业法案》将绿色基建、清洁能源、新能源汽车等作为重要的投资领域；法国以绿色复苏为目标，用1000亿欧元左右的资金规模促进数字、低碳能源、绿色交通运输、生态农业和食品等产业发展，研究和创新生态系统建设，建设创新型企业融资市场。在碳排放管理制度方面，英国碳预算管理制度具有较好的借鉴意义。

七、经济增长与碳排放脱钩是实现碳中和的必由之路

通过对已经实现碳达峰国家、未实现碳达峰国家的经济增长与碳排放两种脱钩状态（Tapio 脱钩状态和 P-Tapio 脱钩状态）进行分析，发现从福利经济角度构建的 P-Tapio 脱钩模型更能体现出"发展和减碳的终极目标是提高人类福祉"这一可持续发展目标的本质，是对"减碳不是减生产力"这一论断的根本遵循，能够更为准确地反映出各国碳排放与经济增长脱钩的实际情况。

通过对已实现碳排放达峰国家的经济–碳排放脱钩状态进行分析，发现这些国家是在 2012 年至今才实现了经济增长与碳排放的稳定脱钩，而在 2012 年之前脱钩状态是不稳定的。这说明：第一，碳达峰并不会促使经济增长与碳排放自然脱钩，绿色低碳技术广泛应用和相关产业的发展才是实现脱钩的基本条件；第二，通过比较代表性国家脱钩状态与碳中和时间表，可以发现已经实现强脱钩的国家碳中和目标设定时间较早，说明要实现碳中和目标，经济发展必须要与碳排放脱钩；第三，通过世界银行公布的各国基尼系数、Tapio 和 P-Tapio 脱钩指数计算结果、国别碳中和时间表等进行比较，发现收入均衡的经济体更容易保持经济与碳排放脱钩稳定状态，碳中和时间也相对较早。

八、广东数字经济与低碳水平位居全国前列，发展空间巨大

数字经济作为继农业经济、工业经济之后的主要经济形态，通过大数据、区块链、人工智能、云技术等为代表的数字技术日益融入经济社会发展各领域的全过程[1]。数字经济正在成为重组全球要素资源、重塑全球经济结构、改变全球竞争格局的关键力量。广东数字经济的基础设施建设走在全国前列，数字经济规模连续五年居全国首位，2021 年，

---

[1] 国务院《"十四五"数字经济发展规划》中对数字经济的定义。

广东数字经济增加值 5.9 万亿元，占全国数字经济总量 45.5 万亿元的 13.0%，根据国家 IPv6 发展监测平台数据，截至 2022 年 2 月，广东 IPv6 综合发展指数 78.9%[①]，电子信息制造业规模连续 31 年居全国首位[②]。可见，广东在数字经济发展方面具有先发优势。

事实上，广东低碳水平全国领先，电力结构清洁化程度较高。从全省平均碳生产力水平看，2019 年广东碳生产力为 1.84 万元/t CO_2，比全国平均水平 1.51 万元/t CO_2 高出 22%，也高于浙江、江苏等兄弟省，同时广东仍然是全国经济第一大省，说明广东低碳经济水平在全国处于前列；从区域看，珠三角的碳生产力水平远远高于长江三角洲（简称为长三角）、京津冀和全国水平，接近全球平均水平；从城市看，广州、深圳的碳生产力水平超过了全国平均水平，深圳已经接近英国水平，近几年基本实现了经济增长与碳排放脱钩，为珠三角在 2015～2019 年实现经济增长与碳排放弱脱钩做出了巨大的贡献。但珠三角的碳生产力水平低于全球四大湾区，为粤港澳大湾区的 97%、旧金山湾区的 45%、纽约湾区的 33%、东京湾区的 68%，还有提升空间。

总体上，广东数字经济的基础设施、数字经济规模和数字产业化程度、碳生产力水平、经济总量等均处于全国领先水平，以数字化提升生产效率，以清洁电力支撑数字经济低碳发展，在共同驱动经济实现"孪生转型"的道路上，广东已经走在了全国前列，在新的"机遇窗口"，广东是中国最有希望、最有实力在切换经济赛道时与发达国家"并跑"甚至"领跑"新经济的地区。

九、第三产业对广东经济增长的贡献和拉动亟须增强

第三产业占 GDP 的比例通常是一个地区经济结构是否优化的重要标志，大部分学者和政府对这个结构性指标非常重视，但仅用这一个指标来判断经济发展质量是片面的，需要结合产业对经济增长的贡献率和拉动力来判断。

广东是制造业大省，自改革开放以来，第二产业一直是广东经济增长的主要贡献者和拉动力，在 1993 年第二产业贡献率高达 73%，除个别年份外，1978～2010 年广东经济基本保持两位数的增长速度，可以说，第二产业特别是工业的发展对广东成为并保持全国经济第一大省的地位做出了重要贡献。随着广东产业结构向轻型化转变，第三产业迅速发展，2013 年第三产业增加值占比首次超过第二产业，第二产业贡献率不断走低，到 2019 年第二产业贡献率已经降至 1986 年的水平，仅为 30%；几乎与此同时，广东经济增速开始下滑，增长速度低于 10%，除了经济总量增大带来的增速变缓这个必然趋势外，产业结构变化带来的"阵痛"也是重要原因。经过长时间序列数据分析发现，1979～2021 年第三产业的拉动力均在个位数徘徊，当产业结构变化导致第二产业对经济增长的拉动力下降后，第三产业拉动力并没有同步提升，近十年来更是低于 5 个百分点。

---

① 广东物联网企业居全国首位，为经济高质量发展注入"强心针"湛江云媒（湛江新闻网）(https://www.rmzxb.com.cn/c/2022-11-01/3232924.shtml)。

② 陈铭龙：2022 广东数字经济迈入新发展 (https://www.gdzjdaily.com.cn/p/2837099.html)。

为进一步论证不同产业对经济增长的支撑作用，作者课题组分析了第二产业、第三产业对广东经济的支撑度，发现第二产业对经济增长发挥骨干支撑作用，第三产业更容易受到外部经济变化的影响，在2008年国际金融危机期间，广东第三产业对经济的贡献弹性系数和拉动弹性系数出现大幅下探，而同期第二产业仍然保持正向增长，为保持广东经济稳定增长发挥了巨大作用。这说明第三产业对GDP增长的拉动力还有待提升，其产业内部结构调整是重点。

十、广东外贸格局调整是驱动"三驾马车"均衡发力的关键

广东是典型的外向型经济，在国际大循环中处于重要位置。但从广东在全国对外贸易总额和出口额占比看，近年出现下降状态；从广东经济需求结构分析，近十年投资和消费是驱动广东经济增长的主要需求动能，净出口对广东经济增长的贡献和拉动较弱且处于不稳定状态，不利于广东经济稳健发展。分析发现，主要原因有三：第一，从全球政治和经济形势看，近年来地缘政治冲突不断和世界经济增长低迷，对广东出口造成了一定负面影响，特别是以欧盟、美国为主要出口地的贸易格局（出口额占比超过30%），正面临越来越大的挑战。第二，从广东出口结构看，广东外贸经济正处于从加工贸易向一般贸易转变，从纺织产品向科技产品转变的结构调整阶段，净出口对经济增长和贡献的支撑力度有所下降，但随着高新技术产品逐渐成熟，未来可以彻底改善广东贸易结构，近五年广东机电产品和高新技术产品的出口额占比分别稳定在65%和33%左右，在国内处于领先水平（浙江高新技术产品出口额仅占9%），发展潜力巨大。第三，从外资利用看，外资对广东的投资领域以农林牧渔业、租赁和商务服务业为主，在外商直接投资和间接投资中，制造业占比为16%左右，而外商在江苏制造业的投资金额占比44.3%，2021年外商在江苏制造业企业的投资总额为6342亿美元，在广东制造业企业的投资总额为3743亿美元，这直接影响到广东出口产品的溢价水平。

最终消费、资本形成总额、净出口是拉动经济增长的需求动能，"三驾马车"均衡发力可对经济形成强劲而良性的增长需求，不同地区的区位条件不同，需求结构的均衡状态略有差异。广东作为沿海地区，外贸是重要的需求动能，目前广东净出口对经济增长的拉动略显乏力，需要从出口产品结构、出口地理格局、外资利用引导等多方面进行调整。

十一、广东区域发展不均衡状态发生在多个领域

广东区域发展不均衡是老生常谈，珠三角与粤东、粤西、粤北地区存在巨大发展落差，不仅体现在经济规模上，也体现在能源结构优化程度、碳生产力高低、主体功能强弱、产业对经济增长的拉动力等多方面。如何将"发展落差"转变为"发展空间"，是广东实现高质量发展需要突破的重大问题。

从经济规模看，珠三角9个城市的地区生产总值占全省的比例超过80%，余下12个城市的地区生产总值占20%，在珠三角城市内部，广州和深圳经济规模总量占珠三角

GDP 近 60%。作者课题组对广东城市首位度和区域首位度进行了分析，发现无论是区域或城市、人口或经济，广东城市首位度指数均在不断上升，说明不同城市之间、区域之间的差异还在进一步扩大，特别是珠三角和广东其他区域的经济首位度指数超过了 11、人口首位度指数为 4（首位度≤2 表示处于均衡状态），说明过多的物质资源集聚到珠三角，产生了"虹吸效应"，"扩散效应"不足，导致珠三角与排名第二的东翼地区差异巨大。但从城市看，人口和经济的城市首位度指数均处于合理水平（首位度≈2），说明珠三角内的城市正朝着均衡方向发展。

从能源结构和碳生产力看，广东珠三角地区能源结构清洁化程度较高[①]，煤炭在其综合能源消费中占比 22.3%，可再生能源（太阳能、风能、生物质能、外购电等）占比 38.8%，2020 年碳强度为 0.480t CO_2/万元，北部地区能源结构高碳，煤炭占比较高，平均碳强度达到了 1.3t CO_2/万元（2019 年数据）。计算发现，在广东 21 个城市中，2019 年单位 GDP 碳排放量最低的城市 0.18t CO_2/万元，最高的达到 1.91t CO_2/万元，这就意味着，同样排放 1t CO_2，一个城市创造了 5.3 万元的增加值，另一个城市才创造了 0.52 万元的增加值，碳生产力差异悬殊，具有巨大的减碳势能。

从区域功能发展和产业拉动力看，定位为优化开发区和重点开发区的城市经济发展方向与区域主体功能要求吻合，在高端制造业、先进制造业、现代服务业发展方面成效显著，发挥了较好的示范效应，第二产业、第三产业成为这些城市的支柱产业。但定位为农产品区和生态功能区的城市第二产业贡献率显著偏高，生态优势产业尚未成熟，第一产业、第三产业发展程度有待提升，与优化开发区、重点开发区还未形成分工明确、优势互补以及一体化的密切经济联系。

从经济增长与碳排放脱钩状态看，随着节能减碳措施的持续推进，2015～2019 年越来越多的城市经济增长与碳排放增长逐渐脱钩，2010 年脱钩城市数量为 0，到 2015 年有 5 座城市实现脱钩，2019 年有 15 个城市实现了强脱钩；从区域看，珠三角和东翼地区在 2015～2019 年逐步实现了经济增长与碳排放脱钩，西翼和山区整体仍处于负脱钩状态。不均衡的碳排放脱钩状态阻碍了全省"双碳"进程。

香港、澳门与内地城市在能源生产与消费、碳排放、经济结构、制度体系等方面存在一定差异，应对气候变化行动重点领域各有侧重，广东与港澳地理位置紧密相连，经济社会互动频繁，语言文化相近，在绿色技术和产业融合发展、供应链承接等方面具有先天优势，特别是粤港澳大湾区在基础设施"硬联通"、体制机制"软联通"的逐步成熟，为粤港澳三地未来在低碳、绿色、数字、创新、对外合作等方面携手合作提供了"快通道"，有利于三地协同实现经济高质量发展。具体而言，粤港澳三地的能源转型重点领域、技术优势、转型需求差异较大，可以采取"短期错位转型、长期协同推进"策略，通过优势互补提升转型效率，例如，2035 年前粤港澳三地聚焦本地高能耗行业，突破制约本地能源转型"卡脖子"难题：广东应主抓电力结构转型、工业节能与清洁能源替代（工

---

① 广东能源数据均为 2019 年值。

业能耗占广东能源消费总量的57.3%）；澳门聚焦提高城市电气化水平、交通减碳开展能源转型（澳门交通能耗占比32.7%）；香港以建筑领域的能源转型为重点（香港建筑碳排放占比60%）。确保大湾区碳达峰目标实现，并以此为基础带动粤港澳三地形成各具优势的低碳产业。面向长期目标，粤港澳三地联手开展碳中和底层共性技术创新和应用场景创新，以零碳和负碳技术研发和应用为先导，在绿色交通、超低能耗建筑、碳金融、高端制造、智能系统等方向，以共建共享的方式打造绿色低碳技术链、产业链和价值链，为全国、全球的绿色发展提供宝贵的新技术、新模式、新业态和新机制。

十二、未来人口发展与消费模式呈现积极向好的发展态势

未来广东将在人口规模增长放缓、人口结构逐步优化、城市化水平持续提升的背景下，积极推进经济结构转型，助力实现低碳发展目标。

一方面，广东的消费结构将继续优化。服务消费比例将进一步提高，符合居民消费升级的趋势。在这一过程中，高品质、个性化的服务消费将成为消费者的新需求。与此同时，数字化与网络消费将进一步发挥其作用，推动新业态、新模式的涌现，助力广东实现绿色低碳发展。

另一方面，广东将持续推进人口与消费模式的协同发展。随着人口老龄化趋势的加剧，养老、健康、医疗等消费领域将迎来更大的发展空间。广东应积极应对老龄化挑战，完善养老保障体系，创新养老服务供给模式，推动养老产业健康发展。此外，随着人口流动和城市化进程的推进，城乡和区域消费差异将进一步缩小，消费水平和消费品质将得到提高。

面对气候变化挑战，广东在消费模式转型过程中应积极发展绿色低碳消费。通过推广绿色消费观念、引导企业绿色转型以及加强政策导向，广东将逐步实现消费结构的绿色转型。此外，广东还需关注绿色消费在消费者行为中的实践与案例，鼓励和引导广大消费者积极参与绿色低碳消费，为广东的经济结构转型和应对气候变化贡献力量。

广东绿色低碳消费模式的发展也将面临诸多挑战。例如，消费者绿色消费意识尚需提高，绿色消费市场体系尚不完善，以及企业绿色转型面临的技术和成本压力等。广东需要在政策、市场、企业和消费者层面全方位助力绿色低碳消费模式的落地和推广。

总之，广东未来人口发展与消费模式变化将在应对气候变化与经济结构转型的大背景下，展现出积极向好的发展态势。通过优化消费结构、推进人口与消费模式的协同发展以及积极发展绿色低碳消费，广东将迎来更加繁荣和可持续的未来。

十三、"双碳"背景下实现广东经济高质量发展需要多领域衔接合作

实现碳达峰碳中和是多重目标、多重约束下的经济社会系统性变革，涉及产业、技术、资金、人才、机制等各领域发展方向的调整，这种调整要与城市主体功能定位和区位条件相结合，综合性强，不仅需要省级政府各职能部门沟通协调，政策相互配合衔接，

还需要市级政府在产业落地、人才培养、资金争取等方面做出努力，制定出符合本市实际的行动计划。例如，以氢能为代表的新能源产业发展、以数字经济代表的智能化产业，需要与之相匹配的研发人才、技术人员、产业工人；也需要政策制度的激励和引导，还需要来自金融体系的激励。除此以外，产业的空间部署关系到城市发展前景，与城市的主体功能定位和区域均衡又密切相关。又如，碳达峰碳中和目标的实现需要实施碳排放总量管理，不同区域碳排放需求和减碳潜力差异较大，通过市场、资金和政策的力量促进区域合作，强化城市主体功能定位的作用，形成分工明确又相互支撑的产业发展体系，是碳达峰碳中和背景下广东实现经济高质量发展的重要举措。

参 考 文 献

陈迎，赵黛青，周勇，等．2022．挑战下的双碳目标与高质量发展（笔谈）[J]．阅江学刊，14(4):69-88．
戴嘉岐，陈枫，陈友东，等．2021．广东制造业全球价值链地位测算[J]．北方经贸，(10):25-27．
董一凡．2020．试析欧盟绿色新政[J]．现代国际关系，(9):41-48, 57．
杜祥琬．2022．全球迈向"双碳"之路径与能源革命[J]．石油科技论坛，41(1):3-4．
高世楫，王海芹，王文军，等．2021．协同推进保护生态环境和应对气候变化 加快推动构建人类命运共同体[J]．当代中国与世界，(3):10-17, 126-127．
谷树忠．2020．产业生态化和生态产业化的理论思考[J]．中国农业资源与区划，41(10): 8-14．
广东省习近平新时代中国特色社会主义思想研究中心．2022．走在全国前列 创造新的辉煌 砥砺奋进的广东五年答卷[EB/OL]．https://theory.southcn.com/node_4274ee5d35/fc78d59726.shtml[2023-06-30]．
贾纺纺．2021-09-14．广东制造业高质量发展应注意四个问题[N]．每日经济新闻，6．
史丹．2022．数字经济条件下产业发展趋势的演变[J]．中国工业经济，(11):26-42．
史泽华．2021．美国"绿色新政"的兴起、实践与困境[J]．当代美国评论，5(4):70-88, 128．
王金南，王志凯，刘桂环，等．2021．生态产品第四产业理论与发展框架研究[J]．中国环境管理，13(4):5-13．
王美，赵静波，于文益．2021．碳中和目标下广东省氢能角色及利用方式研究[J]．科技管理研究，41(17):213-218．
王玮．2020．产业结构与对外政策选择：英国、美国和德国的历史经验[J]．当代美国评论，4(2):60-79, 124-125．
魏庆坡．2022．WTO 视域下欧盟碳边境调节机制的适法性分析及中国因应[J]．西南民族大学学报（人文社会科学版），43(11):92-99．
武哲．2022．欧盟碳边境调节措施及其应对研究[D]．开封：河南大学．
薛进军，郭琳．2022．科学认识气候变化，合理制定碳达峰碳中和的路线图和时间表[J]．华中科技大学学报（社会科学版），36(5):38-45．
杨洁篪．2022-11-26．推动构建人类命运共同体[N]．人民日报，6．
杨英明，孙健东．2019．世界主要国家能源消费碳排放脱钩及驱动因素研究[J]．煤炭工程，51(7):173-177．
粤港澳大湾区中长期能源转型课题组．2021．粤港澳大湾区中长期能源转型情景研究[M]．北京：科学出版社．
周彦楠，杨宇，程博，等．2020．基于脱钩指数和 LMDI 的中国经济增长与碳排放耦合关系的区域差异[J]．中国科学院大学学报，37(3):295-307．
Shan Y, Guan Y, Hang Y, et al. 2022. City-level emission peak and drivers in China[J]. Science Bulletin, 67(18): 1910-1920.